KOREA

HARMONY

必

CONTENTS

에필로그

소통하면 서통한다

서로 통한다

—

행정(行政)이 한정된 자원을 시스템을 통해서 얼마나 효율적으로 원하는 수요자에게 배분하는 과정이라는 점에서, 행정 프로세스는 소통의 과정과 맞닿아 있다.

때로는 정책이 의도하는 소기의 목적을 관철시키기 위해 직접 관계자들을 찾아다니며 동분서주하기도 하고, 때로는 반대로 내가 설득의 대상이 되기도 했다.

물론 모든 소통이 유쾌하고 순탄했던 것은 아니다. 작용에는 반작용이 있듯, 정부 정책에는 언제나 이해관계들이 얽히게 마련이기 때문이다. 정책을 추진하는 과정에서 뜻하지 않은 반발과 심하게는 위협을 느낀 적도 있었고 막상 현장에서는 다른 형태로 왜곡돼 반영되는 정책을 보면서 안타까움과 좌절감을 겪기도 했다.

그 과정에서 공통적으로 느낀 바가 있다면 열린 마음으로 소통하고 공감하고 협력하려는 자세로 임해야 한다는 것이다. 어느 현장에서 누구를 만나든 그 만남을 소중히 생각하고, 내가 줄 수 있는 시간과 가용 자원을 최대한 할애해 도우면 그 배려와 열정이 어느 틈에 산타클로스처럼 기적 같은 선물로 되돌아오는 것을 몇 번 경험하고 나서 들게 된 확신이다. 여러 분야의 업무를 거쳐 한국산업기술진흥원(KIAT) 원장으로 일하는 30여년 공직생활 동안 현장과의 소통을 강조해 온 이유가 여기에 있다. 정책 목표를 달성하기 위해서는 정책 시행 경로를 추적하여 끝까지 책임지는 것, 후속조치까지 챙기는 것이 필요하다는 뜻이다. 부처에 있을 때는 마음만큼 현장을 챙기지 못했다가 2013년 9월 KIAT 원장으로 부임하면서 기회가 생겼다. 일주일에 적어도 두세 번은 기업 방문을 해서 현장 컨설팅을 진행했다. 또 방문 후 느낀 소회는 그날그날 개인 페이스북에 적으며 페이스북 친구들과 공유했다. 온오프라인 소통을 병행한 셈이다.

언론 활동도 일종의 소통 노력이었다. 현장을 돌아다니다가 일반 독자들과도 나눠야 할 필요가 있다고 판단되는 이슈는 별도로 신문 기고나 칼럼의 형태로 정리해 나갔다.

지난 3년간 한 달에 두세 편 정도 꾸준히 정기기고를 하고 틈틈이 들어오는 일회성 기고 부탁도 가급적 마다하지 않고 해 오다 보니 어느덧 약 100편에 가까운 글이 쌓였다. 대략 일주일에 한 편씩은 쓴 셈이다. 그때 그때마다 마주치는 이슈에 따라 시의성 있게 쓴 글들이 대부분이지만 대한민국의 산업기술 정책 발전에 있어서 여전히 그 중요성이 강조되는 주제들이기에 한데 모아 그 의미에 대해 다시 생각해 보고 싶었다.

이 책은 크게 다섯 파트로 구성돼 있다. 첫 번째 '다시 보기와 새로 보기'는 기술사업화와 기술 창업에 대한 내용이다. 기술사업화는 우리나라 산업기술 생태계에서 가장 취약한 부분이면서도 창조경제 실현을 위해 집중 투자돼야 하는 분야이다. 그 중요성을 반영해 KIAT 원장으로 있으면서도 기술사업화, 기업지원에 우선 신경을 썼다. 두 번째

'더 나은 미래를 위해'에서는 우리나라 지역발전 정책과 4차 산업혁명에 대한 생각을 다뤘다. 세 번째 파트인 '함께 가면 멀리 본다'는 다양한 협력형 프로젝트, 융합형 연구개발(R&D)의 필요성 등을 소개한 글을 모은 것이다. 네 번째 '희망에 대하여'에서는 따뜻한 경제공동체를 만들기 위해 우리 모두가 지녀야 할 공동체 정신, 창의적 기술인재와 여성 인력 양성을 위한 노력 등에 대해 정리해 봤다. 마지막으로 '남아 있는 숙제' 파트에서는 앞부분에서 다루지 못한 주제를 모았다.

각 글마다 필자의 관련 생각을 정리해 간략한 코멘트를 달았다. 다만 책에 인용된 페이스북 문구는 표기의 일관성과 편의상 문장의 종결어미를 합쇼체에서 해라체로 변경하였다.

치열한 일, 가슴 벅찬 꿈, 아름다운 사랑
–

사람이 하는 일에는 그 사람의 삶의 지향점, 그리고 정체성이 깃들어 있다. 그렇다고 사람이 일만 하며 사는 것은 아니다. 미지의 여행지를 가고 싶어하고 오르지 못한 산을 동경하듯 일 너머의 목표도 존재한다. 우리는 그것을 꿈이라고 부를 수 있을 것이다. 다른 사람들과 더불어 살아가는 데 있어서 '사랑'이라는 요소 역시 빼놓을 수 없다. 사랑은 따뜻한 경제공동체를 지탱하는 기반이자 윤활유이기 때문이다. 그렇게 사람의 인생은 일, 꿈, 사랑이라는 3가지 요소가 균형 있게 버무려져서 구성된다. 이 책은 지난 3년간 필자의 일, 꿈, 사랑의 기록이라 해도 좋을 것이다.

졸저가 나오기까지 많은 분들이 도움을 주셨습니다. 우선 여러 언론사에서 칼럼, 시론 등을 쓸 수 있는 기회를 주셨고 많은 기업인분들이 중소·중견기업 지원정책과 기술정책의 보완·발전 방향에 대해 진솔한 의견을 제시해 주셨습니다. 또한 현장방문, 원고 정리, 편집에 수고를 아끼지 않은 한국산업기술진흥원 각 사업팀, 비서실, 홍보팀 직원들에게도 고마운 마음을 표현하지 않을 수 없습니다. 끝으로 매일 늦은 귀가에도 옆에서 지켜봐주고 격려해준 나의 동반자, 아내에게 고마움을 전하고 싶습니다.

2017년 3월
정재훈(한국산업기술진흥원 원장)

R&D정책 기획 · 집행서 성과 관리까지…
한국 産業지도 그린다

—

조선일보 2013년 10월 16일 수요일

"진흥원 내 기술사업화단 토대로 다른 부처 산하 연구소서 성공한 과제 빛 볼 수 있도록 지원 방안 연구 중, 해외기업과 공동 R&D도 활발하게 추진"

"한국산업기술진흥원(KIAT)은 우리나라 전체의 산업지도를 그리는 곳이에요. R&D (연구개발) 정책 기획 단계부터 구체적인 집행, 사업 성과 관리까지 책임지는 곳이죠. R&D 현장에서 전문성을 갖고 일하는 게 무엇보다 중요한 곳입니다."

지난 11일 서울 강남구 역삼동 한국기술센터 3층 집무실에서 만난 정재훈 원장은 "산업통상자원부에 있을 때도 '현장'을 중시했지만, 지금은 더 깊숙이 현장에 들어온 느낌"이라며 이렇게 KIAT를 소개했다. 지난 9월 3일 원장에 취임해 한 달 남짓 지난 그의 얼굴엔 의욕이 넘쳤다.

KIAT는 2009년 만들어진 산업기술혁신촉진법에 따라 그해 5월 생긴 신생 공공기관이다. 산업기술 분야 R&D 사업과 관련해 정부 예산을 위탁받아 집행한다. 1년에 다루는 예산 규모는 1조2500억 원에 이른다. 산업 현장에 쓰이는 인재를 키우는 일과 소재·부품 산업을 지원하고, 해외 기업·연구소와 R&D를 추진하는 일도 KIAT의 몫이다. 기술을 사업으로 만들고, 지역산업을 키우고, 중견기업을 지원하는 일도 주요 역할 가운데 하나다.

정부 예산을 기업이 받아가는 경우도 일부 있지만, 지역에 있는 테크노파크, 기술 지원 기관, 대학들이 대부분 혜택을 입는다. 정 원장은 "취임사에서도 이야기했지만 사실 진흥원이 무슨 일을 하는지를 국민이나 일반 기업인들은 잘 모른다"며 "그럴수록 직원들에게 전문성을 갖추고 기업·대학 관계자들을 만나 서비스할 것을 주문하고 있다"고 말했다.

전문성을 더 갖추기 위해 조직도 다 바꿨다. 지난 4일 자로 조직개편을 단행하고, 7일 자로 인사발령을 냈다. 일반행정은 조직개편 과정에서 다른 조직과 분리했다. "기술 관련 지원 인력의 전문성을 더 높이기 위한 결정"이라는 게 정 원장의 설명이다. 그는 "이번 조직 개편은 고용 창출에 초점을 맞췄다"며 "앞으로는 일자리를 얼마나 만들었느냐에 대한 지표를 통해 조직평가를 할 것"이라고 말했다. 과거 국제화기획팀, 글로벌전략팀과 같이 있던 조직을 북미·유럽팀, 동남아시아팀 등으로 바꿔 성과를 눈으로 볼 수 있게 만들었다는 얘기다. 새로 시작하는 사업과 달리 이미 진행중인 사업은 중간 과정에서라도 관련 사항을 평가할 방침이다.

특성화고 · 마이스터고 · 전문대 출신을 모아 지역 벤처 · 중소기업에서 6개월 동안 탐방하게 하는 프로그램도 진행하고 있다. "일자리 만들기뿐 아니라 이 자리를 효율적으로 채우는 것도 중요하다"는 판단 때문이다.

최근엔 TV드라마 작가 13명을 초청해 중견 · 중소기업을 탐방하는 프로그램도 마련했다. 정 원장은 "중견 · 중소기업이라고 하면 다들 논바닥 가운데 공장에, 정문 옆엔 개집이 있고, 우중충한 사무실에서 사장이 욕하는 그런 곳을 떠올린다"며 "그렇다 보니 당장 중소 · 중견기업에 간다고 하면 부모부터 말리는 일이 생기는데 이런 생각을 고치는 작업 가운데 하나"라고 말했다.

그는 "판교에 있는 한 소프트웨어 회사는 표어가 '삼성전자보다 더 많이'라더라"며 "월급을 더 준다는 말인데, 실제로 전 세계 100층 이상 건물은 건설 때 모두 그 회사 제품을 쓸 만큼 실력이 있는 중견 · 중소기업도 많다"고 전했다.

앞으로는 어머니들과 여자친구들을 초청할 계획도 갖고 있다. '공기업이나 삼성만 있는 게 아니고, 좋고 괜찮은 기업들이 있다'는 것을 직접 보여주겠다는 것이다.

기술을 실제 사업으로 연결하는 기술 사업화도 속도를 낼 계획이다. 산업부 산하뿐 아니라 다른 부처 산하 연구기관에서 성공한 연구과제의 기술 사업화에도 힘을 보탤 계획이다. 정 원장은 "진흥원도 과거 기술거래소를 만들었다가 실패하는 등 연구결과를 사업으로 만드는 데 시행착오를 많이 겪었다"며 "진흥원 내에 있는 기술사업화단을 토대로 다른 부처 산하 연구소에서 성공한 과제가 빛을 볼 수 있도록 지원하는 방안도 연구 중"이라고 말했다. 부처를 따지지 않고, 일자리가 생기는 일이라면 영역을 넘어서 도와주겠다는 뜻이다.

해외 연구소·기업과 공동 R&D도 활발하게 추진하겠다는 방침을 밝혔다. 정 원장은 "사실 국내 기술로는 해결이 어렵고, 그렇다고 해외에서 수입이 안 되는 것도 있다"며 "이럴 때 해외 연구소 등에 있는 한인 공학자 등을 중심으로 공동연구를 하는 방안을 추진하고 있다"고 말했다. "창조경제에서 지금은 씨를 뿌리는 시기인 만큼, 그 열매를 거둘 때까지는 해외와 협력이 필요하다"는 것이다.

정 원장은 "진흥원은 기존에 섬처럼 떨어져 있는 과제들을 묶어서 기술이 시장에 나올 수 있도록 엮어주는 역할을 해나갈 것"이라며 "272명의 직원과 함께 같은 마음으로 뛰겠다"고 말했다.

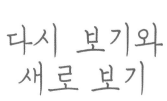

다시 보기와
새로 보기

—

기술사업화

—

창업지원 · 기업가 정신

—

히든 챔피언 육성 필요성 · 기업 지원 서비스

R&D 성과도 꿰어야 보배

서울경제 2013년 11월 14일 목요일

대한민국의 연구개발(R&D)은 실패하는 법이 거의 없다. 우리나라 산업기술 R&D 사업 성공률은 지난 2011년 97%로 세계 최고 수준이다. 기술이전 실적도 우수하다. 산업통상자원부와 한국산업기술진흥원(KIAT)이 지난 10일 발표한 '공공연구기관 기술이전 현황 조사'에 따르면 공공연구소와 대학의 기술이전 건수는 지난해 6,676건으로 2011년(5,193건) 대비 28.6% 늘었다. 기술이전 수입액 역시 1,651억원으로 2011년(1,258억원) 대비 31.2% 늘어 괄목할 만한 성과를 이뤘다.

그러나 올해 한국금융연구원 발표자료에 따르면 우리나라의 성공한 R&D 결과물 중 사업화로 이어진 비율은 약 20%로 영국(70.7%)·미국(69.3%)·일본(54.1%) 등 선진국 대비 극히 저조하다. R&D 성과 확산은 잘하고 있지만 막상 시장에 바로 적용할 수 있는 결과물은 거의 없다는 얘기다.

창조경제 시대로 접어들면서 R&D 성과물에 생명력을 불어넣고 실제 사업으로 연결시키는 '기술사업화'가 새삼 주목받고 있다. KIAT는 이미 2009년부터 기술이전촉진법에 따라 기술사업화를 총괄 전담한다. 사업화가 유망한 기술에 대해 추가 기술개발, 제품 성능 인증, 시제품 제작을 지원하며 국가기술사업화종합정보망(NTB)을 구축해 공공특허 데이터베이스, 기술가치평가, 기술이전 등에 대한 최신 정보를 제공하고 있다. 최근에는 범부처를 아우르는 기술사업화협의체 구상에 착수했다. 그동안 국가 R&D가 직접 기술개발을 지원하고 결과물에 대한 성패 판정에 머물렀다면 이제는 그 결과들을 잘 꿰어서 시장으로 연결하는 작업이 필요하다는 생각에서다.

부처별로 흩어져 있는 소중한 R&D 성과물들이 '사업화를 통한 매출 및 고용 창출' 이라는 큰 목표 아래 모인다면 효과적인 R&D 데이터 관리가 가능해져 사업 중복 논란도 피하고 성과 관리도 쉬워질 것으로 전망된다. 또 이종 분야 간 협업형 · 융합형 R&D도 가능할 수 있을 것으로 기대된다. 이를 위해 현재 에너지 · 보건 · 국방 · 환경 등 산업별 R&D 전담기관들과 활발히 논의 중이다.

물론 이런 노력에도 불구하고 사업화 성공률이 단번에 껑충 뛰어오르리란 보장은 없다. 사업화 성공의 열쇠를 찾는 것이 쉬운 일은 아니다. 그럼에도 끊임없는 시도가 필요하다. 기술사업화야말로 대한민국의 미래 먹거리이자 고용창출과 경제 성장의 원동력이기 때문이다.

혁신적 기술을 개발했어도 외부 환경 변화에 대응할 수 없다면 그것은 곧 연구실 구석에 처박힌 채 실패한 것으로 끝나기 마련이다. 정부기관과 민간시장이 하나의 톱니바퀴처럼 맞물려 돌아감으로써 세계 최고의 R&D 성공률이라는 타이틀에 걸맞게 사업화 성공률 역시 최고로 만들어 대한민국이 윤택해지기를 기대해본다.

Comment

기술사업화의 성공 열쇠로는 무엇을 꼽을 수 있을까.
우선은 인내심이 필요하다. 예산을 많이 투입한다고 해서 성공을 보장할 수 있는 분야도 아니고, 짧은 시간 안에 성패가 판가름 나지도 않는다. 당장 매출이 발생하지 않더라도 인내심을 갖고 지켜봐야 한다는 뜻이다. 협업의 정신도 필요하다. 중복 R&D를 피하고 효율적으로 사업화를 추진하려면 기존에 나온 R&D 성과물에 대해서 사전에 충분히 학습할 수 있어야 하는데, 분야별로 기술정보가 쪼개져 있으면 어렵기 때문이다. 그래서 부처별로 나눠져 관리되는 R&D 성과물을 연계해 사업화를 추진하고, 국가기술은행(www.ntb.kr) 같은 온라인 기술정보 및 거래 중개 사이트가 필요한 것이다.

그린란드의 기회

서울경제 2013년 12월 5일 목요일

220만㎡에 달하는 면적의 대부분이 얼음으로 뒤덮여 있어 세계의 끝 혹은 지구의 뚜껑이라 불리는 곳. 그린란드. 그린란드는 덴마크령으로 예산의 절반 이상을 본국에서 받고 나머지는 어업과 관광 수입으로 충당한다. 오랜 세월 이누이트 외에는 외지인들의 발길이 뜸했던 그린란드가 최근 큰 전환기를 맞이하고 있다. 지구온난화로 광물자원 개발과 해상 운송의 길이 열리면서 얻게 될 '기회' 때문이다. 점점 짙어지는 지구온난화 징후는 그린란드를 얼음의 중심이 아닌 새로운 해로의 전략기지로 탈바꿈시키고 있다. 1930년만 해도 얼음이 녹는 날은 140일에 불과했지만 2008년에는 180일이나 된다. 이는 곧 러시아 해안선을 따라 아시아와 유럽을 잇는 최단항로인 북극 해로를 이용할 수 있다는 의미다.

보통 유럽에서 아시아로 가려면 수에즈 운하나 파나마 운하를 통과해야 하는데 화물선들이 북극 해로를 이용하면 대략 현재(약 2만km)보다 4분의 1이상 거리를 단축할 수 있다고 한다. 항해 시간이 40%(약 10일) 정도 줄어 운항 비용은 기존 대비 20% 정도 저렴하다. 해운회사들로서는 수백만달러에 달하는 연료와 인력을 절감할 수 있는 절호의 기회다. 이 매력적인 항로에 각국의 관심이 쏠리면서 그린란드의 가치가 새롭게 부각되고 있는 것이다. 해빙이 녹으면서 금속·광물·석유자원 개발의 가능성도 커지고 있다. 미국의 한 지질학 연구소에 따르면 북극에는 세계 매장량의 약 13%에 달하는 천연가스와 액화가스·석유 등이 매장돼 있을 가능성이 높다. 거대 석유 기업들은 이미 그린란드 연안을 중심으로 원유 탐사에 나서고 있다. '얼어붙은 땅'이었던 그린란드는 이제 새로운 경제성장의 기회를 거머쥔 '뜨거운 지대'로 주목받고 있다.

우리나라의 연구개발(R&D)도 일종의 '빙하'같은 존재와 마주하고 있다. 쉽사리 진전되지 않는 사업화 현황이 바로 그것이다. 정부 R&D사업이 좋은 성과를 거두려면 그 연구 결과물이 실제 산업에 적용돼 시장에서 빛을 봐야 한다. 하지만 정부 R&D 예산 투자가 매년 증가함에도 불구하고 정작 성과로 창출된 기술의 이전은 2011년 현재 24.6%에 불과하다. 수많은 R&D 결과물들이 연구실 구석에서 마치 북극의 빙하처럼 꽁꽁 얼어붙은 채 세월을 보내고 있는 것이다.

지금 이 순간에도 많은 기업들은 성장동력을 찾기 위해 묵묵히 연구 개발에 나서고 있다. 그러나 세상에 없던 새로운 것, 시장을 뒤바꿀 만한 혁신적인 기술을 개발하기란 쉽지 않다. 첨단으로 무장해야 기술 경쟁력이 높아지는 것은 아니다. 오히려 시장 상황이 달라져 포기했던 기술, 신제품 개발에 매달리느라 잊고 있었던 특허에서 의외의 '기회'를 발견할 수도 있다.

세상은 빠르게 변하고 있으며 이를 예측하기란 너무 어렵다. 그러나 분명한 것은 그린란드처럼 온난화의 우려 속에서도 새로운 기회를 맞이하는 곳이 있다는 사실이다. 우리가 기존의 R&D를 다시 되짚어보고 연구개발 활동을 멈추지 않아야 할 이유다.

Comment

위기 속에서 찾은 길이 때로는 더 큰 기회가 되기도 한다. 전지구적 문제인 온난화 덕분에 빙하가 녹으면서 새로운 먹거리를 발굴해 낸 그린란드처럼 말이다. 원장에 부임하면서 가장 관심을 둔 제1의 이슈가 바로 기술사업화였고, 창조경제가 부각되면서 기술사업화 활성화가 중요해지는 시기였기에 연구개발(R&D) 성과물의 사업화, 그 잠재적 가능성을 물 아래 잠겨 있는 빙하의 잠재력에 빗대 설명해 보았다.

제조업의 두뇌를 깨우자

이투데이 2014년 2월 25일 화요일

영국 케임브리지에 위치한 ARM(암)은 디지털 기기에 들어가는 반도체를 설계하는 기술 기업이다. 이 업체는 반도체를 직접 만들어내는 생산라인은 갖고 있지 않다. 다만 디지털 기기 제조회사를 상대로 반도체칩을 설계하는 데 필요한 지식재산(IP) 이용권(라이선스)을 판매하고 소비자 제품에 들어가는 칩 한 개당 일정 비율의 로열티를 받는다.

세계 어느 시장에도 'ARM'이라는 상표가 직접 붙어있는 제품은 없다. 하지만, ARM의 제품은 어디에나 있다. 세계 300개 회사가 ARM과 라이선스 계약을 맺고 이곳에서 설계한 반도체칩을 이용해 만든 부품을 자사 제품에 탑재하기 때문이다. 스마트폰과 태블릿PC, 디지털TV를 비롯한 가전제품, 스마트카 분야까지 섭렵한 ARM의 존재는 모바일 CPU 시장에서 가히 독보적이다.

지난 1990년 단 12명의 인원으로 출발한 영국의 한 작은 벤처기업이 20여년 만에 종업원수 2700명, 1조2000억원가량의 연 매출을 자랑하는 글로벌 기업으로 성장한 저력은 무엇일까. 바로 전체의 70%를 차지하는 연구개발(R&D) 인력이다. 디지털 기기를 아무리 잘 만들어도 기기 구동에 반드시 필요한 두뇌(반도체)를 제대로 설계하지 못하면 소용이 없다. 세계 최고의 반도체를 설계하는 고급 인력과 소프트웨어 인재들 이것이야말로 ARM이 대규모 하드웨어 생산시설 없이도 살아남은 비결이다.

ARM은 창조경제 실현에 몰두하고 있는 우리나라 기업들이 눈여겨 봐야 할 성공 사례다. 특히 시스템반도체 설계, 임베디드 소프트웨어, 디자인, 엔지니어링 산업처럼 지적재산으로 고부가가치를 얻을 수 있는 분야들은 대규모 시설 투자 없이도 창의적 아이디어로 승부를 볼 수 있다는 점에서 국내 중소기업들이 주의 깊게 벤치마킹할 만하다.

하지만 우리 앞에 놓인 현실이 녹록치만은 않다. 제품에 부가가치를 더하는 기획·설계 분야 전문인력이 턱없이 부족한 데다, 세계 시장에서 경쟁하기에는 아직 기업 규모가 작기 때문이다. 국내 업체인 실리콘웍스를 예로 들어보자. ARM과 비슷한 반도체 설계 전문기업이지만 매출 규모(2013년 약 4500억원)나 전문인력 수(394명)를 비교해 볼 때 ARM과 비교가 안된다.

대기업도 사정은 비슷하다. 공사 규모 2조4000억원, 우리나라에서 제일 긴 다리 등 수많은 기록을 낳은 인천대교 건설에서 국내 대기업이 담당한 것은 시공뿐이었다. 공정관리, 구조설계 등 주요 영역은 영국과 일본기업이 차지했다. 국내 기업들이 시공처럼 저수익·고리스크 영역에서는 비교적 강세지만, 고부가가치를 창출하는 기획 설계·개념 설계 분야는 선진국에 뒤져 있기 때문이다.

문제점을 인식한 정부도 최근 '제조업의 두뇌 역할을 하는 핵심 업종'의 경쟁력을 키우기 위해 발 벗고 나섰다. 시스템온칩(SoC), 엔지니어링, 임베디드 소프트웨어, 디자인 등 기획 설계를 통해 완제품의 부가가치를 더해주는 기업을 이른바 '두뇌 전문기업'으로 지정하고, 오는 2018년까지 총 300개 기업을 집중 육성하겠다는 것이다.

정부는 선정된 두뇌 전문기업에 인력, 기술, 자금 등을 패키지 형태로 지원할 계획이다. 우선 엔지니어링 개발 연구센터를 통해 매년 1500여명의 고급인력을 양성하고 전문기업으로의 취업을 지원한다. 또한 두뇌 전문기업을 위한 전용 R&D

프로그램을 신설하고 전용 펀드를 조성해 기술금융을 활성화한다. 아이디어를 지적재산으로 관리해 기업들의 지재권 대응도 지원할 예정이다. 필자가 몸담고 있는 한국산업기술진흥원(KIAT)은 이달 초 두뇌 전문기업 선정 사업 공고를 내고 두뇌 업종 육성을 위한 소중한 첫 발을 내디뎠다.

기술의 융합 트렌드가 가속화될수록 앞서 언급한 두뇌 업종의 중요성은 더욱 커질 것이다. 두뇌 업종은 고급 인력의 역량이 경쟁력을 좌우한다는 점에서 전형적인 창조경제형 기업의 본보기라 할 수 있다. 물론 지금처럼 영세형·소규모 기업 중심의 산업구조로는 글로벌 경쟁에서 살아남을 맷집을 기대하기 어렵다. 두뇌 전문기업을 육성하려는 정부의 의지가 기업가정신으로 무장한 순수 벤처기업인들의 열정과 시너지를 발휘하여 몇 년 후 풍성한 열매를 맺기를 기대해 본다.

Comment

본문에 나온 영국 반도체 설계업체 ARM을 손정의 일본 소프트뱅크 회장이 234억 파운드에 인수한 것이 화제가 됐다. 이는 손 회장의 인수합병 규모 중 최대라고 한다. 그동안 중국의 전자상거래 업체 알리바바, 미국 3위의 통신사 스프린트 등에 주목하며 투자가로서의 매서운 안목을 자랑해 온 손 회장이기에 ARM의 인수 움직임도 예사로워 보이지 않는다. 특히 인공지능 사회에 대비하기 위해서 ARM 인수를 결정했다고 하니, 향후 우리 일상에 막대한 영향을 끼칠 두뇌 산업의 잠재력이 점쳐지는 듯하다. 우리의 제조업도 하루빨리 하드웨어 중심의 사고에서 소프트웨어 중심의 사고로 전환해야 할 때다.

R&D에 'B'를 더하자

이투데이 2014년 3월 21일 금요일

그동안 우리나라는 연구개발(R&D)에 들어가는 비용을 꾸준히 늘려가며 선진국의 기술을 빨리 따라잡는 '패스트 팔로어(fast-follower)' 방식으로 성공가도를 달려왔다. GDP(국내총생산) 대비 기업의 연구개발비 비중 세계 2위, 출원인 국적별 특허 출원 등록수 세계 4위 등은 이를 상징적으로 보여주는 수치다.

하지만 이 기술들이 제대로 활용되어 가치를 낳고 있는지 살펴보면 얘기가 다르다. 한 연구기관의 발표에 따르면, 2013년 우리나라의 성공한 R&D 결과물 중 사업화로 이어진 비율은 약 20% 수준으로 나타났다. 결국 80%는 사장된다는 뜻이다.

기술사업화의 문제의식은 바로 여기에서 출발한다. 많은 돈을 들여서 개발한 기술들을 연구소에만 묵혀두지 말고 시장으로 연결시키는 것, 이를 통해 국가 R&D 사업의 효율성을 높이는 것이 기술사업화의 취지다.

그런데 R&D 성과물과 기술 사업화 성공 사이에는 건너기 쉽지 않은 간극이 존재한다. 기술이 활용될 제품 아이디어를 발굴하고, 이를 시제품으로 만들고, 실제 만든 제품을 시장에서 판매하여 매출로 연결하기까지 곳곳에는 다양한 장애물과 불확실성이 있다. '죽음의 계곡(Death valley)'이라는 표현을 쓸 정도다. 특히 비용은 R&D 단계에서 투자하는 비용보다 10배 내지 100배가량 많이 들어간다고 한다. 따라서 기술사업화를 개별 기업의 능력이나 시장의 영역에만 맡겨둔다면 시장 실패로 이어질 수도 있다.

필자가 몸 담고 있는 한국산업기술진흥원은 R&D 성과물의 사업화를 정책적으로 지원하고 있다. 지난 2005년부터는 산업통상자원부의 위임을 받은 '기술사업화 총괄 전담기관'으로서 사업화연계기술개발사업(R&BD; Research and Business Development)을 시행 중이다.

R&BD는 여러 가지 면에서 일반적인 R&D 지원사업과 구분된다. 첫째는 사업화가 유망한 기술에 대해 추가 R&D나 시제품 제작, 제품의 성능 인증 등 사업화 영역을 집중적으로 지원한다는 점이다. 많은 중소기업들은 어렵사리 기술 개발에 성공하더라도 이를 제품화해 시장에 진출하는 과정에서 더 큰 비용 부담과 위험을 호소하고, 아예 사업화 자체를 포기하기도 한다. R&BD사업은 바로 이러한 정책적 요구를 반영했다.

두 번째, R&D 시작부터 사업화 기획을 염두에 두고 하도록 기술 개발과 사업화 기획을 종합적·유기적으로 연계 지원해준다는 점이다. 기술사업화전문기관(BA; Business Accelerator)은 시장 동향을 분석해 유망한 아이템을 발굴하고, 해당 비즈니스 모델에 대한 사업화 기획 결과를 사업화 개발 지원과 연계시켜 '타임 투 마켓'을 단축시켜준다.

사실 기술을 개발해 놓고 그 다음에 시장 진출을 하려는 방식은 실패 가능성이 높다. 왜냐하면 이미 시장이 성숙기에 접어들고 기술이 낡아버리는 경우가 빈번하기 때문이다. '선 사업화 기획, 후 필요기술 확보'라는 시장 친화적 사업화 메커니즘이 필요하다.

세 번째 특징은 벤처캐피털과 은행 등 민간투자기관의 투자유치와 연계하여 지원한다는 점이다. 사업화에 필요한 자금을 미리 확보할 수 있으며, 민간투자기관의 검증을 거쳐 시장의 요구가 반영될 수 있다. 지난해까지 정부지원금 대비 1.6배 이상의 민간투자를 유치해 설비투자, 운전자금, 마케팅 등에 활용하고 있다.

R&BD 사업에 대한 기업들의 관심은 점점 많아지고 있다. 선정 경쟁률도 2011년 5.1대 1에서 2013년에는 6.4대 1을 기록하는 등 매년 높아지는 추세다. 지원성과 역시 주목할 만하다. 지원받은 기업의 사업화 성공률(지원과제의 매출 발생률)은 80% 이상이었으며, 정부지원 금액 대비 과제 매출은 7.8배, 지원 전후 대비 과제 매출은 18배 향상된 것으로 조사됐다.

이제는 R&D만으로는 부족한 시대가 왔다. '시장(Business)'을 중심에 둔 R&D, 즉 R&BD는 선택이 아니라 숙명이라 해도 과언이 아닐 것이다. 마침 KIAT가 다음 달 초까지 R&BD 사업공고를 진행 중이다. 새로운 사업 기회를 모색하는 중소·중견기업들이 자금을 지원받아 기술사업화를 추진하고 중요한 도약의 계기를 마련하길 기대해본다.

Comment

R&D가 R&D로 끝나면 의미가 없다. R&BD는 시장과 호흡하지 않는 '죽어있는 R&D'에 생명을 불어넣는 일이나 마찬가지다.

놓친 기술 다시보기

이투데이 2014년 6월 25일 수요일

디테일을 중요시하기로 유명했던 스티브 잡스는 애플 아이폰의 소재를 선택하던 당시에도 고심을 거듭했다. 플라스틱은 가볍지만 고급스럽지 않았고, 유리는 고급스럽긴 해도 충격에 약했다. 잡스는 가볍고 얇으면서도 충격이나 긁힘에 강한 신소재를 원한다며 코닝을 찾아갔고, 이에 코닝은 '고릴라 글라스'라는 이름의 강화유리를 내놓는다. 사실 고릴라 글라스는 코닝의 수많은 실패작 중 하나다. 고릴라 글라스의 원조 기술은 코닝이 1960년대 자동차용 유리로 개발했던 켐코로, 당시에는 냉혹한 시장 반응에 밀려 상용화되지 못하고 묵혀두어야 했다. 하지만 40여년 뒤 스마트폰용 유리로 활용되는 지금은 코닝의 주요 수익원으로 자리매김한 상태다. 미운오리새끼처럼 잊혔던 기술이 재조명을 받으며 화려하게 부활한 셈이다.

대전에 있는 이응노미술관이 내놓은 모바일 애플리케이션은 다소 특별하다. 관람객이 해당 앱을 설치한 스마트폰을 들고 전시작품 앞에 서 있기만 하면 그 작품의 해설을 들을 수 있다. 보통 미술관에서 작품 해설을 듣기 위해서는 전용 단말기를 대여하여 다닐 때마다 일일이 작품 번호를 입력해야 하는 것이 일반적이다.

이응노미술관이 이런 서비스를 제공할 수 있었던 것은 인간이 들을 수 없는 고주파 오디오를 활용했기 때문이다. 작품 옆에 붙어 있는 소형 스피커가 작품별로 설정된 고유 소리 신호를 내보내면, 이를 스마트폰 마이크가 감지해서 음성 가이드를 자동 실행하는 방식이다. 가청 주파수 대역 밖에 있어서 사실상 버려져 있던 주파수 기술을 문화공간에서 멋지게 활용한 것이다.

애플과 이응노미술관의 사례는 '기술 다시 보기'의 중요함을 보여준다. 혁신적인 기술을 새로 개발하는 것 못지않게, 이미 개발되었는데도 막상 활용되지 않고 있는 기술에 대해서 관심을 가지는 것 역시 필요하다는 얘기다.

실제로 그동안 공공연구소, 정부출연연구소들이 엄청난 시간과 돈을 들여 개발한 기술 중에는 세상의 빛을 보지 못한 채 연구실 창고에만 틀어박혀 있는 것들이 의외로 많다. 2012년 특허청 조사에 따르면 대학과 공공연이 보유한 특허의 활용률은 평균 17.1%에 그쳤다. 애써 개발한 특허 중 약 83%는 활용되지 못한 셈이다. 대학이나 공공연이 정부 R&D 과제 성공에만 집중한 나머지, 이를 활용하여 시장에서 성과를 창출하려는 후속 조치는 부족했던 결과다.

이제는 정부가 R&D 과제 지원만 할 것이 아니라 미활용 특허의 사업화도 지원하여 R&D 결과물의 성과가 확산되도록 노력해야 한다는 목소리가 많다. 산업통상자원부와 한국산업기술진흥원(KIAT)도 숨어있는 '진주'를 찾듯, 숨어있던 특허를 재발견하여 지원하기 위해 준비 중이다. 공공 R&D로 나온 기술개발 결과물을 기업에 적극적으로 이전하고 사업화하여 특허 활용도를 높이는, 이른바 'R&D의 재발견 지원사업'이다.

R&D의 재발견 지원 방향은 크게 두 가지다. 우선 잠자고 있는 공공 특허 중 활용 가능성이 클 만한 기술의 사업화를 지원하는 것, 또 하나는 국세표준에 대응하기 어려운 중소·중견기업들이 기술장벽을 뛰어넘을 수 있도록 공공 R&D 인프라를 활용해 지원하는 것이다. 지원받는 기업 입장에서는 많은 비용을 들이지 않고도 새로운 기술 도약의 기회로 삼을 수 있다.

마침 KIAT는 국가기술사업화종합정보망(NTB)을 운영 중이다. NTB는 전 부처의 대학과 출연연 등 공공부문 R&D의 결과물 정보가 망라되어 있어서, 기업이 필요로 하는 기술을 손쉽게 찾아보고 기술을 거래할 수 있는 인프라이다. 이 사업이 진행되면 NTB에 있는 다수의 공공 특허가 빛을 볼 전망이다. 또한 사업화 의지가 있는 기업이 직접 이전받을 기술을 선택하기 때문에 정부 주도가 아닌 민간 중심의 기술거래 시장 활성화도 기대된다.

놓치고 있던 R&D 결과물 다시 보기, 즉 R&D의 재발견은 기술에 날개를 달아주고 제 주인을 찾아주는 일이라 할 수 있다. KIAT는 하반기부터 R&D 재발견 지원을 본격적으로 추진할 계획이다. 많은 중소·중견기업들이 그동안 감춰져 있던 미활용 기술을 다시 보는 계기로 삼고, 이를 통해 혁신의 주인공이 되었으면 좋겠다.

Comment

일반인에겐 폐품일 뿐이라도 예술가에게는 미적 영감을 자극하는 매개체가 될 수 있듯이, 쓸모없는 혹은 실패작으로 여겨졌던 기술도 시간이 지나서 다른 곳에서 화려하게 꽃을 피울 수도 있다. 기술의 활용도를 높이는 R&D의 재발견은 그래서 중요하다.

상자 밖에서 생각하기

머니투데이 2014년 7월 4일 금요일

'상자 밖에서 생각하라.(Think out of the box.)'
이 말은 독창적인 아이디어의 중요성을 강조할 때 자주 인용되는 영어 관용구다.
기존 관념을 상징하는 상자의 틀에 갇혀 있지 말고 여기에서 벗어나 자유롭게 생
각할 수 있어야 창의성이 발휘될 수 있다는 뜻이다.

창의성을 갖춘 비즈니스 아이디어는 생활의 변화를 이끌어내고 국가경제를 성장
시키는 원동력이 된다. 스웨덴 테트라팩이 대표 사례다. 이 회사는 우유나 주스
를 담는 멸균포장팩 기술특허를 갖고 있는데, 안전과 친환경이라는 콘셉트에 집
중한 덕분에 세계 170개국에 포장재를 공급하며 연간 17조원을 벌어들이는 기업
으로 성장했다. 뿐만 아니다.
이제는 기술의 발달로 창업의 진입장벽 자체가 대폭 낮아졌다. 설계도만 있으면
3D프린터를 활용해 '1인 제조업'이 가능해졌고, 공유경제 덕분에 사무실이나 공장
을 직접 짓지 않더라도 그냥 빌려서 사용할 수 있다.

정부는 '창조경제'라는 기치 아래 독창적 아이디어가 좋은 일자리로 이어질 수 있
도록 다양한 지원책을 아끼지 않는다. 지난 2일 시작돼 4일까지 계속되는 '2014
기술사업화대전'도 이러한 흐름에 부응하는 행사다. 기술창업, 기술사업화, 기술
금융, 지식재산(IP), 기술평가 등 다양한 이슈를 주제로 하는 전시회, 포럼, 세미
나 등이 대거 개최되었다. 행사기간도 지난해 1회 행사는 하루만 진행한 것을 올
해는 사흘간 열렸다. 덕분에 500여명의 참석자는 심도 있는 논의를 하는 한편 다
양한 체험도 할 수 있었다.

기술사업화대전 행사기간에는 대학생 창업 아이디어 오디션도 개최됐다. '상자 밖의 생각'들을 많이 발굴하기 위해서다. 필자는 본선에 앞선 심사에서 아이디어를 검토할 기회가 있었는데 생각의 힘이 놀랍다는 것을 새삼 느꼈다. 휠체어를 타는 사람들도 편하게 사용할 수 있는 쇼핑카트 설계, 증강현실 애플리케이션을 주변 지역 소상공인의 마케팅에 활용하는 아이디어 등은 비록 사전 심사에서 탈락하긴 했지만 심사위원들의 주목을 받았다.

물론 치열한 심사를 통과해 본선에 진출한 여섯 팀의 열의도 대단했다. 단순한 아이디어 소개로 끝나지 않고 시장 분석과 사업성 검토, 홍보 · 마케팅 전략, 생산 및 상품화 계획까지 진지하게 브리핑하는 모습이 여느 기업의 사업계획 발표 못지않았다.

실제로 최근 대학가에는 창업열풍이 어느 때보다 거세다고 한다. 중소기업청이 올해 전국 400여개 대학을 대상으로 조사한 결과에 따르면 대학에서 활동하는 창업동아리 수는 2949개로 지난해에 비해 약 60%나 늘어났다. 재학 중 창업을 촉진하기 위해 '창업휴학제'를 도입한 대학도 80개교에 달한다.

본선에 진출한 여섯 팀은 모두 아이디어를 실제 사업화로 연결하는 데 필요한 전문가 멘토링과 컨설팅을 제공받았다. 창업으로 가는 의미 있는 한 걸음을 내디딘 셈이다. 사업성이 우수하다고 평가받은 일부 팀은 투자유치를 위해 창업투자전문회사와 연계하는 방안도 추진된다.

이번 창업아이디어 오디션의 본선 심사를 진행하면서 기업가정신으로 무장한 젊은이들과 대화를 나누다보니 상자 밖에서 떠올린 톡톡 튀는 아이디어들이 창업으로 이어지고 일자리를 창출할 수 있도록 각종 지원체계를 가다듬어야겠다는 생각이 들었다. 다양한 기업이나 부처가 창업의 디딤돌이 되어주는 것도 필요하다. 예비창업자들에게 올바른 창업마인드를 길러주고 관련 노하우를 체계적으로 전달하는 프로그램을 만드는 것도 생각해봄직하다.

상상 속의 아이디어가 기술과 만나면 기존 틀과 한계는 허물어진다. 친한 친구들끼리 소통하기 위해 재미삼아 교내 전용 SNS(소셜네트워크서비스)를 만들었던 대학생 마크 저커버그는 이제 세계 10억명이 이용하는 페이스북의 창업자로 자리매김했다. 세상을 움직이는 작은 아이디어의 힘을 꾸준히 발굴하고 지원한다면 우리나라에서도 또 다른 저커버그가 탄생하지 말라는 법이 없다. 앞으로 학생들뿐만 아니라 상자 밖에서 생각하는 기업과 연구자가 점점 늘어날 수 있도록 정부를 비롯한 지원기관, 단체, 대기업 등 각 주체가 최선의 노력을 기울여야 할 때다.

Comment

KIAT가 매년 개최하는 기술사업화대전은 창조경제를 빛낼 인재들이 한데 모이는 축제이자, 상자 밖의 아이디어와 만날 수 있는 자리이다. 그런 의미에서 필자의 관심을 끈 부대행사는 바로 대학생들이 참여하는 창업 아이디어 오디션이었다. 아이디어를 실제 제품이나 서비스로 구체화할 수 있는 전문가 멘토링에 이어, 선정된 아이디어는 외부 투자 유치까지 받을 수 있도록 연결해주는 역할도 해 뿌듯함을 느낄 수 있는 행사다.

씨앗을 뿌리는 농부의 마음으로

이투데이 2014년 7월 25일 금요일

기술의 쓰임새는 사람이 결정한다. 보다 구체적으로 말하면 기술의 쓰임새는 기술을 설계하는 엔지니어가 아니라 이 기술을 사용할 소비자가 결정한다. 기술 개발만 해놓고 정작 그 기술이 쓰일 시장 환경에 대해서는 철저히 분석하지 않는다면 기술은 전혀 예견하지 않은 방향으로 흘러갈 수도 있고, 심지어는 아예 외면을 받을 수도 있다. 개발된 기술이 시장에서 성공할 가능성, 제품 사용자에 대한 이해, 그리고 나중에 생길 수 있는 부가가치까지 고려하는, 이른바 '기술사업화' 과정이 연구개발(R&D) 프로세스에 포함되어야 성공적인 결론을 얻을 수 있다는 얘기다.

그렇기 때문에 기술사업화는 말처럼 쉬운 일이 아니다. 시장 상황을 파악하여 운영자금을 원활하게 수혈받는 기술금융 노하우를 익혀야 하고, 제품 개발에 필요한 기술을 이전받거나 또 이전해주는 것도 필요하다. 지식재산(IP)에 대한 이해도를 높이는 것도 필수다. 제품 디자인에 신경쓰는 것도 넓게 보면 기술사업화의 일부분이다. 기술이 제 기능을 다하도록 훌륭한 디자인을 입히는 것 역시 기술을 쓸모 있게 만드는 일련의 과정에 속하기 때문이다. 특히 벤처 · 중소기업들은 기술창업에서부터 제품화, 리스크 관리까지 어느 것 하나 소홀히 할 수 없지만, 비교적 전문영역에 속해 있기 때문에 적기에 대응하는 데 애를 먹고 있다.

그렇다고 해서 기술사업화와 관련한 전문지식을 체계적으로 얻을 수 있는 채널이 많은 것도 아니다. 일부 대학에서 기술경영전문대학원(MOT) 과정을 운영하고는 있지만 시간과 장소의 한계로 인해 많은 기업인들이 참여하기는 어려운 상황이다. 실제로 필자가 현장에서 기업 관계자들을 만나 보면 IP 비즈니스 노하우가 부족해 해외 시장에서의 특허 공세에 적절히 대응하지 못하는 경우도 있고, 현지 시장 조사가 부족해 여러 번의 실패 경험을 겪고 나서야 사업화에 성공한 경우도 의외로 많다.

게다가 이같은 기술사업화에 대한 전문지식 부족 현상은 기업만 겪는 것이 아니다. 한국산업기술진흥원(KIAT)은 지난 4월 7개 부처 R&D 전담기관들과 함께 기술사업화협의체를 발족시켰는데 이 협의체에 참여하는 유관기관의 관계자들조차 비슷한 반응이다. 기술에 대한 자신감은 있으면서도 이를 제품화로 연결시키는 구상과 기술금융을 조달하는 노하우는 전체적으로 다소 빈약하다는 증거다. 이 때문에 KIAT는 이달 초부터 '기술사업화 아카데미 최고위과정'을 진행하고 있다. 3개월짜리 프로그램인 이번 최고위과정은 공공기관에서 기술사업화를 담당하는 실무 책임자, 중소중견기업에서 기술경영을 담당하는 경영진들을 대상으로 한 기술사업화 전문 교육과정이다. 향후에는 최고위과정 외에 별도로 실무자들을 겨냥한 단기 교육 프로그램도 개설할 예정이다.

기술사업화 아카데미의 교육과정에는 기술사업화 정책 일반에 대해 설명하고 사업화에 대한 이해를 돕는 시간이 마련돼 있다. 지식재산과 창조경제가 어떻게 기술사업화와 연계되는지에 대해 배우는 시간도 준비된다. 다양한 사례 연구를 바탕으로, R&D 결과물이 시장에서 사업화로 이어지는 과정을 습득할 수도 있다. 이를 통해 기술경영과 사업화 전반에 관한 역량과 통찰력을 단기간에 집중적으로 기르는 한편, 부처의 경계를 허무는 기술사업화가 얼마나 중요한지에 대한 공감대와 교육생들간 네트워킹도 형성하게 될 것이다.

기술사업화 과정은 비록 눈에 잘 보이지는 않지만, 연구개발 결과물의 활용 가치를 높이고 새로운 시장을 창출하기 위해 반드시 필요한 요소다. 그럼에도 불구하고 아직까지는 기술사업화와 관련한 소양을 체계적으로 교육받을 기회가 부족한 것이 사실이다. 미약하긴 하지만 이번에 시작한 기술사업화 아카데미가 활발하게 운영되어 나중에 기술사업화 전문가를 배출하는 명실상부한 사관학교로 자리잡기를 기대해본다. 물론 교육 성과가 단기간에 나지는 않을 것이다. KIAT는 앞으로 창조경제라는 열매를 맺기 위해 씨앗을 뿌리는 농부의 마음으로 기술사업화 아카데미 교육과정을 운영해 나갈 계획이다.

Comment

기술사업화 아카데미의 커리큘럼은 기술금융, 기술평가, 지적재산권 관리, 기술경영 등 기술사업화의 기본을 비교적 짧은 시간 안에 익힐 수 있도록 구성했다. 기존에 없던 교육과정이라 KIAT 사업화단 직원들이 프로그램 구성이나 강사 섭외 등에 고생해야 한다. 하지만 바쁜 일정에도 불구하고 전원이 거의 개근으로 과정을 마치는 등 수강생들의 반응이 열렬해 필자를 감동시키기도 했다. 아카데미 수료생들이 교육 과정에서 얻은 지식을 바탕으로 실전에서 선전하길 기대해 본다.

무엇에 집중할 것인가

서울신문 2015년 2월 12일 목요일

#(장면) 1. A사는 2007년까지만 해도 세계 휴대전화 시장의 40%를 차지할 정도로 압도적 우위를 점하던 휴대전화 제조사다. 이 기업은 한때 핀란드 수출의 20%를 책임질 만큼 국민기업으로 사랑받았지만, 경쟁사들이 앞다퉈 스마트폰을 내놓는 동안 기존 주력 분야인 일반 피처폰에 집중하며 체질 전환에 우물쭈물했다. A사의 휴대전화 브랜드는 지난해 시장에서 완전히 자취를 감추게 됐다.

#(장면) 2. 1895년에 설립된 B사는 2000년대 초반까지 9만여 명이 넘는 직원 수를 자랑하며 캐나다를 대표하는 최대 통신장비 업체의 명성을 떨쳤다. B사는 매년 50개 이상의 첨단기술 기업 인수합병(M&A)에 나서면서 무서운 속도로 핵심 통신 기술들을 흡수했지만, 사업화에 성공한 것은 이 중 10%가량에 불과했다. 여기에 회계부정, 글로벌 금융 위기라는 악재가 겹친 B사는 결국 2009년 파산보호를 신청하며 시장의 뒤편으로 물러나고 말았다.

#(장면) 3. 1880년 설립된 C사는 세계 최초의 롤필름(1884년)과 휴대형 카메라(1884년)를 만들어 낸 필름·촬영 기술의 선두 주자였다. 그런데 이 회사는 1970년대에 가장 먼저 디지털 카메라를 개발해 놓고도 시장에 내놓지 않았다. 기존 필름 사업의 이익을 잠식할 것이라는 우려 때문이었다. 2012년 파산했던 C사는 뼈를 깎는 자구 노력 끝에 최근 겨우 회생했지만 더이상 예전의 명성은 찾아보기 힘들다.

경제와 기술 트렌드에 민감한 독자들이라면 이니셜로 표시한 위의 기업들이 어디인지 대충 눈치챘을 것이다. A사는 노키아, B사는 노텔 네트웍스, C사는 코닥이다.

세계 시장을 좌지우지하던 글로벌 기업들이 어느덧 경쟁사와 후발 주자들에 선두 자리를 내주고 쓸쓸하게 물러앉게 된 이유는 어디에 있을까. 필자는 이 기업들이 핵심 역량과 자원을 그저 자사가 잘하는 분야에만 집중하면서 첨단기술이라는 단 맛만을 좇았기 때문이라고 생각한다. 그래서 시장의 트렌드와 소비자의 요구를 반 영하지 못하고 실패의 쓴맛을 볼 수밖에 없었다고 본다. 특히 노텔의 경우 현재도 유용하게 쓰일 만한 알짜 특허 자산을 다수 보유하고 있었지만, 정작 그 좋은 기 술들을 제대로 활용하진 못했다. 장롱 속 면허증만으로는 도로주행을 할 수 없듯 자기 만족에 급급한 기술은 기업을 쇠락의 길로 내모는 셈이다.

국가 연구개발(R&D) 정책을 기획하고 기업 지원, 성과 관리 업무까지 담당하는 기관에 있는 사람으로서 R&D의 효율성을 제고하기 위한 중요한 열쇠는 '시장과 함께 가는 R&D'임을 잘 알고 있다. 그래서 기술개발 과제를 지원할 때도 연구자 들이 R&D를 시작하기 전에 연구실 밖의 변수에 대해서도 고려하도록 유도한다. 시장에서 팔릴 만한지, 몇 년 후에도 쓰일 기술인지, 이용자 친화적인지 등을 검 토하라는 것이다. 한국산업기술진흥원은 사업화 유망 아이템을 발굴해 먼저 비 즈니스 모델을 만들면, 이에 필요한 기술개발과 자금을 지원해 주는 '사업화 연계 기술개발 사업'을 진행한다. 이른바 '선 사업화 기획, 후 필요기술 확보' 방식이다.

중소·중견 기업이 자사의 연구 인력을 전문생산기술연구소에 파견해 사업화 역 량을 단기간에 끌어올릴 수 있게 도와주는 '전문연·중소기업 공동연구실 지원 사 업'도 있다. 단순히 기술 개발만 지원하는 것이 아니라 비R&D적인 측면까지 종 합적으로 연계해 보다 시장친화적 지원, 입체적인 지원을 제공하는 것이 목적이 다. 앞선 사례에서 알 수 있듯 연구개발 과정에서 기술만 보고 시장 변화를 외면 하면 혁신을 향한 어떤 노력도 소용이 없다. 혁신에는 그 내용 못지않게 방향도 무척 중요하다는 얘기다.

그렇다면 우리 기업과 연구자들은 어느 방향을 바라보고 무엇에 집중해야 할까. 대답은 자명하다. 기업의 기술개발에서는 시장·사람·제품이 함께 고려돼야 한다는 점을 잊지 않는 것이다. 이러한 추세에 맞춰 국가 R&D를 지원하는 정부 정책 방향도 기술사업화 기능 강화를 위한 예산 지원을 확대하는 쪽으로 진행되고 있다. 기술에 날개를 달아 주려는 정부와 시장에서 살아남으려는 기업의 필사적인 노력이 창조경제를 움트게 하는 훌륭한 씨앗이 되기를 기대해 본다.

Comment

시장과 호흡하지 않는 독불장군식 경영을 고집한다면 노키아, 노텔, 코닥 같은 굴지의 대기업이라도 순식간에 외면을 당하기 마련이다. 기술 중심의 기업인 경우 자칫 기술력 자체의 업그레이드에만 매몰되기 쉬운데, 오래 살아남는 제품과 기업일수록 사람과 시장에 주목한다는 점을 잊어서는 안 될 것이다.

아름다운 공유의 경제학

머니투데이 2015년 4월 17일 금요일

요즘 경제계 화두 중 하나는 단연 '공유(共有·sharing)경제'일 것이다. 공유경제란 제품 혹은 서비스를 혼자 점유하거나 독점하지 않고 쓰지 않을 때는 다른 사람들과 나눠 쓰면서 효용을 높이는 것을 말한다. 스마트폰 애플리케이션을 활용해 승객과 빈 차량을 연결해주는 우버(uber)가 공유경제를 활용한 대표적 서비스다.

공유경제의 정신은 불필요한 자원의 낭비를 최대한 줄이고 합리적인 소비를 가능케 하자는 취지다. 나아가 우리가 일반적으로 생각하던 소유의 개념을 전환하고 확장함으로써 사회적 나눔을 실천하는 원동력도 된다. '소유와 독점' 대신 '공유와 개방'이라는 가치를 선택해 사회적 효용을 높이려는 시도는 산업기술 분야에서도 마찬가지다. 필자가 몸담은 한국산업기술진흥원(KIAT)은 2013년부터 '기술나눔'이라는 이름의 프로젝트를 꾸준히 진행하는데, 나눠쓰기를 통한 기술가치 극대화 사례로 많은 주목을 받고 있다.

기술나눔이란 대기업이나 공공연구소가 개발해놓고도 실제로 활용하지는 않는 미활용 특허기술을 찾아서 이를 필요로 하는 중소·중견기업들에 무상으로 이전해주는 사업이다. 특허의 활용도를 높이는 한편 중소·중견기업들의 기술경쟁력을 강화하는데 기여하고 대·중소기업간 상생하는 동반성장 문화를 확산하기 위해 기획되었다.

사실 공공연구소에는 당장 제품화하긴 어려워도 쓰임새가 많은 범용 요소기술, 기반기술들이 다수 확보되어 있지만 데이터베이스에만 고이 잠자는 경우가 있다.

또 대기업에는 제품 개발에 쓸 목적으로 개발한 것이 아니라 경쟁사 공격에 대응하기 위해 방어용으로만 획득해놓은 특허가 많다. 대부분 지금은 쓸모 없지만 추가 개발을 거치면 얼마든지 제품에 활용할 수 있는 기술들이다. 이런 유휴기술 가운데 일부를 필요로 하는 중소·중견기업으로 이전해서 기술의 새로운 주인을 찾아주는 것이다.

중소·중견기업 입장에서는 상용화 직전 기술을 무상으로 획득할 수 있기 때문에 인력이나 자금을 추가 투입하지 않고도 연구·개발 과정을 상당부분 앞당길 수 있다는 장점이 있다. 기술을 넘겨주는 대기업 입장에서는 해외 동반진출까지 공동으로 모색할 수 있는 든든한 파트너사를 얻는 셈이다.

지금까지 기술은 나눠 쓰거나 공유할 수 있는 대상이 아니었다. 기술은 개발자의 독점적인 사용권을 일정기간 법으로 보장하는 특허와 밀접하게 연관되어 있고, 그래서 기업의 영업비밀에 속하는 지식재산이기 때문이다. 하지만 기술나눔은 이러한 고정관념을 깨고 '공유의 아름다움'을 전파하는 데 한몫을 한다.

실제로 앞서 기술나눔에 참여한 기업들 중 반도체 설비제조업체 A사는 SK하이닉스로부터 특허기술을 이전받아 해외 경쟁사보다 우위를 점할 수 있는 발판을 마련했다. LG디스플레이의 기술을 이전받은 B사도 현재 사업화에 필요한 기반기술을 확보해 기술개발에 한층 속도를 낼 수 있게 됐다.

이제는 기술을 개발하고 활용하는 데도 패러다임의 전환이 필요하다. 소유의 개념을 독점에서 공유로 확장할 수 있어야 기술의 가치와 활용도를 높일 수 있기 때문이다. 앞에서 살펴보았듯 기술나눔은 잠자고 있던 기술을 깨워 기술의 공익적 가치를 확산하는 작업이다. 특히 중소·중견기업에 새로운 기술이 접목되는 과정에서 새로운 일자리를 창출할 수도 있고, 창조경제의 핵심과제가 달성될 수 있다고 생각한다. KIAT의 기술나눔은 앞으로도 계속될 것이다. 더 많은 기업이 기술나눔에 동참해 고정관념을 버리고 '아름다운 공유의 경제학'을 실천할 수 있기를 기대해본다.

Comment

'공유'를 통해 기술의 가치를 높이는 것 역시 발상의 전환, 재발견이라 할 수 있을 것이다. 중소·중견기업이 기술나눔을 잘 이용하기만 한다면 R&D 기획과 사업화에 드는 시간을 효율적으로 단축시킬 수 있을 것이다. 여기에 대기업과 중소기업간 상생의 시너지는 또다른 기쁨이다.

데스 밸리를 희망 밸리로

이투데이 2015년 7월 1일 수요일

기술의 발달이 제조업의 지형까지 바꾸는 중이다. 3D프린팅, 크라우드 펀딩 등 1인 제조업을 뒷받침할 만한 다양한 인프라가 발달하면서 이제는 대규모 자본금이 없어도 무형의 아이디어를 기반으로 보다 손쉽게 창업이 가능해졌다.

하지만 구슬이 있다고 저절로 꿰어지는 것은 아니다. 기술과 아이디어가 있다고 하더라도 이를 제품이나 서비스로 만드는 과정에서 수많은 어려움에 접하게 된다. 얼마나 힘들면 이 시기를 '죽음의 계곡'(Death Valley, 이하 데스밸리)이라고 부르겠는가. 비즈니스 아이디어를 현실에 맞게 다듬고 적절한 기술과 조합해 시장에 내놓는 일이야말로 어쩌면 창업보다 더 중요한 단계라고도 할 수 있다. 바로 '기술사업화'가 중요한 이유다.

기술사업화는 비즈니스 아이디어나 기술을 제품화하여 시장에서 매출을 발생시키고, 투자금을 회수하기까지의 전 과정을 말한다. 상용화에 필요한 연구개발 (R&D) 자금 확보, 특허의 확보와 관리, 마케팅과 판로 확대, 법률 및 조세 문제 대응 등은 개인이나 초기 기업의 역량만으로는 어려울 수 있다. 그래서 보통 외부 전문기관이나 정부의 도움을 받아서 사업화를 추진하게 되는 것이다.

정부는 지난 2000년 기술사업화촉진법을 제정하고, 이후 신성장동력펀드 등을 통해 창업자금을 수혈해주고, 공공기술 이전 및 사업화 전담인력 육성 등에 앞장서 왔다. 지난달 25일과 26일 이틀간 열린 '2015 기술사업화대전'은 산학연 관계자들이 함께 모여 그간의 성과를 돌아보고 격려하는 축제의 장이었다. 여러 가지

부대 프로그램이 진행됐는데 필자가 특히 눈여겨 본 것은 '비즈니스 모델 경진대회(BM Competition)'였다. 창의적인 비즈니스 아이디어를 접수받아 서류 평가와 발표 평가를 거쳐 최종적으로 다섯 개 과제를 선정하고 시상했는데, 재기발랄하면서도 따뜻한 아이디어들이 눈에 띄었다.

이날 대상을 받은 '이어링'은 이어폰에 오디오 광고를 접목한 제품이다. 스마트폰 이용자의 40%가 하루 평균 3회 이상 이어폰을 이용하는데, 이어폰을 연결하고 실행할 애플리케이션을 선택하는 동안 약 20초 내외의 유휴 시간이 발생한다는 점을 발견하고, 이 시간을 이용해 힐링 멘트나 광고를 내보내는 도구로 활용한 것이다. 이 아이디어는 정부의 마케팅 지원을 받아 이달 중 정식으로 베타 서비스를 오픈한다. 일상의 습관을 놓치지 않고, 모바일 오디오 광고라는 새로운 시장을 창출한 셈이다.

행사 기간에 열린 의미 있는 이벤트 중 또 하나는 한국콘텐츠진흥원(KOCCA)이 기술사업화협의체에 참여해 참여기관 수가 19개로 늘어났다는 것이다. 기술사업화협의체는 부처별로 쪼개져서 관리되는 공공 R&D 결과물을 한데 모아 효율적으로 관리하고 활용해야 한다는 필요에 따라 기술사업화 전담기관인 한국산업기술진흥원(KIAT)이 주도하여 지난해 4월 구성한 협의체다. 창조경제의 성과 창출을 위해서는 부처별, 기관별 이해관계를 뛰어넘어야 한다는 판단에서다.

현재 협의체에 참여 중인 부처별 사업화 담당기관들과 중견기업연합회 등 관련 협단체들은 정기적으로 모여 기업들의 사업화 애로를 듣고 함께 해결하고 있다. 이제 KOCCA의 합류로 기술사업화협의체가 다루는 분야는 국방, 에너지, 보건, 환경에서 문화기술(CT)로까지 확대됐다. 다양한 기관들의 참여로 앞으로 기술사업화 분야에서 좋은 시너지가 기대된다.

초기 기업이라면 데스밸리는 결코 피할 수 없는 어려움과 고난일지도 모른다. 하지만 데스밸리를 반드시 지나야만 비로소 달콤한 열매를 맛볼 수 있다. 실제로 미국 데스밸리 국립공원은 북미에서 제일 덥고 건조하기로 악명이 높지만, 자연이 만들어내는 극한의 아름다움을 보여주는 곳이기도 하지 않은가. 정부와 관계기관들이 창조경제 인프라를 탄탄하게 구축해 놓은 만큼, 기업들이 이를 적극적으로 활용하여 '데스 밸리'의 어려움을 '희망 밸리'라는 기대로 바꿔 나갈 수 있기를 소망한다. 좋은 비즈니스 아이디어가 사장되지 않고, 잠재력 있는 기술과 제품이 빛을 볼 수 있도록 그 길에 KIAT와 기술사업화협의체가 함께할 것이다.

Comment

창조경제 바람을 타고 기술사업화에 대한 관심이 높아지면서 매년 개최되는 기술사업화대전의 내용도 풍성해지고 있다. KIAT 주도로 추진된 기술사업화협의체 활동은 정부의 제6차 기술이전사업화 촉진계획(2017~2019)에 포함되기도 했다. 데스 밸리를 희망 밸리로 바꾸는 손길들이 점차 바빠지고 있음을 느낀다.

기술의 가치를 높이는 일

서울신문 2015년 7월 25일 토요일

국제축구연맹(FIFA)은 2014년 브라질월드컵에서 전 세계 시청자들이 자기 집 안방에 앉아서도 현장 분위기를 충분히 느낄 수 있도록 영상 중계에 많은 공을 들였다. 그래서 도입된 것이 바로 실시간 트래킹 시스템이다.

'트라캅'이라는 이름의 이 시스템은 경기장 곳곳에 설치된 16대의 카메라로 선수들의 움직임, 선수가 뛴 거리, 공의 방향과 순간 속도 등 각종 데이터를 수집해 분석해 준다. 다각도로 촬영한 영상을 통해 관중은 더 세밀하고 정확하게 경기를 분석할 수 있다. 그런데 이 시스템을 구동하는 원천 기술이 다름 아닌 우주 항공 분야에서 왔다는 것을 아는가. FIFA가 공식 채택한 트라캅 시스템은 스웨덴의 전투기 야스 그리펜의 미사일 추적 기술을 활용해 만들었다고 한다. 목표물을 놓치지 않고 추적하는 기술이 방송 중계에 도입된 덕분에 시청자들은 실감 나는 경기 영상을 즐길 수 있게 됐다.

항공 우주, 국방 등 공공 분야에서 연구개발(R&D)의 결과물로 탄생한 기반 기술들이 다른 분야에 접목돼 활용도를 높이는 경우는 어렵지 않게 찾아볼 수 있다. 유럽우주국(ESA)이 2004년 3월 혜성 탐사선 로제타를 발사할 때 적용했던 진동 흡수 기술은 나중에 당뇨병 환자를 위한 손목시계에 쓰였다. 이 시계는 환자의 미세한 손 떨림 증상을 감지해 필요할 때 바로 약을 투여할 수 있는 펌프를 작동하게 된다. 미국 국방부 산하 방위고등연구계획국(DARPA)이 인터넷의 원형인 아르파넷을 만들고, 내비게이션에 없어서는 안 될 위성항법장치(GPS)를 개발한 것도 원래 목적은 군사용이었다.

많은 대학과 공공연구소들이 오랫동안 R&D를 해서 만들어 낸 원천 기술과 기반 기술 중에는 이처럼 다른 분야로 이전, 확산돼 활용 가치를 더 키울 수 있는 기술들이 많다. 우리나라는 정부 출연 연구소들이 국가기술은행(www.ntb.kr) 사이트에 R&D 결과물을 제공해 놓는다. 10만여 건에 이르는 기술 정보가 축적돼 있어 민간에서 필요할 때 이전받아 쓸 수 있다.

하지만 수요자인 기업 입장에서는 수많은 공공기술 중에서 원하는 것이 무엇인지 정확하게 찾는 게 쉽지 않다. 그래서 한국산업기술진흥원(KIAT)은 활용도가 높은 공공 특허와 기술을 발굴해 이전받을 기업들을 대상으로 직접 설명해 주는 '기술 이전 설명회'를 해마다 개최한다. 기술 이전 설명회는 국가기술은행에 등록돼 있는 기술 중 우수 기술을 선별하고 이를 정보통신, 농식품, 국방, 바이오, 소재부품 등 주요 테마별로 분류해 기술에 관심 있는 기업에 정보를 제공하는 형태로 이뤄진다.

기술 이전 설명회에서는 잠재적인 기술 수요자와 기술 개발에 참여한 연구자가 직접 만난다. 따라서 밀도 있는 기술 상담을 진행할 수 있고 실제 기술 이전 계약 등의 후속 조치까지 이어질 가능성이 크다.

특히 지난해에는 범부처 협의체인 '기술사업화협의체' 참여 기관들과 함께 공동으로 기술 이전 설명회를 추진하기 시작했는데, 행사 참석 기업 수도 많아지고 기술 이전 계약이 성사되는 비율도 높아지는 등 긍정적 시너지 효과를 체감하고 있다.

기술사업화협의체는 정부 부처 간, 산업 간의 경계를 허물고 공공 R&D 결과물의 기술사업화를 효율적으로 추진하기 위해 만든 협의체로, 현재 8개 분야 19개 기관이 함께 기술사업화 성공 사례를 도출하고자 노력한다.

창의적 비즈니스 모델과 제품을 개발해 내는 데 기술이 반드시 '새것'이어야 할 필요는 없다. 이미 개발된 기술을 활용하는 것만으로도 비용과 시간을 많이 들이지 않으면서 혁신적 제품은 충분히 탄생할 수 있다. 예컨대 기존 기술을 조금만 변형하거나 원래 목표로 했던 수요처를 변경함으로써 가려져 있던 소비자 또는 기업의 수요를 채워 주는 일도 얼마든지 있는 것이다. 그런 의미에서 기술 이전은 창조경제를 빨리 실현할 수 있는 지름길이자 기존 기술의 가치를 높여 주는 의미 있는 일이다. 많은 기업이 수준 높은 공공기술에 관심을 가져 준다면 창조경제 실현도 앞당길 수 있을 것이라 기대해 본다.

Comment

공공 기술이 다른 분야에 이전되어 아이디어와 결합되어 또 다른 부가가치를 발생시킨 사례는 의외로 많다. 예를 들어 허블 우주망원경이 찍은 사진을 판독하는 기술은 나중에 여성들의 유방암 검진용 사진판독 기술로 발전했다. 우리가 지금 편리하게 사용하는 GPS(위성항법장치), 메모리폼 매트리스, 귀체온계 등도 우주 탐사를 위한 기술개발 과정에서 파생된 것들이다. 이처럼 유휴 공공 기술을 발굴해 사업화시키는 것은 기술의 가치를 극대화하는 의미 있는 일이다. 많은 기업들이 흙 속에 숨어있는 진주 같은 공공기술을 캐내는 행운을 누렸으면 좋겠다.

기술사업화 성공의 열쇠

이투데이 2016년 7월 12일 화요일

이스라엘 요르단 강 물줄기를 따라가다 보면 갈릴리호와 사해(死海)라는 두 개의 호수가 있다. 같은 물줄기에 연결된 호수라지만 갈릴리호는 물이 맑고 고기도 많지만, 사해는 말 그대로 죽음의 바다다. 두 호수의 운명을 가른 것은 열려 있느냐, 아니면 막혀 있느냐다. 즉, '개방성'의 유무라 할 수 있다. 사해는 물이 들어오는 곳만 있을 뿐 나가는 곳은 없다. 고인 물이다. 호수로 들어온 물은 오도 가도 못한 끝에 증발한다. 호수 바닥엔 염분만 쌓여가고 주변에 살아남은 생물은 없다. 반면 갈릴리호는 상류로부터 흘러내려온 요르단 강물이 사해를 향해 흐른다. 기독교에서 언급되는 갈릴리호를 배경으로 하는 각종 예수와 베드로의 '기적'이 괜히 나온 말은 아니라는 생각이다.

기업의 경우도 마찬가지가 아닐까 생각해 본다. 변화가 없이 고인 기업은 도태될 수밖에 없다. 반면 끊임없이 새로운 지식과 정보, 자금을 받아들여 더 큰 세상으로 나아가는 기업은 그 미래 가치가 다르다. 실제 개방형 소스로 만든 리눅스 서버에서부터 개방형 온라인 백과사전 위키피디아, 전기차 분야 선두주자 테슬라까지 '열린' 개방형 정책을 편 기업들이 거인으로 우뚝 섰다. 모두 각자가 보유한 지식재산을 끌어안고 애지중지만 한 것이 아니라 오픈 소스화해 기반산업 분야의 R&D를 가속화하고, 연관 산업의 기업 간 전략적 제휴를 확대하는 정책을 편 기업들이다.

이 같은 선발주자들의 성공 사례를 바라본 수많은 스타트업 기업들도 저마다의 개방형 혁신을 위해 몸부림치고 있다. 다들 중요성은 잘 알고 있지만 이를 실현하고 활용하는 것은 말처럼 쉬운 일은 아니다. 구체적으로 어떻게 개방하고 혁신하며 기술사업화를 촉진해야 하는지는 막막할 따름이다.

이와 관련해 정부가 고군분투하는 스타트업 기업들에 조금이나마 도움이 되기 위한 노력을 여러모로 진행하고 있다. 잘만 활용하면 개방형 혁신을 향한 정답과 지름길을 찾는 데 큰 힘이 될 것이라고 확신한다.

대표적으로 지난 6일 개최된 '2016 대한민국 기술사업화대전'을 들 수 있다. '기술사업화의 성공 열쇠, 개방형 혁신에서 답을 찾다'라는 주제로 열린 이 행사는 개방형 혁신 촉진을 위한 해법 모색과 의견 교류를 위한 다양한 세부 행사가 마련되어 기술사업화 성공의 DNA를 공유하고자 하는 기업들의 눈길을 끌었다.

많은 프로그램 가운데, 기술 보유 기업의 사업화를 돕기 위해 기업별로 전담 코치를 붙여주는 '기술사업화 도움닫기 플랫폼' 사업의 사업화책임기획단 발대식은 필자에게 남다른 의미로 다가온다. 올해부터 산업통상자원부와 필자가 몸담은 한국산업기술진흥원이 추진한 이 사업은 6월 말 현재 12개 지원 과제가 선정됐고 내년 말까지 총 150억 원가량이 지원된다. 선정된 기업에는 글로벌 기업으로 도약할 수 있도록 기업 수요에 맞게 추가 기술개발 또는 외부로부터의 기술 수혈, 인증, 판로개척 등을 패키지형으로 지원받을 수 있는 혜택이 주어진다.

기술나눔 업무협약도 그 의미가 깊다. 2013년부터 추진하고 있는 기술나눔 제도는 대기업이 가지고 있는 기술을 중소기업에 무상 이전해 주는 프로그램이다. 이날 협약한 현대기아자동차는 지난 4월 자동차 관련 구동기술, 엔진기술 등을 포함한 417개 기술을 무상 개방한 바 있으며, 이번 협약으로 29개 중소기업에 141개 기술(180건)을 실시권 허여의 방식으로 무상 이전할 계획이다.

기술사업화는 개방형 혁신의 가장 중요한 도구이면서 기술의 가치를 높여 주는 지름길이다. '기술사업화대전'은 우리 기업들에 갈릴리호가 가진 개방성으로부터 성공의 해답을 제시해줄 초석이 될 것을 자부한다. 아울러 기술사업화로부터의 우수 R&D 결과물은 새로운 시장과 양질의 일자리 창출이라는 더 큰 바다로 흘러가기를 소망해 본다.

Comment

기술사업화가 기획 단계에서부터 시작하여 기술사업화 성패의 가늠자인 '시장에서의 매출 발생'으로 이어지기까지는 상당한 시간이 필요하다. 개별 기업이 가진 자원만으로는 그 기간을 단축시키기에 한계가 존재한다. 그러하기에 개방형 혁신이라는 화두가 더욱 주목받는 것이다. 기술사업화 전담 코치는 기업의 이같은 애로사항을 해결하는 데 도움을 줄 수 있는 밑거름 역할을 하게 될 것이다.

기업가 정신

서울신문 2015년 1월 8일 목요일

안트러프러너십(entrepreneurship)은 우리말로 기업가 정신이다. 기업가가 기업의 본질이라 할 수 있는 이윤 추구나 사회적 책임을 수행하기 위해 반드시 갖추어야 할 자세와 정신을 말한다. 경제학자 조지프 슘페터는 기술개발, 기술혁신으로 '창조적 파괴'에 앞장서는 것을 기업가 정신이라 했고, 경영학자 피터 드러커는 위험을 감수하면서 과감히 도전해 기회를 사업으로 연결시키는 노력을 기업가 정신으로 봤다. 창조경제라는 맛있는 요리를 완성하려면 각 경제주체의 기업가 정신이 필수 양념으로 첨가돼야 한다. 2015년 새해 들머리에 다시금 기업가 정신을 되새겨 보는 이유다.

그렇다면 기업가 정신을 완성시키는 데 필요한 소양은 무엇일까. 첫 번째는 실패를 경험으로 받아들일 줄 아는 용기다. 시행착오와 실패라는 쓰라린 경험을 내버리지 않고 껴안을 때 성공의 쾌감을 맛볼 수 있다. 벤처의 천국이면서도 벤처의 무덤이라고 불리는 미국 실리콘밸리가 대표적인 사례다. 실리콘밸리에서는 2008년부터 매년 '실패 콘퍼런스'를 열어 실패담을 공유하며 반면교사로 삼는다. 독일 BMW 역시 1990년대 초반 '이달의 창의적 실패상'이라는 것을 만들었다고 한다. 의욕적으로 새로운 프로젝트에 도전했다가 실패한 직원들의 경험담을 함께 공유한 것이다. 그 과정에서 실패는 낭비가 아닌 기업의 자산으로 수용됐다.

두 번째 소양은 성공할 때까지 계속하겠다는 끈기와 재도전의 자세다. 남들에게는 다소 무모해 보이는 꿈이라도 뚝심과 끈기를 갖고 재도전하다 보면 성공의 가능성은 높아진다. 한 번 실패하더라도 끈질기게 도전하는 개인의 용기도 중요하지만 재도전의 기회를 얻을 수 있는 분위기가 형성된다면 사회 전체적으로도 실패로 인한 비용 부담이나 부정적 편견은 줄어들 것이다.

꾸준한 도전이 혁신을 낳는다는 진리는 '굳지 않는 떡' 제조 기술개발 스토리에서도 엿볼 수 있다. 국립농업과학원에서 전통식품 연구개발을 담당하는 한귀정 연구관은 이 기술을 개발하기 위해 쌀의 수분 상태나 가공온도 등 다양한 변수를 고려한 실험을 무려 1000여회 넘게 시도했다고 한다. 모든 변수를 검증할 때까지 포기하지 않겠다는 각오로 도전을 거듭한 결과 그는 개발한 기술을 300여개 업체에 이전하고 떡 제품의 해외 수출길을 넓히는 데 기여할 수 있었다.

마지막으로 필요한 소양은 발상의 전환, 역발상의 자세다. 경기가 어려울 때 투자를 늘려 승부수를 띄우고, 비용 절감을 위해 대부분 해외로 공장을 옮길 때 오히려 아웃소싱을 자체 생산으로 돌려 품질을 확보하며, 상대가 강할수록 약점을 집중 공략해 시장에 진입하는 것이 대표적이다. 슘페터가 말한 '창조적 파괴'의 원동력은 이 같은 뒤집어 보기에서 나오지 않을까. 알리바바 창업자 마윈은 이베이가 소프트웨어 기술력을 앞세워 중국 시장을 공략할 때 시장과 사람, 콘텐츠에 집중해 이베이를 물리쳤고, 알리바바를 세계 최고의 전자상거래 업체 자리에 올려놓았다. 이 역시 역발상의 기업가 정신 성공 사례다.

전통 제조업의 쇠퇴를 걱정하는 요즘이다. 기존 틀을 벗어나 이종 산업과 결합해 스마트 제조업으로 부활해야 한다는 지적이 힘을 얻고 있다. 이런 때야말로 모험을 두려워하지 않는 정신, 기회를 포착하고 변화를 주도하려는 기업가 정신이 더욱 필요한 시기가 아닌가 싶다. 그래서 한국산업기술진흥원도 올해는 튼튼한 기업가 정신으로 무장한 중소·중견 기업들을 많이 발굴해 우리 경제의 떠오르는 별이 될 수 있도록 아낌없이 지원할 계획이다. 창조경제를 이끌 만한 선도 기업인 가

칭 '리딩 코리아 컴퍼니'들을 선별해 혁신선도형 기업들이 필요로 하는 지원 수요에 대해 맞춤형 프로그램을 만들어 제공할 예정이다.

경제가 어렵다고들 한다. 하지만 돌이켜 보면 우리 기업인들은 늘 어려움 속에서, 얼음 송곳 위에서 걸어가듯 많은 역경을 헤쳐 왔다. 필사즉생(必死卽生)의 자세로 임한다면 누구에게나 9회말 2아웃 역전 만루 홈런의 기회는 열려 있을 것이라고 믿는다. 우리 모두 올해에는 실패를 성공으로 바꾸는 희망의 배(ship), 끈기 있는 재도전의 배(ship) '안트러프러너십'(entrepreneur-ship)에 올라타 보자.

Comment

한 경제연구소에서 우리나라의 기업가정신 지수가 1970년대에 비해 절반 수준으로 하락했다는 보도를 보고 마음이 착잡한 적이 있다. 하지만 필자가 전국의 여러 중소 · 중견기업을 돌아다니는 과정에서, 여전히 불굴의 기업가 정신으로 무장한 최고경영인(CEO)들을 많이 만날 수 있었다. 우리 경제의 대들보인 중소 · 중견기업인들의 안트러프러너십(ship)이 건재한 이상, 대한민국호(ship)는 순항할 것이라고 확신한다.

자전거 타기와 기업 경영

이투데이 2016년 2월 3일 수요일

영하의 날씨가 매서운 겨울 시즌이지만, 요즘에도 방한복을 갖춰 입고 바람을 가르는 자전거족이 눈에 띈다. 어느덧 우리나라 자전거 인구가 1000만 명을 훌쩍 넘었다는 통계가 있는 걸 보면, 자전거 라이딩이 남녀노소를 불문하고 대중화한 취미로 자리 잡은 것만은 분명한 듯하다. 그런데 자전거를 잘 타기 위한 노하우를 보고 있으면 좋은 기업의 경영 노하우, 오래 가는 장수기업을 만들기 위한 방법과 결코 무관하지 않다는 생각이 든다.

우선 자전거를 선택할 때는 타려는 사람의 신체 조건에 적합한 안장과 페달을 고르는 것이 중요하다. 이는 자신이 잘 알고 있는 분야에서 창업을 해야 기업의 성공률을 높일 수 있다는 점과 통한다. 또 중심을 잡고 자전거를 타려면 쓰러지는 쪽으로 핸들 방향을 틀어야 한다. 이는 힘들고 어려울수록 그 분야에 집중해 연구 · 개발(R&D)과 투자를 게을리하지 않아야 한다는 것으로 해석할 수도 있겠다. 가끔 실수로 넘어지는 것쯤은 두려워하지 말라는 팁은 경영을 하다 겪는 시행착오나 실패를 피하지 말라는 '기업가 정신'을 강조하는 말인 것 같다.

무엇보다 가장 통하는 이야기는 바로 '천천히 굴리면 넘어지기 쉬우니, 앞으로 나가려면 주저하지 말고 조금 빠르게 페달을 힘껏 굴려야 한다'는 조언이다. 과거의 성공에 취해 잠깐 쉬거나 진화를 멈추기라도 한다면 그 기업은 오래갈 수 없다는 점을 비유하는 말 같아서다. 실제로 체질 개선과 혁신에 성공한 기업들의 비결을 들여다보면, 긴장의 끈을 놓지 않고, 멈추지 않았다는 공통점을 발견할 수 있다. 즉, 캐시카우 분야에 안주하지 않고 적절한 변신을 거듭해 미래 시장의 트렌드 변화를 주도해 갔다는 것이다. 이를 위해서라면 기업들은 과감한 승부수를 던진다. 때로는 잘나가는 사업 분야를 정리하거나 적극적 인수 · 합병(M&A)에 나서기도 하고, 이종 분야에 진출하거나 경쟁자와 협업하는 등 영역을 넘나드는 전략을 구사한다. 자전거에 비유하자면 체형이 변해서 그동안 익숙했던 안장이나 핸들을 바꿔 달거나 아예 배터리를 달아 전기자전거로 바꾸는 식이다.

그런 의미에서 보면 1878년 전기조명 회사로 출발해 창업한 지 130년이 훌쩍 넘은 제너럴일렉트릭(GE)의 최근 변신은 우리에게 시사하는 바가 크다. 제조업 공룡 GE가 지난해 '세계 10대 소프트웨어 회사가 되겠다'고 선언했기 때문이다. 사물인터넷 · 빅데이터를 기반으로 모든 기계가 연결되고 소통하는 스마트 팩토리 시대에 지능형 전력망 구축, 공정 효율화 솔루션 등에 집중 투자해 매출을 올린다는 계획이다. GE는 이미 3년 전 NBC유니버설을 매각해 방송사업을 정리했고, 주력 분야였던 가전사업부마저도 중국 하이얼에 넘겨줬다. 덩치 큰 기업답지 않게 민첩한 의사결정이 돋보인다.

일본 후지필름도 과감한 체질 개선으로 성공한 사례다. 회사 이름에 '필름'이라는 단어가 들어가지만, 정작 이 회사가 필름사업 부문에서 벌어들이고 있는 매출은 전체의 1% 남짓이다. 대신 2000년대 중반 이후 기능성 화장품 개발, 제약회사 인수 · 합병 등을 통해 헬스케어사업 부문을 확장해 갔다. 덕분에 현재 후지필름 매출에서 바이오 · 헬스케어사업 부문의 비중은 40%에 육박한다고 한다. 필름 회사가 아니라 바이오 회사라고 불러도 무색하지 않은 수준이다.

삼성전자가 바이오 의약품 생산 전문기업 바이오로직스를 설립한 것도, LG전자가 자동차 전장부품사업에 나서는 것도 기존 사업(휴대폰, 생활가전)을 대체할 신수종 사업 발굴의 일환인 셈이다.

대외 수출 환경이 좋지 않다 보니 요즘 '생존 우선'에 목적을 두고 힘겹게 경영 활동을 이어가는 기업이 많은 것 같다. 실제로 우리나라 코스피 상장사들의 평균 수명이 33년에 불과하다고 하니, 경영 환경이 불투명해지면서 기업 수명이 짧아지는 것은 사실이다. 하지만, 이처럼 어려운 시기에 미래 가치에 투자해야 지혜롭게 위기를 극복할 수 있다고 조언하고 싶다. 자전거를 타고 앞으로 나아가기 위해서는 페달을 굴려야 하는 순간을 놓치지 않아야 하는 것처럼, 멀리 내다보고 변신을 준비하는 기업들이 오래 살아남아 우리 경제를 든든하게 받쳐주기 바란다.

Comment

긴장의 끈을 놓지 않을 것. 호기심을 갖고 끊임없이 앞을 향해 페달을 밟아 나갈 것. 미래 먹거리를 고민하는 기업인들이 가져야 하는 자세가 바로 이런 것이 아닐까. 창업 후 130년간 쉼 없이 변신을 거듭해 온 글로벌 기업 제너럴일렉트릭(GE)의 모습은 그래서 우리에게 시사하는 바가 많다.

하늘 아래 새로운 것

이투데이 2016년 3월 3일 목요일

"하늘 아래 새로운 것은 없다(There is Nothing New under the Sun)"고들 하지만, 실상 '하늘 아래 새로운 것(Something New under the Sun)'이 심심찮게 튀어나오는 곳이 바로 기업 경영의 세계다. 아니, 무엇인가 특별한 것, 남들과 조금이라도 다른 것을 만들지 못하면 살아남을 수 없는 것이 경영자의 숙명이기도 하다.

우리가 알고 있는 성공한 기업인이나 사람들의 뇌리에 남는 경영자의 대다수는 그 1%의 가능성에 도전해 새로운 시장을 만들어낸 사람들이었다.

영국의 스티브 잡스라고 불리는 버진그룹의 창업자 리처드 브랜슨 회장의 경우를 보자. 그는 버진레코드라는 음반제작업에서 시작해 1984년 항공사 버진애틀랜틱 항공, 1999년 이동통신사 버진모바일, 2004년 우주관광회사 버진갤럭틱 등 30여 년간 200여개 기업을 창업해 왔다. 화장을 하고 웨딩드레스를 입거나 인도의 제후처럼 차려입고 뭄바이 빌딩 꼭대기에서 뛰어내리고, 열기구를 타고 세계 일주를 시도하는 것 같은 괴짜 행각으로 더 잘 알려진 브랜슨 회장은 "기업가 정신의 핵심은 자본이 아니라 아이디어"라고 주장했으며, 이를 몸소 실천한 사람이다.

그는 최근에 일반인을 대상으로 한 우주여행용 우주선 스페이스십2를 공개했다. 버진그룹 계열사 버진갤럭틱은 사람들에게 막연한 공상과학의 대상으로 생각되는 우주여행 탑승권을 25만 달러(약 3억1000만원)에 팔고 나섰다. 벌써부터 좌석을 예약한 사람만 552명에 달했다고 한다. 사람들의 '꿈'을 건드린 새로운 사업이 현실화 · 현금화를 눈앞에 둔 것이다.

국내에서도 무(無)에서 유(有)를 창조한 중소·중견 기업인이 적지 않을 것이다. 바이오 전문기업 셀트리온을 일군 서정진 회장이 일례다. 지난해 한미약품이 7조원대 기술 수출을 하기 전까지 국내 의약품 시장의 매출 규모는 2013년 기준 19조3000억원에 불과했다.

이러한 상황에서 서정진 회장은 국내 제약사들이 바이오시밀러(항체 의약품 복제약) 개발에 적극적이지 않았던 2005년부터 바이오시밀러 사업에 올인했다. 오리지널 항체 의약품보다 가격이 싼 바이오시밀러는 먼저 시장에 나온 제품의 시장 파이 대부분을 차지할 수 있기 때문에 시장 진입 시기가 무엇보다 중요하다고 판단했던 것이다. 그리고 그 결실이 올해 초 관절염 바이오시밀러인 램시마에 대한 미국 식품의약국(FDA) 자문위원회 승인 권고로 이어졌다. 향후 램시마가 최종 승인까지 받는다면 미국 시장에서만 연간 2조원 이상의 매출을 올릴 수 있을 것이라고 한다.

앞서 언급한 사례들은 창조적 상상력이 돋보이는, 혹은 선견지명이 뛰어난 경영자 개인의 능력이 십분 발휘된 성공 스토리처럼 보인다. 그렇지만 이 같은 혁신이 사회 곳곳에서 일어나기 위해서는 일부 우수한 개인의 능력에만 기댈 것이 아니라 많은 사람들의 아이디어를 현실화할 수 있도록 지원해주는 탄탄한 사회적 시스템이 뒷받침돼야 한다고 본다.

다행히 창조경제로 접어들면서 이러한 사람들을 응원하는 움직임이 가시화하고 있다. 현재 전국 18곳에 설치돼 있는 창조경제혁신센터가 대표적이다. 뿐만 아니다. 벤처캐피털의 신규 투자 규모는 점점 늘어나 지난해 2조원을 돌파한 상태이며, 마루 180, N15 등 창업을 지원하는 액셀러레이터들이 자생적으로 생겨나 활발한 활동을 펼치고 있다. 필자가 몸담고 있는 KIAT 역시 기술 보유 기업의 사업화를 돕기 위해 기업별로 전담코치를 붙여주는 '도움닫기 플랫폼'을 올해 처음으로 진행할 예정이다. 전문가가 책임지고 사업화 전 주기 컨설팅에 나섬으로써 사업화의 성공률을 끌어올리는 데 도움이 될 것이다.

새로운 부가가치와 질 좋은 일자리는 머리로 만드는 것이 아니다. 불굴의 기업가 정신, 실패한 기업에도 재도전의 기회를 부여하는 제도적 토양이 있어야만 가능한 일이다. '하늘 아래 새로운 것'을 시도하려는 누구나 도움을 받을 수 있는 열린 창업지원 시스템이 구축될 때, 앞으로 보다 다양한 성공 사례가 나올 것이라 기대해 본다.

Comment

다양해지고 체계화되는 창업지원 시스템에 대해 다뤄본 글이다. 물론 경험과 충분한 준비 없이 덥석 창업하겠다고 덤비는 것은 결코 안 된다. 하지만 끝을 보겠다는 확고한 신념과 각오, 좋은 아이디어가 있고 충분히 고민해서 준비한다면 이런 시스템의 도움을 받아 도전해보는 것은 나쁘지 않다고 생각한다. 다행히 초기 창업기업의 시행착오를 줄여주는 여러 제도와 시스템이 많아지고 있는 것은 반가운 일이다.

청년의 도전을 응원하며

이투데이 2016년 4월 7일 목요일

구글이 만든 인공지능(AI) 바둑 프로그램 알파고와 이세돌 프로 9단의 바둑대결 쇼크 이후, 바둑 바람이 거세다. 초등학교에서도 두뇌 발달에 좋은 방과후 프로그램으로 바둑이 다시 인기 몰이를 하고 있다고 하니, 바둑의 인기가 다시금 뜨거워진 느낌이다. 필자 역시 인간 대 인공지능 대결로 세간의 관심이던 대국을 유심히 지켜봤다. 세기의 바둑 대결 자체도 흥미진진했으나, 필자는 대국장을 찾은 세르게이 브린 구글 창업자와 '알파고의 아버지' 구글 딥마인드의 데미스 허사비스의 도전정신에 높은 점수를 주고 싶다.

세르게이 브린은 1998년 래리 페이지와 함께 미국 캘리포니아주 먼로 파크에 있는 친구의 주차장에서 구글을 공동 창업했다. 그의 나이는 20대 중반이었다. 데미스 허사비스는 34세 때인 2010년 딥마인드를 창업했고, 이 회사는 3년 뒤 구글에 인수됐다. 이 청년들의 창업으로 인해 오늘날 AI의 미래는 하루하루 다시 써지고 있다고 해도 과언이 아니다. 알파고의 승리는 인간의 승리라고 하는데 달리 생각해 보면 창업에 거침없이 도전장을 내미는 젊은이들의 열정과 패기의 승리가 아닌가 하는 생각도 든다. 이 젊은이들이 보여준 기업가 정신을 보면서 바둑계에 불어온 훈풍이 우리나라 '청년 창업'에도 불어왔으면 하는 기대감을 갖게 된다.

하지만 지난달 발표된 통계청 자료를 보면 수치가 말해주는 현실은 '훈풍'과는 거리가 멀다. 통계청은 지난달 우리나라 청년층(15~29세) 실업률이 2월 기준 12.5%를 기록했다고 발표했다. 이는 1999년 이후 역대 최고치라고 한다. 사회의 중추 역할을 떠맡아야 할 청년층의 실업률 증가는 정부와 기업, 각종 사회단체들이 최근 가장 머리를 맞대고 고민하는 주제이기도 하다. 일자리는 개개인의 삶을 지탱하는 중요한 요소이면서 경제발전 및 사회 시스템의 안정과도 직결되는 중요한 문제이기 때문이다.

다행스러운 것은 이러한 고민 속에 '창조적'으로 일자리를 창출하려는 의지와 도전을 지원하는 움직임이 본격화되고, 그 노력의 결실이 가시화되고 있다는 점이다.

전국 18곳에 설치돼 있는 창조경제혁신센터는 창조적 일자리 창출의 대표적 구심점이라 할 수 있다. 특히 대통령의 이번 미국 핵안보 정상회의 참석 및 멕시코 공식 방문 시, 미국 로스앤젤레스(LA)에서 열린 일대일 비즈니스 상담회에서 올린 첫 성과가 주목된다. 지난해 9월 전남창조경제혁신센터에 입주한 업체 마린테크노가 LA 전역에 화장품을 유통하는 업체 '우원(WOO ONE)'과 5년간 20만 달러의 수출계약을 체결함으로써 해외에 진출하게 된 것이다.

N15, 마루 180, 구글 캠퍼스 같은 민간 영역에서의 창업 지원 움직임도 고무적이다. 서울창조경제혁신센터와 N15이 공동 개설한 하드웨어 유니버시티(Hardware University)의 사례는 창조경제혁신센터와 제조창업 육성기업의 공동 작품이라는 점에서 눈여겨볼 만하다.

필자가 몸담고 있는 한국산업기술진흥원(KIAT)에서도 대학(원)생의 기술이전 및 창업 등의 사업화를 지원하기 위해 '아이디어 팩토리 지원사업'을 작년부터 추진 중에 있다. 학생들이 창업 아이디어를 자유롭게 공유하고 실제로 관련 시제품도 제작해 볼 수 있는 작업 환경을 캠퍼스 안에 구축하도록 지원하는 사업이다. 지난 달 서울대 공과대학 지하 2층에 아이디어 창의공간 '해동 아이디어 팩토리'가 개관했는데, 24시간 개방되는 이 창의공간에서 학생들은 자유롭게 모여 아이디어를 발굴하고 직접 제작까지 구현한다. 현재 서울대를 포함해 한양대, 한국산업기술대, 한국해양대 등 전국 10여개 대학에서 이 사업에 참여하고 있다.

이처럼 창업을 지원하는 제도적 기반은 조금씩 탄탄하게 자리를 잡아가고 있다. 관련 생태계에 대한 관심과 지원도 민·관을 가리지 않고 이뤄지고 있는 지금, 청년들의 창업에 대한 열정만 사그라지지 않는다면 청년 창업의 훈풍과 함께 일자리 전망은 분명 밝아질 것이라고 기대해본다.

Comment

3D프린팅 기술에 힘입어 세계적으로 '메이커 운동'이 창업을 꿈꾸는 젊은이들에게 확산되고 있다. 예전처럼 정보통신(ICT) 분야나 게임이 아닌 하드웨어 메이커를 지향하는 그룹도 늘어나는 추세다. 이같은 추세에 맞춰 KIAT가 지원하는 것이 아이디어팩토리 사업이다. 아이디어팩토리는 대학생들이 하드웨어 제조 기반의 창업을 구상해 볼 수 있도록 대학 내에 개방형 제작 공간을 마련해 놓은 것이다. 아이디어와 열정만 있으면 무엇이든 만들어 볼 수 있는 이른바 '뚝딱공방'인 셈이다. 젊은이들의 어떤 아이디어가 시제품 제작을 거쳐 창업과 사업화로 이어질 지 기다려 보자.(15.7.6, 페이스북)

일자리 창출의 열쇠, 현장에 있다

기술과 경영 2013년 10월호

영국의 경영전략가 존 호킨스 박사는 2001년 발간한 '창조경제(The Creative Economy)' 라는 저서에서 창조경제에 대해 '새로운 아이디어로 제조업 · 서비스업 · 유통업 · 엔터테인먼트 산업 등 다양한 산업 분야에 활력을 불어넣는 것'이라고 주장했다. 그는 이 책에서 창조경제의 개념을 처음 제시하여 창조경제의 전도사로 불리며, 2006년부터는 중국 상하이에 있는 창조경제연구센터 대표를 지내고 있다. 한국에서도 창조경제가 경제 성장을 견인하는 새로운 패러다임으로 주목받고 있다. 국내에서 창조경제는 기술과 창의적인 아이디어를 결합하여 새로운 시장, 먹거리, 일자리를 창출하는 전략이다. 창조경제는 성장이 정체돼 있는 한국 경제가 도약의 디딤돌을 확보하는 한편, 기존의 추격형 경제에서 선도형 경제로 갈아타기 위해서라도 반드시 추구해야 할 가치가 되었다.

하지만 창조경제가 꽃을 피우기 위해서는 새로운 아이디어, 즉 창의력이라는 씨앗이 뿌려져야 하며 이 씨앗을 뿌리는 주체는 정부가 아니라 개별 개인 · 기업이라는 점을 명심할 필요가 있다. 양질의 일자리, 고부가가치 시장을 창출하기 위해서는 개인의 창의력이 마음껏 발산될 수 있는 사회적 분위기, 도전적이고 모험적인 시도가 장려되는 기업 경영 환경이 필요하다는 것이다. 따라서 창조경제에서 정부 및 한국산업기술진흥원(KIAT)과 같은 공공 부문의 역할은 개인들과 기업이 자유롭게 상상력을 키우고 현실화시키는 데 주저 없이 나설 수 있도록 관련 기반을 조성하는 데 최선을 다하는 것이라 할 수 있다.

필자는 KIAT 원장으로 있으면서 창조경제 패러다임 실현 및 일자리 창출에 기여할 수 있는 KIAT만의 씨줄과 날줄 전략으로 '다시 보기'와 '새로 보기'라는 두 가지

방향을 제시하고자 한다. 우선 '다시 보기'는 기존의 산업을 새로운 시각에서 바라보는 것을 말한다. 여기서 말하는 새로운 시각은 개방형 혁신(Open Innovation)이다. 이종(異種)산업과의 결합과 융합, 산학연간 협력 체제를 가동하여 고부가가치를 만들고 고용을 늘리는 것을 말한다. 예를 들어 건축을 생명공학자의 눈으로 보고, 자동차를 인문학자의 시선으로 해석해 보는 것이다. 그중에서도 우리의 주특기인 제조업에 주목할 필요가 있다. 현대경제연구원에 따르면 제조업 일자리 한 개가 늘어날 때 다른 산업에 2.4개의 일자리가 생긴다고 한다. 서비스업의 고용 유발 효과가 0.4개인 데 비해 엄청난 고용 유발 효과를 자랑하는 셈이다. 흔히 제조업은 성장하는 속도에 한계가 있으며 고용 창출 역시 어렵다고들 한다. 하지만 아무리 성숙한 산업이라고 하더라도 '다시 보기'의 자세로 바라본다면 소위 말하는 사양 산업은 존재하지 않을 것이며, 포화된 시장도 블루오션으로 거듭날 수 있다. KIAT는 앞으로 우리 기업들이 기존 산업이 가진 한계를 극복하고, 첨단의 가치를 창출 할 수 있도록 융합이 쉬운 연구 환경을 조성하고, 산학연간 원활한 협력을 이끌어 낼 것이다.

두 번째로 '새로 보기'는 발상의 전환으로 새로운 부가가치를 창출하는 것이다. 연구개발, 상품과 기획, 투자 자금 확보, 후속 R&D, 제조, 마케팅, 시장 확대 등 기술 기업의 경영 및 사업화 전주기에 걸쳐서 정부 도움이 절실한 분야를 발굴해 체계적으로 지원하는 것이 여기에 속한다. 중소 벤처기업들의 경우 초기 투자금 확보뿐만 아니라 사업화 각 단계별로 특성화된 지원을 필요로 한다. 특히 기술 이전, 사업화 아이디어 개발 등 지식재산권 분야의 경우, 그 중요성이 매우 커지고 있기 때문에 개별 중소기업의 역량에만 맡겨둘 수는 없는 상황이다. 창조경제로의 성공적 전환을 위해서는 아이디어 있는 벤처들의 활발한 창업과 중소기업들의 기술 개발이 반드시 필요하다. 하지만 우리나라처럼 대기업 중심의 경제구조에서는 발상의 전환을 꾀하지 않으면 실현시키기 힘든 일이다. KIAT는 정부 조직 중 유일하게 기술사업화 업무를 관장하고 있기 때문에 중소기업들의 요구에 맞춤형으로 대응할 수 있다. 앞으로의 시대는 성장률은 정체되고, 복지 수요는 높아지는 시대다. 그런 의미에서 '일자리'는 지속 가능한 복지와 인간다운 삶을 위한 필수 전제조건이라 할 수 있다. 정부가 대통령의 임기 내 고용률 70%달성을 지상 과제로 설정하고, 일자리 창출에 매진하겠다고 선언한 것은 일자리 문제가 단순한 고용 문제가 아니라는 방증이기도 하다.

KIAT는 창조경제형 일자리, 고부가가치형 양질의 일자리가 창출될 수 있도록 산업기술 생태계의 조력자 역할을 충분히 할 것이다. 이를 위해서 특히 지금도 산업기술 R&D 현장에서 구슬땀을 흘리고 있는 기업과 연구자들을 찾아가 이들이 들려주는 날 것의 이야기를 경청하려고 한다. 현장에서 체감하는 R&D 정책의 효과는 어떠한지, 이들이 느끼는 손톱 밑 가시는 무엇인지, 그리고 어떤 애로사항에 대해 어떻게 지원해야 좋은지 등을 고민하기 위해서다. KIAT가 해야 할 일은 바로 기업의 목소리 속에서 찾을 수 있다. 우문현답, 즉 '우리의 (일자리)문제는 바로 그곳, 현장에 답이 있다'는 사실을 잘 알고 있기 때문이다.

Comment

KIAT 원장으로 부임하면서 쓴 첫 외부 기고에 어떤 고민을 담을까 생각해 봤다. 공직에 임하는 업무 자세야 다를 바가 없겠지만 또 다른 둥지에서 새 출발을 하는 만큼 남다른 각오가 필요할 것이라고 생각했기 때문이다. 고민 끝에 현실적 문제인 '일자리' 창출을 해결하기 위한 방법론으로 제시한 것이 바로 '다시 보기'와 '새로 보기'였다. 덕분에 3년이라는 임기 동안 매너리즘에 빠져 업무를 수행하지 않고 더 나은 방향과 방법에 대해 깊게 고민할 수 있었던 것 같다.

이분법 공간서 현실 세계로

서울경제 2013년 12월 26일 목요일

아주 오랜 시간 동안 우리는 '인문학은 인간을 연구하는 학문이고 과학은 자연을 연구하는 학문이다'는 이분법적 사고를 마치 고정관념처럼 가지고 있었다. 그러나 지금의 세계는 인문학과 과학 그리고 기술이 융합돼야 한다고 말하고 있다. 세계는 다양하게 융합하고 있지만 이분법적 사고는 고정관념으로 남아 현실에서 충돌을 일으킨다. 예를 들어 우리는 '호황과 불황', '기회와 위기'라는 이분법을 적용해 호황은 기회이고 불황은 위기라는 결론을 내린다. 그러나 글로벌 이노베이션 1,000의 조사에 따르면 2008년 글로벌 금융위기 당시 기업들의 3분의2는 연구개발(R&D) 투자를 유지하거나 증가시켰다. 글로벌 기업이나 소위 히든 챔피언들은 이분법적 고정관념에서 탈피해 오히려 불황에서 기회를 찾은 셈이다. 또 이분법에 의해 고착된 제도는 긴장과 갈등을 초래하고 건강한 중간층의 존재를 간과하기도 한다. 기업분류만 해도 그렇다. 우리나라에서 중견기업은 경제의 한 축으로서 상당히 기여하고 있지만 '대기업 아니면 중소기업'이라는 이분법적 제도로 인해 존재 가치를 제대로 인정받지 못했다. 나아가 성장한 중견기업들은 중소기업에 잔류하려는 소위 '피터팬 증후군'이 생겼다. 중소기업에서 졸업하자마자 77개의 지원에서 배제, 또는 축소되는 '지원절벽'에 직면하는 동시에 대기업과 동일하게 취급돼 20개의 새로운 규제를 부담해야 하는 '규제산성'에 봉착하는 구조이기 때문이다.

현재 중소기업의 성장 기피 문제를 해소하고자 두 가지의 제도 개선이 추진되고 있다. 먼저 중소기업 기준을 근로자수 · 자본금(또는 매출액) 등에서 매출액(3년 평균)으로 단일화해 2015년부터 적용하는 것이다. 중장기적으로 고용 및 투자가 촉진되는 계기가 될 것으로 예상된다. 두 번째 개선 움직임은 '중견기업 성장촉진 및 경쟁력 강화에 관한 특별법'이다. 이 법은 중견기업이 글로벌 전문기업으로 원활하게 성장할 수 있는 선순환 기업생태계를 구축하기 위한 것으로 지난 18일 산업통상자원위원회를 통과했다.

이로써 중견기업이 세계로 진출할 수 있도록 돕고 중소기업이 중견기업으로, 다시 대기업으로 성장할 수 있도록 '희망사다리'를 구축하는 법적 근거를 마련하게 됐다. 중견기업은 성장부담에서 벗어나 글로벌 시장으로 눈을 돌려 적극적인 기업활동을 추진할 수 있는 기회를 포착할 수 있을 것으로 전망된다.

중견기업들도 현실에 안주하지 말고 혁신을 통해 고용을 확대하고 협력 중소기업과 함께 세계시장으로 진출해 창조경제의 주역으로서 역할을 다해야 하겠다. 흔히 기업의 사회적 공헌이라면 복지단체 기부를 생각하지만 우리 경제 공동체에서 가장 시급한 공헌은 건전한 가업승계를 통해 창업자의 경영 이념과 독자 기술 등의 무형적인 자산을 다음 세대로 전달하는 한편 고용을 유지 · 확대해나가는 것이다. 이것이 이분법의 공간에서 현실 세계로 나온 중견기업의 진정한 역할이고 젊은이들에게 좋은 일자리를 지속적으로 제공해줄 수 있는 희망이다.

Comment

피터팬 증후군. 기업이 성장할수록 받는 혜택이 사라지고 규제와 부담이 늘어남에 따라 성장을 꺼리는 것을 말한다. 당시만 하더라도 중견기업이 되면 각종 지원이 단절되는 것 때문에 피터팬 증후군을 겪는 기업들이 많아 이 글을 쓰게 됐다. 지금은 중견기업특별법이 제정되고 중견기업연합회가 발족되는 등 그나마 제도적으로 어느 정도 정비된 상태이다. 하지만 여전히 기업의 성장 속도와 현실에 법제도가 따라가는 형국이어서 더 많은 고민과 개선이 필요해 보인다.

중견기업 성장사다리를 복원하자

전자신문 2013년 12월 26일 목요일

'사다리 걷어차기(kicking away the ladder)'라는 말이 있다. 사다리를 타고 정상
에 오른 선발 주자(강대국)가 후발 주자(개발도상국)의 추격을 저지하기 위해 그
사다리를 없애버리는 것을 말한다. 뒷사람은 도약의 발판이 되어줄 사다리가 사
라진 상황에서 성장하려는 의지를 잃어버린다. 성장의 선순환 체계가 구축되기 위
해서는 단계마다 사다리가 온전히 이어져 있어야 한다.

사다리가 치워진 곳에서 당황하며 주저하는 뒷사람의 모습은 묘하게 우리나라 중
견기업의 처지와 겹친다. 단지 중소기업이 아니라는 이유로 세제, 판로 개척, 인
력 수급 등 77개 정부 지원이 끊기거나 축소된다. 대신 한층 강화된 규제가 그들
을 기다린다.

그래서인지 지난 2006년부터 2011년 사이 연평균 70여개 중견기업이 인력을 줄
이거나 지분구조를 변동하는 등 인위적 방식으로 중소기업으로 복귀를 택했다.
독일과 일본의 중간 규모 기업군 비중이 각각 1.8%, 1.6%인 데 비해 우리나라는
0.04%로 10분의 1 수준에 불과하다. 창조경제 실현의 주역이어야 할 중견기업이
적극적인 연구개발(R&D)과 인수합병(M&A)으로 글로벌 경쟁력을 키우는 데 힘
쓰기는커녕 성장을 기피하는 것은 참으로 안타까운 일이다.

다행히 중견기업의 피터팬 증후군을 해결하기 위해 중견기업의 성장 사다리를 복
원하자는 움직임이 일고 있다. 지난 9월 경제 관계 부처 합동으로 발표한 중견기
업 성장사다리 구축방안은 중소기업이 중견기업으로, 나아가 중견기업이 대기업

으로 성장할 수 있도록 이른바 희망의 사다리를 놓아주려는 정책 과제를 담았다. 중소기업의 성장을 저해하는 걸림돌은 제거하고, 중견기업으로 연착륙할 수 있는 기반을 구축하는 것이 기본 취지다.

중소기업 기준을 기업의 실제 성장 여부가 반영될 수 있도록 합리적으로 재설계하는 것, R&D 투자 세제지원이나 가업승계 상속공제 적용대상 확대, 수출 기업 정책금융 펀드 조성 및 해외진출 지원 등이 담겨 추진될 예정이다.

내가 몸담고 있는 한국산업기술진흥원(KIAT)도 중소·중견기업을 위한 성장 사다리 놓기에 최선을 다할 계획이다. 중견기업에 석·박사급 고급 인재들이 보다 오래 근무할 수 있도록 희망엔지니어 적금을 확대하고, R&D 지원 비율을 높일 방침이다.

현재 중견기업의 매출액 대비 R&D 투자비율은 평균 1.3%로 취약하다. 대기업(2.25%)이나 중소기업(3.36%) 수준을 밑돈다. 중견기업 전반에 걸친 R&D 투자 유인 노력이 필요하다.

얼마 전 만난 한 중소기업인은 자신의 회사에서 정년을 넘어 퇴직하는 직원들을 위해 작은 사회적 기업 설립을 구상 중이라고 말했다. 오랜 시간 자신과 함께 동고동락해 온 직원들을 따뜻하게 품으려는 생각에 감동과 박수를 보내지 않을 수 없었다.

이처럼 기업의 가장 큰 사회적 책임이자 공헌은 고용을 유지하는 것이라고 볼 수 있다. 특히 대기업보다 중소·중견기업이 성장할 때 더 큰 고용 창출 효과를 누릴 수 있다고 생각한다.

하지만 국내 산업을 받쳐주는 든든한 허리 역할을 해야 할 중견기업이 고질적인
취약성을 극복하지 못한다면 일자리 창출은 물론이고 중산층 복원도 요원할 것
이다.

이제는 우리의 중소·중견기업들이 힘차게 딛고 일어설 튼튼한 사다리를 놓아
줄 때다. 여러 관계자들이 어렵게 고민해서 만들어낸 정부 정책이 그저 상징적
인 대책으로만 그치지 않고 중견기업의 신발 속 돌멩이를 꺼내 주는 실질적인 역
할을 해줄 것으로 믿는다. 이를 통해 많은 중소·중견기업이 성장의 사다리, 기
회의 사다리를 딛고 올라가 글로벌 전문기업 도약이라는 희망을 꿈꿀 수 있기를
기대한다.

Comment

> 우리나라 중견기업 수는 약 4,000여개로 전체 기업 수의 0.2%도 안 되지만 일자리 창
> 출이나 수출 실적 면에 있어서 대기업이나 중소기업을 능가한다. 이처럼 내실 있는 중
> 견기업 비중이 전체의 1%만 되더라도 우리 경제의 체질이 한층 건강해질 것이다. 부담
> 과 규제에 억눌린 중견기업들이 스스로 움츠러드는 선택을 하지 않도록 튼튼한 사다리
> 를 만들어줘야 한다는 다짐을 해본다.

그물망 같은 기업 지원

이투데이 2015년 3월 2일 월요일

지난해 이맘때쯤 많은 사람들의 가슴을 아프게 했던 사건이 생각난다. 다름 아닌 '송파 세모녀' 사건이다. 당시 어머니와 두 딸은 별다른 수입이 없는데도 기초생활 수급자 대상이 아니라는 이유로 정부 지원을 받지 못한 채 생활고에 시달리다 결국 극단적 선택을 하고 말았다. 이 안타까운 사건 이후 정부와 지방자치단체들은 또 다른 비극을 막기 위해 '수요자 중심의 복지', '찾아가는 복지 서비스'를 표방하며 사회안전망을 촘촘히 구축하는 데 각고의 노력을 기울이고 있다.

물론 복지 업무를 담당하는 인력이나 예산 규모를 당장 획기적으로 늘리기는 어렵다. 이를 해결하기 위해 나온 묘책이 바로 그 지역의 가스 검침원이나 전기 검침원, 우체국 집배원 같은 인력을 활용하는 방법이다. 업무 특성상 가가호호 방문해서 서비스를 제공하는 이들은 그 동네 주민들의 사정을 주변 이웃 못지않게 잘 알고 있을 것이다. 실제로 이들이 자신의 업무를 수행하다 어려움을 겪고 있는 '위기 가정'의 현황을 알려오면서, 긴급 지원을 받게 된 수혜가정이 늘어났다고 하니 참으로 다행이다.

이렇게 다양한 지역사회 주체들이 힘을 보태준 덕분에 지자체들이 보이지 않는 복지 사각지대를 조금씩 메워 나가는 것을 보면서, 필자는 '촘촘한 그물망식 복지 시스템을 기업지원 서비스에도 적용한다면 어떨까' 하는 생각을 해보았다. 중소 · 중견기업을 직접 방문해서 살펴본다면 그 기업에 현재 고급 연구인력이 필요한지, 사업화 아이디어가 절실한지, 자금이 아쉬운지, 그것도 아니면 기술 노하우가 부족한지를 즉각적으로 파악해서 제때 지원해 줄 수 있을 것이기 때문이다.

앞선 사례에서 지자체들이 검침원이나 집배원 네트워크의 손을 빌려 위기 가정을 찾아낸 것처럼, '찾아가는 기업지원 서비스' 구상이 현실화되려면 기업과의 접점을 넓히고, 기업의 가려운 데를 찾아 긁어주는 도우미들이 필요하다.

그래서 필자가 몸담고 있는 한국산업기술진흥원(KIAT)은 직원들이 그 전담 도우미 역할을 자처하기로 했다. 직원 모두가 기업 한 곳씩을 맡아 그 기업에 적합한 맞춤형 시책 정보를 제공하는 조력자가 되는 것이다. 이른바 '1인1사 기업지원 서비스'다. 정부 지원을 원하는 기업들이 최대한의 혜택을 받을 수 있도록 정책 정보를 적기에 전달하고 복잡해 보이는 제도를 알기 쉽게 설명해준다면, KIAT 입장에서는 정책의 호감도를 높일 수 있고 기업 입장에서는 발품을 덜 팔아도 되기 때문에 만족도가 높아질 것이다.

이처럼 꼼꼼한 기업지원 서비스는 KIAT가 기업들을 위해 인력, 자금, 기술개발 등을 종합적으로 지원해주는 기관이기 때문에 가능한 것이다. 그동안 수백 곳이 넘는 현장을 돌아다니면서 좋은 취지로 만들어진 정부 정책들이 어떻게 하면 효과적으로 전달되고 최대의 성과를 낼 수 있는지를 고민해 왔다. 1인1사 기업지원 서비스는 그러한 고민의 결과라고 할 수 있다.

대기업 몇 개가 자사의 주력 사업을 위주로 대한민국 경제 전체를 이끌며 고공 성장을 주도하던 시기는 지났다. 고령화 저성장 시대는 이미 우리 앞에 와 있으며, 이제는 저성장 시대를 끌어갈 만한 민간 부문의 기초체력을 탄탄하게 기르는 것이 무엇보다 중요해졌다. 그 기본은 바로 중소·중견기업들의 경쟁력을 육성하여 창조경제를 뒷받침할 만한 주도 세력으로 키우는 데에서 출발해야 할 것이다. KIAT의 1인1사 기업지원 서비스는 이들이 밟고 올라갈 성장사다리를 더 튼튼하게 하려는 노력의 일환이다.

완벽한 사회안전망을 구축하는 것이 어렵듯, 기업지원 그물망을 촘촘하게 하는 것 역시 말처럼 쉬운 일은 아닐 것이다. 하지만 애정 어린 관심으로 기업의 잠재력을 꼼꼼하게 다시 보고 새로 보려는 노력을 기울일 때, 결국 창조경제의 열매를 수확하는 시기를 조금이라도 앞당길 수 있지 않을까. KIAT는 우리의 중소 · 중견기업들이 한국을 넘어 세계의 떠오르는 별이 될 수 있도록 꼼꼼한 현장밀착형 지원에 최선을 다할 계획이다. 이를 바탕으로 경쟁력 있는 굿컴퍼니들이 많아져서, 우리 경제 전체에 좋은 기운을 널리 퍼뜨리기를 기대해 본다.

Comment

그동안 열심히 현장을 돌아다녔지만 여전히 한 구석에 남는 아쉬움이 있었다. 현장에서 마주친 기업인들의 애로를 듣고 과연 이를 해결해주기 위해 끝장을 보고 있는지, 최선을 다하고 있는지에 대한 아쉬움이었다. 이를 해결하기 위해 생각해낸 것이 바로 '프렌드컴퍼니' 친구기업 프로젝트다. 기업들이 필요할 때 믿고 찾을 수 있는 공공기관 도우미가 되자는 것이다. 이 글은 당시 프렌드컴퍼니 프로젝트 내용을 구상하면서 쓴 것이다.

성공적인 기업 매칭의 조건

서울신문 2015년 3월 24일 화요일

스마트폰의 대중화로 이제는 모바일 애플리케이션이 '사이버 중매쟁이'로도 나서는 세상이 됐다. 애플리케이션에 나이, 취미, 원하는 이상형 등 간단한 정보를 입력하면 여기에 적합한 사람을 추천받는 형식이다. 지인에게 번거롭게 부탁해야 하는 소개팅이나 가입할 때 고액의 회비를 내는 결혼정보회사에 비하면 비교적 부담 없이 가벼운 마음으로 이성 친구를 만날 수 있어서 20대 젊은 층 사이에서는 꽤 인기를 끌고 있다고 한다.

이성 간의 일대일 만남을 지원하는 채널이 다양해지듯이 기업인들이 사업 파트너를 만날 수 있는 플랫폼도 다양해지는 추세다. 특히 산업통상자원부와 중소기업청, 그리고 필자가 몸담고 있는 한국산업기술진흥원(KIAT) 등 공적 신뢰도를 가진 여러 기관은 기업들이 해외 현지에서 협력할 사업 파트너를 찾는 데 도움의 손길을 주고 있다. 해외 시장에 진출하려는 중소·중견기업들은 인력이나 시간의 한계로 시장 조사 및 정보 수집 능력이 아무래도 부족할 수밖에 없기 때문이다. 이달 초 대통령의 중동 4개국 순방 때 비즈니스 포럼과 일대일 기업 상담회가 개최돼 동행한 기업들이 1조원대에 달하는 계약고를 올린 것은 성공적인 비즈니스 매칭의 사례로 꼽을 만하다.

여러 기관이 마련하는 보통의 비즈니스 매칭 행사는 대부분 일대일 상담의 형태로, 겉보기에는 비슷할지 몰라도 목적이나 구체적인 진행 방식은 다르다. 일반적인 비즈니스 매칭은 완제품이나 기술을 판매하기 위해 해외 바이어들을 만나는 '수출 상담회'의 성격이 짙다. 한편 KIAT가 지원하는 글로벌사업화협력센터와 유럽사업화네트워크의 경우 사업화를 전제로 한 기술 이전을 위해 해외 파트너를 발굴해 주는 플랫폼이다. KIAT가 해외에서 자주 개최하는 매치 메이킹 행사 역시 일반적 비즈니스 매칭과는 다르다. 수출계약 체결을 위한 상담이라기보다는 제품 이전 단계, 그러니까 특정 기술이나 소재 · 부품을 공동으로 연구개발하기 위해 기업들이 연구개발(R&D) 파트너를 찾는 '기술 상담회'다. 기업의 기술책임자, 부설 연구소장들이 참석해 기술에 대한 이야기를 나눈다.

물론 일회성 매치 메이킹만으로는 파트너의 기술 경쟁력을 제대로 검증하기가 어렵다. 이 때문에 실제 계약을 맺고 공동 기술개발에 나서기까지는 짧게는 몇 개월, 길게는 몇 년 이상의 오랜 시간이 걸린다. 하지만 기업들이 철저한 사전 준비를 거쳐 참여하는 것이라 일단 만나면 성공률은 높은 편이다. 당장 매출로 연결되지는 않지만 보다 심화된 형태의 비즈니스 매칭인 것이다. 비유하자면 성공률이 높은 프리미엄 중매 서비스라고나 할까.

사실 사업 파트너를 찾는 기업들의 수요는 제각각이다. 개발한 기술의 추가 상용화에 필요한 노하우를 구하는 것일 수도 있고, 현지 환경에 맞게 제품화하기 위해 협력업체 컨설팅이 필요한 것일 수도 있다. 아니면 부품을 공급할 완제품 업체를 물색하는 것인지도 모른다. 각 기업의 수요에 맞게 활용할 플랫폼도 분명히 다를 것이다.

따라서 기업들은 우선 어떤 단계의 지원이 필요한지 스스로 판단할 수 있어야 한다. 또한 기관들은 기업들이 최소의 비용으로 최대의 효과를 낼 수 있도록 다양한 메뉴판을 구비해 놓고 맞춤형 지원을 제공해야 한다. KIAT의 경우 글로벌 파트너십 행사를 열어 국내 소재부품 기업들의 해외 진출을 돕고 있으며, 유럽에서는 공동 R&D 프로그램인 유레카 · 유로스타 프로젝트에 국내 산학연들을 참여시키고 있다. 또한 미국에서는 주정부 단위의 접근을 통해 연방 차원의 국제 기술 협력으로 발전시켜 나가는 등 다양한 형태의 기업 지원을 펼치고 있다.

'좋은 중매쟁이'가 되려면 다량의 회원 정보를 갖고 있으면서 서로 관심사를 적절하게 연결해 주는 노하우가 필요하다. 마찬가지로 성공적인 기업 매칭을 위해서는 해당 기업의 관심사와 수요를 제대로 파악해 적절한 플랫폼을 제안하는 것이 중요하다. KIAT는 앞으로도 기업 지원의 질을 꾸준히 제고해 나갈 것이다. 최적의 플랫폼을 찾아 잘 활용하는 기업들이 많아질 때 경제 영토가 넓어지듯 우리의 기술 영토도 넓어지지 않을까 기대해 본다.

Comment

KIAT는 정부 정책을 기업, 연구소, 대학 등 민간의 연구수행 주체들에게 적절히 연결시켜주는 업무를 하기 때문에, 항상 '좋은 중매쟁이'의 역할에 대해 생각하게 된다. 아무리 좋은 정책이라도 필요한 수요자가 만나지 않으면 소용이 없기 때문이다. 정책과 수요자간 만남이 단순한 만남으로 끝나지 않게 하기 위해서는 후속조치, 피드백에 대해 신경쓰는 것이 필요하다. 공공기관 임직원들이 정책 수혜자를 대상으로 '끝까지 책임지는 서비스'를 제공한다면 그 기관에 대한 신뢰도는 저절로 높아질 것이다.

기업에 힘 되는 '월드클래스'

머니투데이 2015년 5월 15일 금요일

상표라는 뜻의 브랜드(Brand). 이 단어의 어원은 '불에 달구어 지진다'는 뜻으로 사용된 노르웨이 고어(古語) 'brandr'다. 가축에 인두로 낙인을 찍어 소유권을 표시한 것처럼 브랜드는 제품이나 서비스의 고유한 정체성을 드러내는 수단이다. 고대 그리스와 로마는 문맹률이 높은 편이었는데, 당시 상점 주인들이 간판 대신 팔고 있던 물건을 나타내는 그림이나 표시를 가게 앞에 걸어놓은 것에서 브랜드가 유래했다는 설이 있다.

오늘날 기업의 브랜드 이미지는 소비자들이 제품을 선택할 때 고려하는 중요한 기준 중 하나로 자리잡았다. 하지만 중소 · 중견기업들 중에는 제품의 기술력이나 품질을 업그레이드하는 데 우선 집중하다보니 브랜드 이미지 관리에 대해선 그만큼 신경을 많이 못 쓰는 경우가 있다.

그래서 정부는 기업들이 R&D(연구개발)외에 인력, 자금 확보, 마케팅, 해외진출까지 포함해 종합적으로 성장전략을 세울 수 있도록 측면 지원한다. 대표적인 것이 바로 '월드클래스300'이다.

이 사업은 2017년까지 세계적 경쟁력(world class)을 가진 국내 기업 300개를 육성하기 위한 목적으로 기업 성장에 필요한 다양한 지원책을 패키지로 제공하는 것이다. 지금까지 150여개사 정도 선정되어 기술개발, 인력확보, 자금지원, 컨설팅 등을 받게 됐다. 현재 필자가 있는 한국산업기술진흥원(KIAT)은 '월드클래스300'을 전담운영하는 기관이다.

2011년에 시작되어 올해로 5년째를 맞은 제도인 만큼 이제 웬만한 기업들 사이에서 '월드클래스300' 프로젝트에 대한 인지도는 상당히 높아진 편이다. 또 수출경쟁력이 좋은 우량기업들만 대상으로 하기 때문에 선정된 기업들의 자부심도 높은 편이다.

실제로 필자는 최근 '월드클래스300'지원을 받는 몇몇 기업의 현장애로 파악을 위해 방문한 자리에서도 그런 느낌을 받았다. 임직원의 명함에 대부분 '월드클래스300'로고를 덧붙여놓은 것을 볼 수 있었기 때문이다.

사실 '월드클래스300'제도는 품질을 인증하는 KS마크처럼 정부의 공식 인증 사업이 아니다. 그럼에도 불구하고 '월드클래스300'에 선정된 기업들은 '월드클래스'라는 단어 자체를 자연스럽게 일종의 브랜드로 여기면서 마케팅에 적극적으로 활용하는 모습을 보여준다. '월드클래스300'을 통해 차별화된 마케팅 전략을 수립하고 나아가 글로벌 시장에서도 인정받기 위한 수단으로 활용하는 것이다.

기업들의 이러한 노력은 최근 들어 크고 작은 결실로 나타나고 있다. 우선 해외 산·학·연들이 우리나라 기업과의 기술제휴 및 공동 R&D를 고려할 때 '월드클래스300'선정 기업들에 특히 많은 관심을 보인다고 한다.

'월드클래스' 브랜드를 앞세워 수출시장을 공략하는 기업이 많아지면서 해외에서도 러브콜이 들어오는 셈이다. 또 대기업만 바라보던 취업준비생들에게도 '월드클래스300' 기업들은 매력적으로 부상하고 있다. 지난해 겨울 KAIT와 월드클래스 300기업협회가 개최한 채용박람회에는 하루만 4700여명이 참가하는 성황을 이루기도 했다.

앞으로도 정부와 KIAT는 '월드클래스300'이 '좋은 회사'(good company)를 지칭하는 대명사가 되는 그 날까지 다양한 지원을 아끼지 않을 것이다. 훌륭한 기술력으로 시장에서 돋보이는 것만이 아니라 따뜻한 공동체를 만들기 위한 사회적 공헌에도 열성인 기업이 많아져서 '월드클래스300' 브랜드의 가치가 국내를 넘어 세계로 뻗어나갔으면 하는 바람이다.

Comment

월드클래스300 사업은 단순 연구개발(R&D) 지원에서 머무는 것이 아니라 자금, 인재, 마케팅, 해외 진출 등 종합적인 지원책을 최대 10년까지 제공하는, 꽤 과감한 내용의 정책이다. 정부 사업에 선정된 것에 자부심을 느끼고 글로벌 경쟁력 확보를 위해 최선을 다하는 월드클래스 기업 CEO들을 보면서, 월드클래스 총괄 운영기관의 장으로서 매우 뿌듯한 마음이 든다.

청년에게 '진짜 희망'을 선사하자

이투데이 2015년 11월 5일 목요일

청년 일자리 부족 문제는 현재 세계 각국에서 공통적으로 관찰되는 현상이다. 최근 국제노동기구(ILO)가 웹사이트에 공개한 '2015년 세계 청년 고용 트렌드(Global Employment Trends for Youth)' 보고서에 따르면, 지난해 기준 세계 청년 실업률은 13%(약 7330만명)에 이른다. 아직 2008년 글로벌 금융위기 직전 수준(11.7%)을 회복하지 못한 상태다.

우리나라가 속한 동아시아 지역(10.6%)에 이어 남미와 중동이 각각 13.4%, 28.2%를 기록했으며, 유럽연합(EU) 소속 국가 중 3분의 2 역시 20%가 넘는 청년 실업률을 기록했다.

일자리 문제는 일차적으로 개인의 생계와 직결되며, 나아가서는 경제 발전 및 사회 시스템의 안정과도 연결되는 이슈다. 정부 정책에서도 항상 최우선 순위에 놓인다. 다행히 청년 실업 해결을 위해 우리 사회 각 주체가 적극적으로 나서고 있는 것은 환영할 만한 일이다.

우선 17개 시·도에 만들어진 창조경제혁신센터를 통해 대기업들이 벤처 스타트업과 청년 창업을 지원하기 시작했다. 지방으로 이전한 공공기관들은 해당 지역에서 신규 채용을 통해 고급 일자리 창출에 기여하고 있다. 청년 일자리 창출용 사업에 쓰일 청년희망펀드에 수백억 원의 민간 재원이 몰리고, 많은 공기업들이 임금피크제 도입을 전격 결정함으로써 향후 수천 개의 신규 일자리 창출 성과도 예상된다.

앞서 언급한 시도들이 일회성에 그치지 않고 꾸준히 이어진다면 앞으로 청년 일자리 전망은 분명 밝아질 것이다.

실제로 좋은 기업 하나가 성장할 때, 고용 창출과 국가 경제에 기여하는 파급효과는 매우 크다. 미국의 민간 우주항공기 제조사 스페이스 엑스를 보자. 이 회사는 로켓 제작과 발사에 필요한 부품의 80~90%를 자체 제작한다. 덕분에 스페이스 엑스는 본사가 있는 캘리포니아주에서만 6000명 이상을 고용한다. 전기자동차 업체 테슬라는 미국 네바다주에 세계 최대 규모의 리튬이온 배터리 공장인 '기가 팩토리'를 건설 중이다. 내년 말 양산이 시작되면 5000개 이상의 일자리가 만들어질 것이다.

국내에도 스페이스 엑스나 테슬라처럼 고용 창출에 노력을 기울이는 기업이 많다. 대기업만큼 이름이 알려져 있거나 매출 규모가 크진 않지만 훌륭한 기술을 바탕으로 각 분야에서 글로벌 경쟁력을 확보한 중소 · 중견기업들로, 소위 '한국형 히든챔피언'들이다. 이들이 오는 9일 서울 삼성동 코엑스에서 '2015 리딩코리아 잡페스티벌'이라는 이름으로 대규모 채용 박람회를 개최한다.

지난해의 경우 4000여 명의 구직자가 참여해 이 중 420여 명(신입 및 경력사원 포함)이 실제 구직에 성공하는 등 꽤 높은 채용 성공률을 기록했다. 올해는 월드클래스300 기업 중 채용 계획이 있는 한국콜마 · 경동나비엔 · 마이다스아이티 · 루트로닉 등 75개사가 참가한다. 특히 올해는 대학생 아이디어 경진대회도 함께 열린다. 기업은 자사 제품이나 서비스와 연관된 과제를 제시하고 멘토링해주며, 우수한 아이디어 제안자에게는 입사 지원 시 서류전형 면제나 가산점, 인턴 기회 제공 등의 특전을 부여할 예정이어서 실제 해당 기업의 취업으로 연결될 가능성이 더 높아진 셈이다.

기업 활동이 활발해지면 좋은 일자리가 많아진다. 따라서 필자는 많은 기업을 건강하게 키우고 고용 여력을 늘리는 일이야말로 어른들이 이 시대 청춘들에게 안겨 줄 수 있는 '진짜 희망'이라고 생각한다. 또한 가업 승계를 원활히 할 수 있는 제도적 · 법적 기반을 확충해 고용을 유지하고 늘려 나가는 '명문 장수기업'을 확대해 가는 것도 희망의 연장이며 진짜 기업의 사회적 책무라고 생각한다. 이번 행사는 구직자는 물론이고, 인재 찾기에 목말라하는 기업에도 좋은 기회가 될 것이다. 우량 기업과 우수 인재가 한데 모이는 즐거운 만남의 장에 올해도 많은 분들이 참가하길 기대한다.

Comment

모든 기업에 청년고용할당제라도 의무화해야 하는 것 아닌가, 싶은 생각이 들 정도로 청년실업이 사회적 문제로 대두되는 요즘이다. 이럴수록 기업의 경영활동을 지원하는 일을 허투루 해서는 안 된다는 생각이 든다. 기업의 성장이 곧 청년들의 일자리로 이어질 것이기 때문이다. 미동이 진동이 되고, 진동이 파동이 되어 메아리로 확산되듯. 우리 젊은이들에게 진짜 희망을 줄 수 있는 한국형 히든챔피언들이 많아지길 기원한다.

문제도 해답도 현장에 있다

이투데이 2016년 12월 14일 수요일

산업 현장에선 '쓸 만한 인재를 구하기가 쉽지 않다'는 목소리를 어렵지 않게 들을 수 있다. 설상가상 제조 현장에선 숙련된 기술자들이 산업 현장을 하나둘 떠나고 있다. 필자가 몸담고 있는 한국산업기술진흥원(KIAT)은 일찍부터 이 같은 문제를 인식해 오랫동안 고심해왔다. 매년 산업통상자원부와 함께 '산업기술 인력수급동향 실태조사'를 실시하고 있는데, 최근 발표한 조사 결과를 들여다보면 지난해 말 기준 12대 주력 산업의 산업기술 인력은 105만7310명으로 전년(2014년)보다 1.5% 늘었다.

산업기술 인력이 소폭 늘어났지만, 주력 산업 중 특정 분야의 인력 감소를 보다 유심히 들여다볼 필요가 있다. 조선, 철강, 자동차 같은 한국 경제의 등뼈 역할을 하는 업종에서 인력의 감소가 두드러지기 때문이다. 전년 대비 조선은 6만7064명으로 3.9%, 철강은 6만9340명으로 2%나 줄었다. 자동차는 11만5621명으로 1.4%, 반도체는 9만492명으로 0.7%, 디스플레이는 4만9401명으로 0.2% 감소했다. 대한민국의 먹거리를 창출하는 핵심 곳간에서 일할 사람들이 사라져가고 있는 것이다.

산업기술 인력의 고령화도 진행 중이다. 산업기술 인력 현원 중 50세 이상 장년층의 비중은 14.7%로, 2012년 13.2% 이후 지속적으로 증가하며 산업기술 인력의 고령화가 점차 심화되고 있는 것으로 나타났다. 중소 · 중견 규모 사업체의 부족률은 2.9%로, 대규모(500인 이상) 사업체 부족률 0.4%보다 7배 이상 높다. 통계적 분석 결과를 접하면 '역시 인력 수급의 어려움이 이렇게 나타나는구나' 하는 생각에 머릿속이 복잡해진다.

이러한 현상은 종이 위 통계지표로만 말하고 있지 않다. 전국 곳곳에 있는 중소·중견기업 현장을 직접 방문할 때마다 눈으로 보고, 귀로 들었던 문제이기도 하다. 중소·중견기업 관계자들이 운영상의 어려움이나 고충을 토로할 때 가장 단골로 꼽는 애로사항이 바로 인력 문제였다. 좋은 인재를 채용하기도 쉽지 않고, 고용을 오랫동안 유지하거나 잘 활용하기도 힘들다고 이구동성으로 지적한다. 최근 필자는 지역 기업 성장 지원을 위한 지역 간담회를 매주 개최하고 있다. 11월부터 제주, 충남, 충북, 광주, 대전, 전남, 강원, 경남 등 8곳을 방문했고, 12월 말까지 총 14개 지역을 직접 찾아 현장의 목소리를 들을 계획이다.

지난 8일 천안에서 개최된 충남 지역 간담회를 찾은 중소·중견기업 대표들은 큰 기대를 하지 않고 나온 눈치였다. 필자는 그들의 애로 사항에 대해 함께 귀 기울여 들었다. 그리고 해외 마케팅 강화, 글로벌 기술 규제 대응, 컨설팅 지원 확대, 월드클래스 300, 기술혁신형 중소기업 연구인력지원사업 등 KIAT에서 지원하고 있는 제도들을 통한 다양한 해결 방안과 검토 대안을 제시하며 함께 고민했다. 그 결과 돌아갈 때의 그들의 표정은 밝아졌고, 헤어지면서 꼭 다시 연락을 달라고도 했다. KIAT에서는 이러한 기업들을 돕고 전문가 파견부터 정보 제공에 이르기까지 패키지 도우미 역할을 지속적으로 수행할 계획이다. 꼼꼼하게 애로사항을 적고 가능한 조치 내용을 조사해 사후 조치에도 힘쓸 생각이다.

어려움이 많은 시기이지만, 국가의 기초 체력을 키우기 위한 정책 지원은 흔들려선 안 된다. 어려울 때일수록 현장 수요에 맞게, 어려움을 해소해 주고자 하는 노력이 절실하다. 기존 지원 정책도 다시 뜯어보고 수요자 중심으로 밀착 지원하려는 KIAT의 노력이 산업기술 인력을 비롯해 각종 지원책 유치에 목말라하는 기업들에 직접적 도움이 됐으면 하는 바람이다. 위기에 굴하지 않고, 때로는 단기적인 처방을 고민하고, 근본적으로는 100년을 내다보는 마음으로 우리 중소 · 중견 기업이 처한 문제를 해결하는 데 한발 한발 착실히 나아가자.

Comment

문제의 답은 현장에 있다고 생각하여 KIAT 원장으로 부임한 후 일주일에 적어도 두 세 번은 기업방문을 하여 현장에서 고객이 원하는 바를 청취하고 피드백 하는데 힘을 기울였다. 2016년에는 약 두 달에 걸쳐 13개 시·도를 직접 찾아 지역기업 성장지원을 위한 간담회를 개최했다. 경남, 대전, 제주, 전북, 전남, 강원, 광주, 충북, 충남, 울산, 경북, 대구, 부산 등 전국 각지에서 직접 만난 분들이 150명에 달한다. 특히, 참석한 기업인들의 뜨거운 의견개진에 논의가 활발하게 이루어져 의미 있는 시간이었다. 간담회 이후에도 애로건의 기업에게 개별적으로 필요한 정보와 컨설팅을 제공하는 등 후속조치에 더 신경을 썼다. 한 명 한 명 직접대화를 시도하고 서로 진정성을 확인하면서 소통의 물꼬를 튼 계기가 되어 의미 있는 시간이었다.

더 나은
미래를 위해

지역발전 정책 · 희망박람회

4차 산업혁명

지역주민의 손으로 여는 주민행복시대

서울신문 2014년 7월 21일 월요일

'빅토리녹스'(Victorinox)라는 회사명은 익숙지 않지만, 맥가이버 칼이라고 하면 누구나 고개를 끄덕인다. '스위스 아미 나이프'로 우리에게 더 익숙한 빅토리녹스는 1884년에 설립된 기업으로 스위스 중부 슈비츠주 이바흐 지역에 본사를 두고 있다.

창업자 칼 엘스너는 스위스 군용 칼을 독일에서 수입하는 것에 착안해 빅토리녹스를 설립했다. 특히 그는 '지역사회와의 공존'을 위해 지역에서 일자리를 창출하길 원했다. 당시 스위스는 유럽에서 가장 가난한 나라 중 하나였고, 스위스 청년들이 일자리를 찾아 미국, 캐나다, 호주 등지로 대거 이주하고 있었기 때문이다. 맥가이버 칼이 유명세를 타면서 지역 매출이 급증한 것은 물론이고, 주변 지역의 관광 산업까지 발달하게 됐다. 2014년 현재의 빅토리녹스는 그 지역에서뿐만 아니라 스위스의 정체성을 구성하는 한 부분으로 그 가치를 인정받고 있으며, 시대를 뛰어넘어 지역민의 삶과 밀착된 동반자 역할을 하고 있다. 빅토리녹스는 창업주의 뜻을 계승해 현재까지도 해외에 생산 공장을 두지 않는다고 한다.

전라북도 임실군은 치즈로 유명한 곳이다. 1967년 벨기에 출신 디디에 세스테벤스(한국이름 지정환) 신부가 생활고에 시달리는 지역민의 소득을 올리기 위해 가내수공업 형태의 치즈 제조를 시작했다. 이 치즈를 바탕으로 임실은 치즈 산업 발달에 따라 우유를 생산하는 1차산업(낙농업), 2차(우유가공업) 및 3차 산업(유통 · 관광사업)도 더불어 성장하는 6차산업의 모델이 되고 있다. 지역 특산물이 갖고 있는 경쟁력을 살려 주민의 수익을 높이고 지역 사회에 활력을 불어넣은 두 사례다. 또한 지역이 어떻게 자생적인 생태계를 만들어가야 할지에 대한 바람직한 모습을 보여주고 있다.

우리나라는 단기간에 초고속으로 압축 성장을 했지만 그 결과 인구와 산업 등 모든 자원이 수도권으로 집중되고 도농 격차는 갈수록 벌어졌다. 지역 간 불균형을 극복하려고 우리 정부는 1995년부터 다양한 지역산업 육성정책을 추진해왔다. 하지만 그동안의 지역정책은 수도권 기능 분산에 주력하거나 지역의 특성을 고려하지 않고 행정구역끼리 묶어 추진했기 때문에 지역에 실질적인 활력과 생기를 불어넣는 데 한계가 있었다. 이제는 지역정책도 주민들의 현재 생활 패턴을 고려해 수립해야 한다는 목소리가 높다. 행정구역은 다르더라도 지역 주민 간 교류가 활발해서 사실상 공동의 생활권이 형성돼 있는 곳이라면 이러한 현실을 반영해야 한다는 얘기다. 지역정책 수립 방향이 중앙정부 주도의 하향식에서 지자체 주도의 상향식으로 바뀌고 정책단위 역시 과거 광역경제권에서 '지역행복생활권'으로 재구성된 배경이 여기에 있다.

현재 지역산업 체계는 경제협력권사업(시·도 연계), 지역주력사업(시·도), 지역전통사업(시·군·구) 등 3개로 구성됐다. 시·도 간 경계를 허물어서 새로운 부가가치를 발굴했던 기존 지역정책의 장점은 계승·흡수하면서도 이전보다 지자체 역할이 커졌기 때문에 지역공동체와 주민 참여를 활발하게 이끌어낼 수 있을 것으로 기대된다. 이 중에서도 지역전통사업은 지역 내 특색 있는 자원을 발굴하고 여기에 첨단기술을 융합하여 지역산업의 경쟁력을 강화하는 형태기 때문에 지역주민이 체감하는 일자리 창출이 기대되는 분야다.

지역자원과 지역민들의 창조적 잠재능력을 효과적으로 활용해 삶의 질 향상과 일자리·소득 창출을 이끌어내는 지역사업은 현 정부의 정책기조인 창조경제 생태계 조성을 위해서도 꼭 필요하다. 특히 지역의 특색 있는 자원을 효율적으로 활용해 지역경제 활성화를 이끌어낸 앞의 두 사례처럼 우리나라의 지역정책 구도도 지자체 중심으로 재편된 만큼 앞으로 관련 예산이 더욱 늘어난다면 다양한 성공 사례가 많아질 것이다.

국가의 목표는 점차 경제성장에서 삶의 질 향상으로 옮겨가는 중이다. 지역산업 육성이 활성화되면 수도권으로 나가지 않아도 지역민들이 집 근처에서 문화 · 여가 · 일자리 혜택을 누릴 수 있게 되고 결국 삶의 질도 향상될 것이다. 지역사회의 자생적 경쟁력을 기르고 밀착형 행복생활권을 형성해 국민 행복 체감도를 높이는 지역산업이 앞으로도 적극적이고 활발하게 추진되기를 기대해 본다.

Comment

지역산업 체계가 이전에 비해 지자체의 역할 비중이 늘어나는 방향으로 개편되면서 지역의 일자리 창출 문제 역시 지자체 주도로 풀어갈 수 있는 계기가 마련됐다. 지역 주민들의 실제 생활패턴이 반영된 지역사업이 진행된다면 주민들의 실제 삶의 질 개선과 체감 행복도에도 직접적인 영향을 미칠 것으로 기대된다.

지역의 예비 히든챔피언을 응원한다

이투데이 2014년 10월 28일 화요일

독일은 우리나라와 몇 가지 면에서 닮은 구석이 있다. 두 국가 모두 정치적으로는 민족 분단이라는 아픔을 겪었고, 경제적으로는 제조업을 기반으로 한 산업구조를 갖고 있다. 이런 이유로 지난 3월 독일을 방문했던 대통령은 독일을 '한반도 평화통일의 모델이자 창조경제 협력 파트너'라고 언급하며 배울 점은 배우자고 강조한 바 있다.

하지만 한 가지 중요한 점에서는 두 나라가 극명한 대조를 보인다. 바로 경제구조에서 중소기업이 기여하는 정도다. 양국 모두 전체 기업 수 중 중소기업이 90% 이상을 차지하는 것은 비슷하지만, 국민총생산(GDP)에서 중소기업이 차지하는 비중을 보면 우리나라는 절반이 채 되지 않는 반면, 독일의 경우 50% 이상이다. 작지만 강한 중소기업들이 경제의 든든한 허리 역할을 해내고 있는 덕분에 독일은 유럽발 경제 위기에도 강한 모습을 보여줬다.

독일 중소기업은 미텔슈탄트(Mittelstand)라는 말로도 불린다. 미텔슈탄트는 중산층, 중류층(middle class)이라는 뜻의 독일어다. 산업혁명의 바람이 불던 19세기경, 독일 남부에 있던 영세 자영농들은 추가 소득을 창출하기 위해 도시로 이주하는 대신 지역에 남아 소규모 수공업을 병행하며 중산층의 자존심을 지키고자 했다. 이들은 대량 생산방식 대신 소규모 특화 생산방식으로 틈새 시장을 공략했고, 훗날 한 가지 품목만으로 세계 시장점유율 1~2위를 다투는 '히든챔피언' 기업의 모태가 되었다.

우리나라도 중소기업의 경쟁력을 집중적으로 키워야 경제구조의 체질을 강화시킬 수 있다고 보고, 지난 2011년부터 '월드클래스(World Class) 300'이라는 이름의 사업을 시작했다.

월드클래스 300 프로젝트는 2020년까지 세계적인 수준의 기업 300개를 육성하기 위해 잠재력 있는 중소 · 중견기업을 선정해 기술개발(R&D), 마케팅, 인력, 금융 등을 종합 지원하는 사업이다. 단순한 일회성 지원이 아니라 3~5년에 걸쳐 기술, 인력, 자금, 시장, 마케팅 노하우 등 기업이 단계별로 필요한 사항을 파악해 도움을 주기 때문에 수혜 기업 맞춤형 시책을 제공할 수 있다는 것이 장점이다. 하지만 향후 성장 잠재력을 기준으로 기업을 선정하다 보니, 지금까지는 아무래도 규모가 작은 지역의 중소기업보다는 수도권에 있는 중견기업들 위주로 혜택이 돌아가는 경우가 많았다.

KIAT가 올해부터 새롭게 시작하는 '프리(Pre) 월드클래스 300' 사업은 '지역'이라는 키워드에 보다 초점을 맞췄다. 지역 내 중소 · 중견기업 중 잠재력 있는 유망기업을 선정해 월드클래스 후보기업군으로 육성하는 것이다. R&D, 인력, 마케팅 등을 패키지로 지원하는 형태는 월드클래스 300과 비슷하다. 다만 사업 초기에는 신제품 기술 로드맵 수립이나 해외시장 진출전략 기획 등 주로 기업의 글로벌 경쟁 역량을 강화시키는 데 집중 지원하기로 했다.

특히 월드클래스 300에 선정된 기업의 관계자들이 직접 나서서 앞서 성장한 선배 기업으로서의 성공 사례와 위기 극복 스토리를 들려주고 경영혁신 노하우를 공유하는 기회도 제공할 예정이다. 정부가 뒤에서 밀어주면 멘토(월드클래스 300 기업)들이 앞에서 끌어주는 셈이다.

지역에 기반을 두고도 세계 시장에 이름을 알리는 강소기업은 얼마든지 있다. 독일의 내로라하는 히든챔피언 중에는 본사가 지역에 있는 경우가 많다. 주방칼 분야의 독보적 브랜드 헹켈(Henckels)의 본사는 뒤셀도르프이고, 피카소, 빈센트 반 고흐 등이 애용한 연필 제조업체 파버카스텔은 뉘른베르크에 있다.

이제는 지역에 있는 기업들도 내수 시장에 만족해선 안 된다. 세계 시장에서 한국의 기술 경쟁력을 뽐내겠다는 자부심, 세계인이 주목하는 제품으로 한 번 승부를 내보겠다는 도전정신을 가질 필요가 있다. 프리 월드클래스 사업은 지역에 있는 예비 히든챔피언 기업들이 월드클래스로 발돋움할 수 있도록 훌륭한 성장 사다리 역할을 해줄 것으로 믿는다. 지역 단위의 중소 · 중견기업들이 우리나라를 대표하는 유망 기업으로 성장한다면 지역의 청년 인재들에게 양질의 일자리를 제공하는 데에도 큰 도움이 될 것이다. 지역에서 세계로 눈을 돌리는 예비 히든챔피언들이 이 사업에 관심을 갖고 참여하길 기대해 본다.

Comment

우리나라의 기업은 대부분 서울 · 경기 지역에 몰려 있긴 하지만, 그렇다고 지역에 있는 기업들이 경쟁력이 없는 것은 아니다. 지자체가 제공하는 인센티브를 따라 본사를 이동한 경우도 있고 또 그 지역민이 지역민들과 함께 자생적으로 만든 토착 기업도 많다. 특히 일자리를 지역 청년들로 채우면서 지역사회에 공헌까지 하는 일부 기업들의 모습을 보며, 이런 기업들에 대해 이야기를 해보고 싶었다.

연고자원이 지역의 보배다

서울신문 2014년 11월 1일 토요일

헹켈, 칼슈미트, 뷔스토프 드라이작, 보커. 살림하는 주부들은 물론이고 명품 칼에 관심 있는 사람들이라면 한번쯤은 이름을 들어봤음 직한 세계적인 주방용품 브랜드들이다. 놀랍게도 이 모든 제품들은 독일 프랑크푸르트에서 차로 2시간 정도 떨어진 졸링겐(Solingen)이라는 곳에 기반을 두고 있다. 졸링겐에서 만들어지는 주방용 칼은 세계 각국의 주부와 요리사들의 로망이다. 그래서인지 인구 20만명이 채 안 되는 이 한적한 소도시에서 생산되는 제품에는 한결같이 '메이드 인 졸링겐, 저머니'(Made in Solingen, Germany)라고 표기가 돼 있다. 생산된 지역명을 밝히는 이 같은 표기법은 졸링겐의 역사와 전통, 그리고 명품을 만들어낸다는 지역주민들의 자부심을 상징한다.

중세 시대 졸링겐 일대는 기사들의 검을 만드는 곳이었다고 한다. 양질의 철이 생산된다는 점에 주목했던 대장장이들이 모여든 덕분에 졸링겐에서 만들어진 검은 중세시대 기사들이 갖고 싶어 하는 명검으로 이름을 떨쳤다. 이후 산업혁명을 거치면서 졸링겐은 주방용 칼을 비롯한 주방기구의 메카로 변신을 시도했고, 그 결과 많은 연관 기업들이 모여들면서 주방용 금속제품의 중심지로 발돋움했다.

졸링겐의 힘은 자생적인 산업 생태계에서 나온다. 지역에서 생산되는 양질의 철, 중세 시대부터 이어져 내려온 장인의 기술, 관련 기업과 기업지원 연구소 등이 자연스럽게 결합하며 경쟁력 있는 산업 생태계가 형성된 것이다. 특히 이 지역에 강소기업들이 모여들다 보니 인재들이 굳이 대도시로 떠나지 않고 지역에 머무르며 일하는 문화가 자연스럽게 형성된 것도 큰 힘이 되었을 것이다.

우리나라도 지역산업 육성을 위한 정부의 지원이 해를 거듭하면서, 지역이 가진 고유한 연고자원을 활용해 자생적이고 자립적인 산업생태계를 형성하는 사례가 서서히 나타나고 있다. 충남 서천군의 한산은 지역 특산품인 모시를 현대화해 고부가가치를 창출한 사례다. 불과 7~8년 전만 하더라도 서천군내 모시 재배농가들은 기능성 화학 섬유와 값싼 중국 모시의 공세를 받아 존폐 기로에 서 있었다. 그러나 입는 모시에서 먹는 모시로 활용도를 넓히자 상황이 달라졌다. 그동안 버려지던 모싯잎으로 떡, 음료, 차, 막걸리 등 다양한 식품이 개발되자 모시를 재배하는 농가들이 늘어났다. 모싯잎 가공과 제품화를 맡을 마을기업들이 문을 열면서 수백개의 일자리도 자연스럽게 창출되었다.

전통 옷감으로서의 모시 역시 제2의 전성기를 맞았다. 정부 지원으로 첨단 방적기술 개발에 성공한 뒤 생산량도 늘고, 모시의 가능성을 눈여겨본 기존 섬유 기업들이 서천 지역으로 유입되기도 했다. 뿐만 아니다. 한산모시 고유의 브랜드를 달고 백화점, 공항 면세점에 유통되면서 중국, 중동 등 해외로 수출되는 성과도 거뒀다. 발상의 전환 덕분에 모시를 산업화하고, 지역 고유의 산업생태계를 구축하게된 것이다. 사실 잘 살펴보면 많은 지역이 개성 있고 전통적인 다양한 자원을 보유하고 있다. 충남 보령은 머드를 활용한 축제를 세계적인 행사로 발전시켜가고 있으며, 의성도 흑마늘을 활용한 가공상품을 인도, 베트남 등에 수출하는 등 고유의 브랜드 구축해 힘쓰고 있다.

정부는 지역주민이 삶의 질 향상을 체감할 수 있도록 지역행복생활권을 설정하고, 다양한 지역특화발전 프로젝트를 추진하고 있다. 이를 위해서는 앞서 예로 든 서천이나 보령처럼, 지역민의 행복으로 연결될 만한 강력한 연고자원을 육성하는 것이 중요하다. 지역 내 특색 있는 자원을 발굴하고 여기에 첨단기술을 융합하면 지역산업의 경쟁력이 강화될 수 있다. 그렇게 되면 수도권으로 나가지 않아도 지역민들이 집 근처에서 일자리를 찾는 것이 가능해진다. 지역사회가 자생할 수 있는 경쟁력이 길러지기 때문에 결국 지역민들이 체감하는 삶의 질도 향상될 것이다.

독일의 '메이드 인 졸링겐' 표기는 강력한 연고자원을 바탕으로 한 지역의 경쟁력이 얼마든지 세계적 수준으로 성장 가능하다는 것을 보여준다. 우리나라에서도 지역의 연고자원을 활용한 명품 브랜드들이 많이 나와서 세계 시장을 석권하게 될 날이 오길 기대해 본다.

Comment

창조경제라는 좋은 화두가 너무 높은 곳만 바라보는 것은 아닌지 생각해 봤다. R&D는 항공, 조선, 철강, 기계 등의 분야에서만 존재하는 것이 아니기 때문이다. 연고자원, 전통자원의 산업화는 1차 산업이 2차 산업, 3차 산업과 결합하여 지역의 경제를 활성화시킬 수 있다는 점에서 관심을 갖고 육성해야 할 분야다. 각 지방에 산재해 있는 공예 산업의 경우 생각과 방식을 달리하면 지역형 산업으로서 고용 창출의 동력이 될 수 있다. 지역특화산업의 스펙트럼을 넓게 해서 새로 보고 다시 보는 노력이 필요할 것 같다.

지역발전의 성공 키워드

이투데이 | 2014년 11월 26일 수요일

정부 지역정책의 비전인 '국민에게 행복을, 지역에 희망을!'에 담긴 주요 내용은 이른바 희망(HOPE)이라는 단어로 요약된다. 주민이 실생활에서 행복(Happiness)을 체험하고, 행복한 삶의 기회(Opportunity)를 고르게 제공받으며, 자율적 참여와 협업(Partnership)의 동반자 관계를 기반으로 전국 어느 곳에서나(Everywhere) 원하는 삶의 질을 보장받게 하는 것, 그것이 바로 정부가 그려가는 지역의 모습이다.

참여정부의 '행정도시', 이명박 정부의 '광역경제권' 등 이전 정부의 지역정책 개념이 국토 균형 발전에 기반한 거시적 관점이었다면, 이번 정부의 HOPE 프로젝트는 보다 미시적인 관점으로 지역을 바라본다.

경제발전을 위해 산업의 글로벌 경쟁력을 높이고, 국내총생산을 늘리려는 노력도 중요하지만 지역주민들이 체감할 수 있는 생활의 변화, 이를 통해 실제 삶의 질을 끌어올려주는 것 역시 필요하다는 생각에서다. 따라서 이제는 지역정책을 만들어내는 방식에도 변화가 생겼다. 이제는 중앙정부가 필요한 것을 기획하고 지역에 배분하는 하향식이 아니라 지역이 원하는 것을 스스로 찾아내서 중앙정부에 요구하는 상향식이다.

그만큼 각 지자체와 관련 기관의 관계자들, 지역주민들의 역할과 책임감이 이전에 비해 막중해졌다 할 수 있다. 하지만 지금부터 설명하는 세 가지의 콘셉트만 확실하게 기억해 둔다면 이번 정부가 추진하는 지역발전 정책의 본질을 이해하고 각 지역에서 연착륙하고, 주민행복이 뿌리를 내리도록 하는 데 무리가 없을 것이라고 생각한다.

첫 번째 키워드는 바로 '자율'이다. HOPE 프로젝트의 제1원칙은 지역민의 손과 발로 지역의 문제를 스스로 발굴하고 해결하도록 지역의 자율성을 최대한 존중한다는 것이다. 그동안 역대 지역발전정책들은 중앙정부가 주도하고 지역은 이를 따라가는 형태였기 때문에 각 지역의 다양한 상황이 충분히 반영되지 못한 채 정책이 진행될 때가 많았다. 하지만 이번 정부에서는 지역민과 지자체가 지역사업의 성공적 수행에 있어 가장 중요한 주체다.

두 번째 키워드는 '협력'이다. 그동안 지역사업은 주로 행정구역 단위를 기준으로 진행돼 왔다. 그러다 보니 어떤 지역은 아예 혜택을 누리지 못하는 반면, 어떤 지역에서는 사업이 중복 집행되기도 했다. 하지만, 이제는 행정구역의 경계를 뛰어넘어 중앙과 지역, 지역과 지역 간의 긴밀한 협력이 중요해졌다. 협력을 통해 모든 주민들에게 혜택이 돌아가고 예산도 효율적으로 사용할 수 있도록 하는 데 지역발전 정책의 초점이 맞춰져 있다.

세 번째 키워드는 '주민행복'이다. 그동안 지역산업을 육성하기 위해 도로나 건물 등의 인프라를 구축해주거나 기업의 기술개발을 지원하는 데 주력했다면 현 정부의 지역발전 정책은 복지, 의료, 안전 등 주민의 생활과 밀착돼 있는 기초 인프라 확충에 초점을 두고 있다. 일례로 지역행복생활권 사업을 한 번 살펴보자.

각 시 · 군 간 자율적 협의를 거쳐 총 56개 생활권을 구성하고 2176개의 과제를 발굴한 결과 이 중 1488건이 최종 선정됐는데, 선정된 과제 중에는 진안과 장수 지역 오지마을에 상수도를 공급하자는 아이디어, 신생아 분만이 가능한 산부인과를 영주·봉화 지역 공동으로 운영하자는 제안 등 현지 주민의 시선으로 세심하게 보지 않으면 발굴하기 어려운 것들이 많았다.

오는 12월 3일부터 6일까지 광주광역시에서는 '2014 지역희망박람회'가 개최된다. 각 지역에서 주민행복을 실현하기 위해 진행하는 사업의 성과를 공유하고 자랑하는 자리다. 도시 구조 개편으로 점차 쇠락해 가던 재래시장에서 복합문화 예술공간으로 거듭난 광주 대인예술시장, 마을 공동 생산물을 재배하는 데 농촌 어르신들을 참여시켜 농촌 일자리와 복지 문제를 동시에 해결한 전북 완주군 두레농장 등 다양한 사례가 소개될 예정이다. 지역민들에게는 정부 지역발전 정책의 비전을 확인하는 기회이며, 지역사업 관계자들에게는 좋은 학습과 경험의 장이 될 것이다. 보다 많은 분들이 행사장에 오셔서 우리 지역의 밝은 미래를 함께 그려나갈 수 있기를 기대한다.

Comment

정부의 최근 지역 정책의 특징은 이전에 비해 보다 유연해지고 보다 세밀해졌다는 것이다. 지역주민들의 실제 수요에 기반한 현장밀착형 정책들이 주민들에게 제대로 된 행복을 가져다줄 수 있길 희망해 본다.

지역이 창조경제 거점 되려면

머니투데이 2015년 2월 6일 금요일

경제혁신 3개년 계획이 본궤도로 접어드는 올해는 지역에 창조경제 관련 인프라들이 대거 확충되는 시기이기도 하다. 지역의 벤처 · 창업기업을 대상으로 인력, 자금, 연구 · 개발 등을 지원하는 창조경제혁신센터가 올 상반기에 전국 17개 시 · 도에 대거 설치될 예정이기 때문이다. 창조경제혁신센터는 정부와 지역에 연고를 둔 대기업이 전담해 공동으로 운영하는데, 최근에는 정부 관여 없이 순수 민간 주도로 만든 센터도 포항에 한 곳 생기면서 지역의 혁신을 지원하는 인프라가 급속히 확산되는 추세다.

그렇다고 그 동안 지역에서 창업을 지원하거나 기업들의 혁신을 이끌어내는 인프라가 전무했던 것은 아니다. 테크노파크(TP), 창업보육지원센터, 대학 내 산학협력단과 지역혁신센터(RIC) 등 다양한 기관이 지난 십수 년 동안 지역산업의 기반을 탄탄히 하는 데 기여해왔다.

창조경제혁신센터의 경우 대기업이 참여한다는 점에서 구별된다. 대기업이 확보한 구매력이나 가용자원을 활용한다면 벤처 · 중소기업이 가진 아이디어와 기술의 제품화에 그치지 않고 판로확대나 해외진출 기회로도 자연스럽게 연결할 수 있을 것으로 보고 있다. 대기업 입장에선 장차 미래 협력업체를 선제적으로 발굴하는 계기도 되는 것이다.

특히 창조경제혁신센터가 그 지역에 있는 기업들에 보다 실질적인 혜택을 줄 수 있으려면 무엇보다 물리적 공간의 제약을 벗어나는 것이 중요해 보인다. 해당 센터를 운영하는 대기업이 지원대상을 인접지역에만 국한할 것이 아니라 다른 지역에 있는 관련업종 유관기업으로도 확대하는 것을 고려한다면 수혜를 입는 기업이 많아질 것이다.

앞으로는 창조경제혁신센터가 테크노파크 같은 기존 혁신지원 인프라와의 긴밀한 연계를 통해 기업의 수요를 반영할 필요가 있다. 지역과 업종의 경계를 넘나드는 전국적 협업이 필요하다는 얘기다.

실제로 산업통상자원부도 올해 진행할 지역산업 지원사업에 이 같은 분위기를 반영해 혁신지원기관끼리 소통·연계·협업이 가능한 체계를 마련했다.
우선 지역사업을 기획하는 단계에 창조경제혁신센터장이 직접 참여할 수 있게 됐다. 융합형 R&D 과제는 수요를 조사하고 발굴하는 일도 테크노파크와 창조경제혁신센터가 공동으로 맡는다. 이 밖에 창조혁신경진대회를 공동 개최한다. 이 대회는 지역의 대표산업을 업그레이드할 만한 창의적 아이디어를 비즈니스 모델로 키우는 프로그램이다. 필자가 몸담은 한국산업기술진흥원(KIAT)은 여기에 한 가지를 더 보탰다. 지역에 있는 예비창업자를 발굴하고 사업화가 유망한 신기술 아이템을 집중 육성하기 위해 직접 자금지원에 나서는 것이다. KIAT는 지난달 열린 광주창조경제혁신센터 개소식에서 광주시, 현대차 등과 업무협약을 맺었다. 이를 통해 현대차 출자분 100억원을 포함, 총 525억원 규모의 '신기술사업펀드'를 조성하게 됐다. 아이디어는 있지만 자금조달이 아쉬웠던 지역의 벤처·중소기업에는 반가운 소식이 아닐 수 없다.

창조경제를 꽃피우려면 기존 기술과 산업에 좋은 아이디어가 자유롭게 결합되는 환경을 만들어줘야 한다. 그런 의미에서 지역기업의 혁신을 지원하는 기관이 많아지는 것은 좋은 일이다.

다만 다양한 백그라운드를 갖고 설립된 이 기관들이 완전히 따로국밥식으로 운영
된다면 중복지원, 유사지원이라는 지적을 피하기 어려울 것이다. 그래서 '따로 또
같이'라는 마음가짐이 중요하다. KIAT는 올 한 해 기업과 기관, 지역과 지역을 연
결하고 협업의 시너지를 이끌어내는 역할을 더욱 충실히 할 예정이다. 이를 통해
지역혁신을 지원하는 기관들이 유기적으로 소통해 각자의 특장점을 발휘하고 지
역에 튼튼한 창조경제 생태계가 뿌리내리기를 기대해본다.

Comment

창조경제혁신센터가 전국 17개 시도에 생기면서 기존 지역혁신기관들과의 기능 중복
을 우려하는 목소리가 많이 나왔다. 하지만 연계협력을 통해 서로의 틈새를 보완해주
는 방향으로 발전해 간다면 지역에 있는 기업으로서는 받는 혜택이 많아지니 더할 나
위 없이 좋을 것이다. 이 글에서는 중복 지원, 유사 지원 논란을 막기 위해서는 기관간
협업이 필요하다는 점을 지적했으며 실제 협력할 수 있는 방안에 대해서도 제시했다.

지역 명품에 스토리를 입히자

서울신문 2015년 6월 8일 월요일

우리나라 제1호 전통 식초 장인인 한상준씨는 한때 정보통신기술(ICT) 업계에서 잘나가던 컴퓨터 프로그래머였다. 바쁜 개발자 생활에 지쳐 가던 그는 33세의 나이에 우연한 계기로 고향인 경북 예천군으로의 귀향을 결정하게 된다. 그곳에서 만난 것이 바로 전통 식초다. 명맥이 끊긴 것으로 여겨지던 전통 식초 제조법을 찾아 전국 방방곡곡을 헤매면서 8년여간 연구를 거듭한 끝에 그는 친환경 곡물을 독에 넣고 숙성 발효시켜 만드는 '오곡초'를 완성하는 데 성공했다.

품질만 좋으면 시장에서 소비자들이 단번에 알아줄 것이라 생각했지만 현실은 아니었다. 제품을 홍보하는 홈페이지를 따로 만들고 지인을 통한 입소문도 기대해 봤지만 판매량이 예상만큼 늘어나진 않았다. 다행히 유명 백화점과 홈쇼핑, 온라인 쇼핑몰 등 전국적인 대형 유통망을 차례로 확보한 덕분에 지금은 연매출 10억 원이 넘는 사업체로 성장했다. 현재 책과 강의로 전통 식초 알리미 역할을 하는 그의 꿈은 전통 식초의 부활을 넘어 세계 시장 공략이다. 이웃 나라 중국과 일본은 이미 오래전부터 식초를 사용한 음식 문화가 자리를 잡았고, 발효식초의 항산화 및 항암 효능은 서구 여러 나라에서도 인정하는 터라 전통 식초의 저변이 넓어진다면 충분히 승산이 있다는 생각이다.

우리나라에는 이렇게 지역의 전통 자원이나 연고 자원을 활용해 농가에 고소득을 올려 주는 한편 지역을 대표하는 브랜드로 자리잡은 것들이 많다. 청주를 가미해 비린내를 없앤 부산 저염 명란젓, 빨리 짜내지 않고 침전물이 가라앉을 때까지 기다려서 정제하는 강원 양구군 참기름도 그중 하나다. 이 제품들은 세련된 패키지 디자인까지 갖춰 선물하기 좋고, 웰빙을 테마로 한 해외 수출품으로도 손색이 없다.

하지만 제작에 드는 비용을 생각하지 않고 옛날 제조 방식을 고집하거나 소량으로만 생산하는 까닭에 보통의 지역 특산품에 비하면 가격이 비싼 편이다. 지역에 거점을 두고 있다 보니 전국적인 유통 채널을 확보하기도 쉬운 일이 아니다.

그런데 지난달 말 서울의 한 백화점에서 열린 '지역특화상품 글로벌 명품화 지원 협약식' 행사에서 필자는 지역 명품의 세계화 가능성을 발견할 수 있었다. 정부와 민간이 힘을 합쳐서 품질과 전통성이 우수한 지역 상품을 발굴하고 마케팅, 판매, 해외 전시회 및 상담회 참여를 통한 수출 계약까지도 측면 지원하기로 의기투합했기 때문이다.

우선 1차적으로 식품과 화장품, 공예품 등 40여종의 지역특화제품이 백화점과 편의점, 온라인 쇼핑몰에 입점한다. 정부는 앞으로 5~6년 내에 120여개의 명품 브랜드를 육성하고 지역특화상품으로 600만 달러의 수출 실적을 올릴 수 있을 것으로 내다보고 있다.

이날 행사에는 홈쇼핑, 대형 마트, 편의점 등에 있는 각종 대형 유통채널의 상품 기획자(MD)들을 초대해 주요 지역특화 상품의 우수성을 알리는 설명회를 개최하고 제품을 체험할 수 있는 전시회가 마련됐다. 덕분에 특색 있고 차별화된 상품을 발굴하려는 유통 업체들도, 탄탄한 판로 확보가 절실한 지역특화상품 제조 기업들 모두 원 · 원이 됐다. 특히 전시회장의 콘셉트를 갤러리로 잡은 것이 매우 인상적이었다. 고급스런 디자인에다 제품에 얽힌 스토리 소개까지 어우러지니 마치 거장의 숨결이 실린 미술 작품을 몇 점 전시해 놓은 듯한 느낌을 받았다. '스토리

텔링'과 '브랜드'라는 옷을 입은 지역특화 상품이 어떻게 '명품'으로 거듭날 수 있는지를 보여 주는 순간이었다.

지역특화 상품이 수출 경쟁력을 갖기 위해서는 가격에서부터 유통망 관리, 마케팅에 이르기까지 아직 넘어야 할 산이 많다. 하지만 우리의 수천 년 역사와 문화, 지역색이 담긴 스토리텔링을 제품에 접목하고, 한류와 연계한 마케팅을 펼친다면 얼마든지 명품이 될 수 있다고 생각한다. 지역산업 육성에 힘써 온 한국산업기술진흥원도 이 같은 추세에 부응해 지역 명품 발굴에 꾸준한 관심을 쏟을 계획이다. 지역의 중소기업과 대형 유통업체 간 상생하는 소통의 장을 통해 지역에서 만든 장류, 화장품, 공예품, 생활용품들이 세계인의 사랑을 받는 글로벌 명품 브랜드로 성장해 가길 기대해 본다.

Comment

소비자 신뢰 확보를 위해 농축수산물에 원산지 표시제, 생산자 실명 표기 제도가 적용, 확산된 지 오래다. 각 지역의 연고자원을 활용한 각종 상품에도 만든 이의 정성과 이야기를 담아 함께 판매하면 어떨까 생각해 봤다. 여기에 정부나 관련 기관에서 디자인과 브랜드 마케팅 등을 측면 지원해준다면 해당 상품의 성공률은 더욱 높아지지 않을까. 전통과 문화 그리고 역사를 담은 지역특화상품에서 우리 것의 가치를 재인식하고 명품 브랜드로서의 발전 가능성을 엿보게 된다. 전국의 지역특화상품이 글로벌 명품으로 거듭날 수 있도록 관계기관들과 계속 협력해 나갈 필요가 있다.

지역 희망 바이러스

이투데이 2015년 8월 31일 월요일

올해는 광복 70주년을 맞이하는 중요한 해인 동시에, 우리 지역발전에도 뜻 깊은 전환점이 되는 시기다. 지역의 미래는 그 지역에 사는 주민들이 결정해야 한다는 의지로 시작된 지방자치제가 시작된 지 20년이 되는 해이자, 지역 균형발전을 위해 전국 10곳에 혁신도시 조성을 시작한 지 10년째 되는 해이기 때문이다.

행복생활권으로 대표되는 정부의 지역발전 정책들도 이처럼 지역 간 격차를 줄이고, 지역 주도의 발전 방향을 중시하는 기조와 맞닿아 있다. 현 정부의 지역정책 비전인 '지역에 희망을, 주민에게 행복을'은 지역주민이 참여해 주민의 손으로 빚어내는 행복의 중요성을 강조한다. 중앙정부는 지역의 자율성을 존중하고, 지자체는 지역주민들의 의견을 수렴해 각 지역의 특성에 맞는 방안들을 스스로 고안하고 발굴함으로써 지역주민들이 체감할 수 있는 정책을 실행해야 한다는 의미이다.

지역민의 삶의 질을 향상시키고 지역경제를 살찌우는 모습은 해당 지역이 어떤 특성을 갖고 있느냐에 따라 매우 다양한 형태로 나타난다. 이제는 기업과 공장을 유치해 지역의 산업 기반을 튼튼하게 하고 많은 일자리를 창출하는 데서 그치지 않는다. 최근에는 지역으로 이전한 공공기관이나 공기업들이 지역에 본격적으로 자리를 잡기 시작하면서 지역성장의 거점 역할을 하고 있다. 또한 전국 17곳에 설립된 창조경제혁신센터를 통해 지역의 고유 자원을 활용한 창의적 아이디어들이 창업으로 이어지고 있다. 이전에 비해 보다 미시적이고, 유기적인 관점에서 지역정책이 마련되고 실행되고 있다.

주민밀착형 지역정책들이 이끌어내는 성과들은 이미 곳곳에서 가시적으로 나타나고 있다. 울산에서는 청년 창업자들이 만든 제품을 한데 모아서 온라인과 오프라인 매장을 통해 전시·홍보하고 판매해주는 '톡톡 스트리트'가 운영되고 있다. 경험이 부족한 청년 CEO들이 시행착오를 줄이면서 빠르게 홀로서기를 할 수 있도록 디딤돌 역할을 해준다. 또한 대구는 인근 영양, 경산, 영주 등과 동동으로 한약재의 생산에서부터 유통까지 머리를 맞대어 한약재의 명품화에 성공하고 주민들의 소득 증대에도 크게 기여하고 있다. 지역 간 자율적인 협력을 통해 지역의 미래 성장동력을 키워가는 사례다.

이처럼 주민들의 적극적인 주도 하에 사업을 추진해 지역에 공동체 문화를 복원하고, 창조적 아이디어와 협업을 바탕으로 지역경제에 활력을 불어넣은 사례들을 한 곳에 모아서 볼 수 있는 자리가 마련된다. 바로 다음 달 9일부터 12일까지 인천 송도에서 열리는 '2015 지역희망박람회'행사다.

지역발전위원회와 전국 17개 시·도, 14개 부처·청이 주최하고 KIAT가 주관하는 이 행사는 그동안 정부가 펼쳐 온 다양한 지역사업과 주민체감형 지역발전 정책의 성과를 공유하는 소통의 장이다. 행사에서는 주민 맞춤형 정책으로 삶의 질이 향상된 사례, 지역 내 창업 및 우수제품 명품화로 창조경제를 확산시킨 사례, 지역경제 활성화로 일자리가 창출된 사례 등 다양한 성과들이 테마별로 전시된다.

산업통상자원부는 그동안 희망이음프로젝트와 지역특화산업 지원으로 거둔 성과들을 소개할 예정이다. 희망이음프로젝트는 지금까지 1300여개 지역 우수기업과 2만 8000여명의 청년들을 연결해 지역 중소기업에 대한 인식 개선에 힘써 왔고, 그동안 정부 지원에 힘입어 '명품'대접을 받게 된 지역특화 상품들도 적지 않기 때문에 그 어느 때보다 이야깃거리가 풍성한 전시관이 되지 않을까 생각한다. 행사 기간 중에는 부처별·지역별 성과 전시와 더불어 일자리박람회, 우수시장박람회, 토크 콘서트, 벼룩시장 등이 함께 개최될 예정이라 행사장을 찾은 지역주민들에게도 재미있는 생활 축제의 장이 될 것이다. 무엇보다 우수 사례를 공유한 경험들이 다른 지역에도 확산될 수 있는 좋은 기회다. 활발한 소통을 통해 각 지역의 희망 바이러스가 지역 내에 구석구석 스며들고, 나아가 전국 곳곳으로도 퍼져 나가기를 기대해본다.

Comment

2015 지역희망박람회는 주민 삶의 질 향상에 대한 성과를 종합적으로 보여준 행사였다. 시도별 전시 부스를 마련한 것 이외에도 전국 8개 지역에서 12개의 일자리박람회가 열리는 동시에 지역특화상품전, 컨퍼런스, 토크쇼 등의 행사가 열렸다. 젊은이부터 시니어에 이르기까지 지역공동체 구성원 모두를 일자리와 연결시켜주는 의미 있는 기회였다.

새로운 실크로드를 개척하자

이투데이 2015년 10월 5일 월요일

올해 초 한 방송사 다큐멘터리에 소개된 중국 산둥성 완토우 마을 이야기를 잠깐 해보겠다. 완토우에는 옛날부터 왕골로 방석, 바구니, 다과상 등을 만드는 수공예 전통이 있었다고 한다. 왕골 제품은 기능성 못지않게 예술적 가치도 높지만, 수작업으로 만들어서 대량생산이 어렵고 외지에 별도 매장을 둔 것도 아니라 사가는 사람이 많지 않았다.

그런데 몇 년 전부터 월 평균 수천만 원의 매출을 올리는 사람들이 생겨났다. 비밀은 무엇일까. 답은 전자상거래 사이트 '타오바오'다. 인터넷에 무료로 입점해 물건을 판매하면서, 자칫 마을 주민들의 소일거리에 그쳤을 왕골 공예가 지역 일자리 창출의 효자가 된 것이다.

샤오미는 어떤가. 최근 국내 한 전자상거래 사이트는 자사 사이트에서 판매되는 샤오미 제품 매출이 1년 전에 비해 수백 배나 늘어났다고 발표하기도 했다. 샤오미는 아직 한국 시장에 법인을 설립하거나 정식으로 진출하지도 않았다. 그런데도 구매대행을 통해 제품을 써본 사람들의 입소문이 퍼지면서, 중국산 IT 제품에 대한 국내 소비자들의 편견까지 무너뜨리고 있다. 완토우 마을과 샤오미의 사례는 현지 유통망 확보를 위해 반드시 해외 지사를 세우거나 대형 대리점을 통해야만 하는 것은 아니라는 점을 보여준다. 경쟁력 있는 기술과 독창적인 아이디어를 앞세운다면 새로운 형태의 유통 채널을 바탕으로 시장을 개척할 수 있다는 얘기다. 좋은 제품을 만들어놓고도 정작 유통 파트너 구하기가 어려워 매출로 연결하지 못하는 국내 기업에도 참고할 만하다.

필자는 지난달 중순 국내 중소기업인 20여명과 함께 미국 뉴욕과 로스앤젤레스를 방문했다. 정부 지원으로 육성된 지역특화 상품을 해외에 소개하고, 북미지역 수출 가능성을 타진해보기 위해서다. 마침 해외한인무역협회(OKTA)가 개최하는 북미주경제인대회에 참가하여 북미주 유통 바이어들을 대상으로 우리 지역특화 상품과 지역 장인들이 만든 전통상품을 전시할 귀한 기회를 얻었다. 전시홍보관에서는 식품, 생활용품, 화장품 등 150여 가지 제품을 선보였으며, 이 중 65개 제품에 대해서는 1:1 수출 상담회까지 함께 진행했다.

다양한 영역에서 활동 중인 동포 경제인들은 태평양을 건너온 고국 기업인들이 가져온 지역특화 상품에 흥미를 보이면서, 현지 성공 가능성에 대한 조언을 아끼지 않았다. OKTA가 '차세대 무역리더'로 선정한 재미동포 2세 경제인들도 일일 도우미를 자처해 현지 소비자 트렌드나 수입 정책 현안 등 북미 진출에 필요한 실질적인 팁을 전달해 줬다. 행사를 지켜본 국내 참석자들은 "첨단 하이테크 제품이 아닌 일반 소비자 대상의 생활용품처럼 이른바 '미들 앤 로 테크(Middle and Low Tech)' 제품이라도 경쟁력만 있다면 승산이 있을 것 같다"고 입을 모았다.

필자는 이들과 동행하면서, 국내 중소기업의 해외 진출을 돕는 전략적 지원과 관리가 필요하다는 생각이 간절해졌다. 시장 분석과 규제 대응, 현지형 맞춤 디자인, 해외 홍보, 수출 컨설팅까지 원스톱으로 지원해야 한다. 특히 이런 노력이 일부 기업에 대한 단편적 수출 지원에만 머물러서는 안 된다.

장기적으로는 많은 기업들이 언제든지 체계적으로 지원받을 수 있도록 해외 네트워크와 다양한 유관기관들이 긴밀하게 연계하여 일종의 '플랫폼'을 구축해야 한다고 본다. 또한 그 과정에서 전자상거래를 활용할 수 있는 방법도 보다 구체적이고 실질적인 방안으로 강구해 봐야 한다.

약 1000여 년 전, 실크로드(silk road)는 동양과 서양을 이어주며 수많은 아이디어와 제품, 문화 교류의 창구가 되어 주었다. 우리나라 각 지역에 다양하게 포진해 있는 특화상품 제조 기업들이 북미주 시장을 노크하는 작은 도전이 21세기 새로운 실크로드를 개척하는 밑거름이 된다면 또 다른 형태의 한류도 기대할 수 있지 않을까. 그동안 수출을 바탕으로 성장해 온 우리 경제의 엔진을 재점화하기 위해서는 반짝이는 아이디어로 무장한 창업 벤처들과 지역 중소기업들이 얼마나 글로벌화에 성공하느냐에 달려 있다고 해도 과언이 아니다. 이제 겨우 첫술을 뜬 것이나 다름없는 만큼, 국내 기업들의 해외 진출 노력이 좋은 결실을 맺도록 최선을 다해야겠다.

Comment

고용유발 효과가 큰 전통산업이 대외 수출 전선에서 그 진가를 발휘해주기를 기대해 본다. 마침 북미주 한인경제인대회 겸 지역특화상품의 전시회 및 수출 상담회에 참석해 북미경제인협회 회원들, 한국에서 온 중소기업 대표, 뉴욕총영사 내외분들과 함께 경제 통상 문제부터 외교 분야까지 다양한 주제로 재미있는 대화를 나눌 수 있었다. 의미 있는 씨앗을 뿌렸으니 수확이 이뤄질 때까지 갈고 닦아야 할 것이다.(15.9.21. 페이스북)

규제프리존으로 지역성장에 날개를

서울경제 2015년 12월 18일 금요일

지난 1990년대 본격적으로 시작된 지역 발전 정책은 지역을 변모시켰다. 정부청사와 공공기관은 지방으로 이전하고 강원 원주는 의료기기에, 충북 오송은 화장품과 제약에 집중하는 등 지역마다 산업 거점이 형성됐다. 그 결과 지역 전략 사업은 해당 지역의 고용과 생산액 · 부가가치 증가를 주도하는 효자가 됐다. 그러나 저성장과 고령화가 지속되고 주력 산업의 경쟁력이 약화하면서 지역 산업과 지역 경제 발전의 패러다임도 다시 짜야 하는 것 아니냐는 지적이 나온다.

과거에는 산업 고도화, 균형 발전이라는 명제에 지방정부가 각 지역의 특색에 맞는 대표 산업을 선정해 집중 투자했다. 하지만 어느 때부터인가 선택과 집중은 사라지고 한정된 재원에 기반한 분산투자만 남았다. 너나 할 것 없이 소위 '유망 산업'에만 몰리면서 지역별로 특성화된 발전은 사라졌다. '지역 균형 발전'이라는 당위론에만 안주한 결과는 아닌가 하는 성찰을 해본다.

이제는 지역 산업도 양적 성장 대신 질적 업그레이드에 초점을 맞춰야 한다. 이를 위해 16일 정부는 경제장관회의에서 '규제 프리존을 통한 지역 경제 활성화 대책'을 발표했다. 지역 경제를 선도할 전략 산업을 2개씩 지정하고 이 산업과 관련한 규제를 지역 간에 차별적으로 완화해준다는 것이다. 지역마다 차별화된 규제특례가 적용되면 민간 부문의 투자를 촉진할 것으로 기대된다.

그동안 칸막이식 규제에 가로막혀 활성화되기 어려웠던 융복합 산업, 신산업 분야도 시장 창출이 쉬워질 것이다. 게다가 지역에서 여러 산업에 분산된 투자를 2개의 전략 산업으로 압축한다면 재정 투자의 효율성도 도모할 수 있다. 규제 정책과 재정 지원을 연계함으로써 기존 정책의 패러다임에 긍정적인 변화를 준 셈이다.

그뿐 아니라 지역 자원의 공간적 재편을 유도해 지역 경제 성장에 필요한 자원을 효율적으로 동원할 수 있게 된다. 규제특례 적용 공간의 크기도 지역 여건에 따라 탄력적으로 적용한다면 지역별로 차별화된 전략 수립에도 도움이 될 것이다. 결과적으로 지역 간의 건전한 경쟁을 유발할 뿐 아니라 차별화된 성과도 만들 수 있다. 이처럼 규제 프리존 도입은 그동안 균형 발전 전략으로 다져진 지역 산업의 어깨에 성장의 날개를 달아줄 만한 현실적 대책이다.

우리는 그동안 규제 개혁에 대해서는 다소 조심스럽게 접근해온 것이 사실이다. 규제 프리존 역시 특정 지역에 적용되는 만큼 기대와 우려가 공존하리라 예상된다. 정부는 이를 감안해 국민이 정책을 쉽게 이해할 수 있도록 법안을 구체화해 사회적 합의와 지지를 이끌어내는 데 노력해야 할 것이다. 국회도 이 문제에 전향적으로 접근했으면 좋겠다. 내년 총선 후 출범하는 국회에서 최우선 순위로 규제 프리존 법안이 의결된다면 더할 나위 없겠다. 규제 프리존 도입으로 지역 성장의 탄탄한 구심점을 찾고 지역민에게 산업 성장의 혜택이 골고루 돌아가기를 기대한다.

Comment

규제프리존은 산업 발전과 신시장 창출을 가로막는 규제를 과감하게 철폐하여 신산업을 육성하고 기계적 균형 위주로 투자해 온 기존 방식에 변화를 주는 방안이다. 이름뿐인 지역균형발전에 매몰되지 않고 지역별 특성을 반영한 차별화된 전략 수립으로 자원의 효율적 배분과 신산업 활성화가 이뤄지길 바란다.

'규제프리존'이 지역산업 불씨 되려면

중앙일보 2016년 9월 22일 목요일

글로벌 경기침체와 보호무역주의가 확산하고, IT에서 시작된 파괴적 혁신이 세계 곳곳으로 퍼지고 있다. 세계 경제의 거대한 격변이 일어나는 전환점에 있다고 해도 과언은 아닐 것이다.

이런 새로운 패러다임이 우리 지역에 주는 파장은 크다. 우리 경제의 눈부신 성장을 주도하던 조선, 철강, 전자 등 주력산업은 후발국의 맹렬한 추격과 경쟁국의 선도적 기술혁신이라는 틈바구니에 끼인 채 구조조정이라는 위기를 맞이했다. 이로 인해 울산, 거제, 창원, 구미 등 주요 산업도시의 침체도 가속화되고 있다. 거침없이 타오르던 성장의 불꽃이 시들어가고 있는 셈이다.

그러나 위기는 기회의 또 다른 표현이다. 영국의 쉐필드, 스웨덴의 말뫼, 그리고 미국의 피츠버그가 철강과 조선산업의 구조적 위기를 문화산업과 금융산업으로 돌파하였듯이, 우리도 이 위기를 산업의 체질을 바꿀 수 있는 좋은 기회로 삼아야 한다. 지난해 10월 국민경제자문회의가 지역별 신산업 육성을 위해 규제프리존 정책을 제안한 이래, 정부와 지자체가 모두 발벗고 나서는 것도 이 같은 맥락에서 이해할 수 있다.

규제프리존이 지역산업의 새로운 불씨가 되기 위해서는 과거의 관행을 과감히 버리고 새로운 체계를 구축해야 한다. 그동안 정부와 지자체 등 공공부문이 지역산업 육성을 주도했지만, 이제는 민간부문이 앞장서야 한다. 새로운 시스템에서는 자유롭고 창의적이며, 소비자 중심적인 사고가 가장 중요하기 때문이다.

중국을 최초로 통일한 진나라 군사력의 비결로 강력한 석궁을 흔히 이야기한다. 세계 최고의 철기 무기였던 석궁이 전쟁에서 실제 큰 힘을 발휘할 수 있었던 것은 혁신적인 운용 전술 때문이었다. 석궁을 운용할 때는 3인이 1조가 되어, 한 사람은 발을 이용해서 시위를 당기고, 다른 사람은 장전을 하며, 나머지 한 사람이 발사를 했다. 이렇게 3인이 하나의 유기체가 되어 적에게 틈을 주지 않고 한발, 한발 전진하는 전술은 진나라 통일에 일익을 담당했다.

진나라의 병사들이 석궁이라는 신무기를 가장 효과적으로 활용할 수 있는 전술을 만들어냈듯이, 우리 지역도 규제프리존이라는 제도를 극대화할 수 있는 효과적인 시스템을 구축해야 한다.

규제프리존이라는 새로운 제도가 도입된다고 해서 막연히 잘 될 것이라는 생각은 버리자. 공공 중심의 위계적인 시스템이 아니라 민간 중심의 유기적인 시스템이 필요하다. 우선 규제를 어떻게 활용하여 사업화하고 투자를 확대할 수 있을지를 민간부문이 적극적으로 기획하고 참여해야 한다. 그 뒤를 이어 다양한 하드웨어를 보유한 지역혁신기관이 불씨를 지펴주면, 제도와 재정을 지원할 수 있는 지자체와 정부가 연료를 공급해 주는 이른바 '3각 편대'의 유기체를 이룰 수 있다.

오는 28일 고양 킨텍스에서는 시도별로 준비 중인 규제프리존 정책을 한눈에 볼 수 있는 '2016 지역희망박람회'가 개최된다. 각 지역들이 규제프리존의 성공을 위해서 어떠한 시스템을 갖추었는지, 그로 인해 우리 지역별로 어떤 미래가 펼쳐질지 궁금해진다.

새로이 관심이 모아지고 있는 규제프리존에 대해 쓴 글이다. 규제프리존 도입으로 인해 생각지 못한 시행착오가 있을 수 있겠지만 이를 보약삼아 더 단단하게 굳어지기를 바라본다. 또한, 우리보다 규제가 더 많았던 일본에서도 유사한 정책이 이미 성과를 내고 있다.

마침 2016 지역희망박람회에서 규제프리존으로 뒷받침되는 지역별 미래 전략산업을 한눈에 볼 수 있는 의미 있는 행사를 마련했다. 특히 강원도에서는 산악관광을 전략산업으로 내세워 산악열차를 타고 대관령 일대를 관람하고 친환경 고급 리조트에서 휴양을 하는 '한국의 융프라우'의 미래상을 제시하여 사람들의 발길을 붙잡았다. 이외에도 희망 더하기 잡 페스티벌, 굿모닝 푸드트럭 페스티벌 등의 부대행사로 약 6만 8천여명이 넘는 지역주민과 관계자들이 행사장을 찾아 성황을 이뤘다. 덕분에 지역발전정책의 성과를 보다 적극적으로 홍보할 수 있었고, 주민들의 정책 호감도도 높일 수 있는 자리가 되었다.

4차 산업혁명의 주역 '두뇌기업'

이투데이 2016년 10월 6일 목요일

인터넷과 모바일, 빅데이터, 인공지능이 융복합되는 현상을 지칭하는 4차 산업혁명이란 용어가 산업계의 화두로 자리잡은 지 오래다. 그렇다면 사물인터넷과 자율주행자동차, 바이오 기술, 3D 프린터, 클라우드 컴퓨팅 등으로 대표되는 4차 산업혁명 수혜기업으로는 어떤 회사가 있을까? 통상 구글이나 페이스북, IBM, 알리바바 같은 글로벌 IT 산업의 거인들을 떠올리기 쉽지만 많은 경제 전문가들은 1차 수혜기업으로 삼성전자나 SK하이닉스 같은 반도체 제조기업을 꼽는다. 사물인터넷이나 자율주행차, 3D프린터 등이 제 기능을 수행하려면 현재보다 필요한 반도체 숫자가 몇 곱절은 될 것이란 이유에서다.

비슷한 이유로 애플의 신형 스마트폰 아이폰7이 잘 팔린다거나 화웨이, 샤오미 같은 중국 후발 휴대폰 업체의 추격이 거세질 때마다 뒤에서 남모르게 항상 웃는 기업은 대만의 광학렌즈 업체 라간정밀이다. 주요 글로벌 휴대폰 업체들의 제품에 라간의 스마트폰 카메라 렌즈가 탑재되기 때문이다. 라간정밀은 글로벌 스마트폰 카메라 렌즈 시장의 30%를 점유하고 있을 뿐 아니라 요즘 한창 인기가 있는 듀얼 카메라 분야에서 강점이 더 두드러지고 있다. 손정의 회장이 이끄는 일본 소프트뱅크가 지난 7월에 빚을 내면서까지 영국 모바일 반도체 설계업체 ARM을 약 320억 달러(약 36조 원)에 인수한 것도 같은 이유에서다. 영국 업체인 ARM은 디지털 기기에 들어가는 반도체를 설계하는 기술 기업으로 반도체를 직접 만들어내는 생산라인은 갖고 있지 않지만 디지털 기기 제조회사를 상대로 반도체칩을 설계하는 데 필요한 지식재산 라이선스를 판매하고 소비자 제품에 들어가는 칩 한 개당 일정 비율의 로열티를 받는다.

이처럼 겉으로는 드러나지 않지만 제품을 제대로 기능하게 하는 핵심 역할 부품의 중요성이 커지고 있어 이를 제조·판매하는 기업의 몸값이 더욱 높아지고 있다. 사람의 몸에 비유하자면 팔다리는 고생하더라도 두뇌에 해당하는 역량을 갖춘 기업은 계속해서 잘나갈 수밖에 없는 구조가 갖춰진 것이다. 팔다리를 아무리 잘 만들어도 기기 구동에 필요한 반도체 같은 두뇌를 제대로 설계하지 못하면 아무 소용이 없기 때문일 것이다.

기업이 창조하는 부가가치 중 대부분을 차지하는 기획·설계 분야를 지칭하는 두뇌산업의 세계시장 규모는 2012년 9000억 달러 규모에 달했다. 이 중 국내 시장 규모는 500억 달러가량 되지만 아직 이 분야에서 두각을 나타내는 중소기업은 극소수에 불과하다. 시스템 반도체 설계, 임베디드 소프트웨어, 디자인, 엔지니어링 산업처럼 지식재산으로 고부가가치를 얻을 수 있는 분야는 대규모 시설 투자 없이도 창의적 아이디어로 승부를 볼 수 있다는 점에서 국내 중소기업들이 주의 깊게 벤치마킹할 만하지만 안타까운 현실이 아닐 수 없다.

왜 이런 현상이 빚어졌을까. 제품에 부가가치를 더하는 기획·설계 분야의 전문인력이 부족한 데다, 세계 시장에서 경쟁하기에는 아직 기업 규모가 작기 때문일 것이다. 반도체 등 일부 분야를 제외하고선 두뇌에 해당하는 분야 상당수가 일본이나 미국 기업에 의존하는 경우가 적지 않다. 이 같은 문제점을 해결하고자 산업통상자원부와 필자가 몸담은 한국산업기술진흥원에서는 제조업의 두뇌 역할을 하는 핵심 업종의 경쟁력을 키우고자 많은 노력을 하고 있다. 시스템온칩(SoC), 엔지니어링, 임베디드 소프트웨어, 디자인 등 기획 설계를 통해 완제품의 부가가치를 더해주는 기업을 이른바 '두뇌역량 우수 전문기업'으로 지정하고, 2018년까지 총 200개 기업을 집중 육성하고자 한다.

기술의 융합 트렌드가 가속화될수록 앞서 언급한 두뇌 업종의 중요성은 더욱 커질 것이다. 두뇌 업종은 고급인력의 역량이 경쟁력을 좌우한다는 점에서 전형적인 혁신주도형 기업의 본보기라 생각한다. 스타트업 기업인들의 도전정신, 기존 대기업, 중견·중소기업의 지속적인 혁신 노력에 두뇌 전문기업을 육성하려는 정부의 의지가 더해진다면 4차 산업혁명의 성과가 몇몇 분야에서 점차 가시화될 수 있다고 믿어 의심치 않는다.

Comment

4차 산업혁명이 산업계의 화두로 떠오르면서 정부가 제조업의 '머리'를 육성하는데 심혈을 기울이고 있다. 제품 기능의 대부분을 차지하는 '두뇌'를 강화해야만 산업 경쟁력이 커지기 때문이다. 2016년 KIAT는 산업통상자원부와 함께 5개 분야 35개 기업을 두뇌역량우수전문기업으로 선정하였으며, 2018년까지 총 200개 기업을 선정할 계획이다. 두뇌역량우수전문기업으로 선정된 기업들은 인력, 기술개발, 자금지원, 지식재산권, 브랜드화 등 다양한 혜택을 지원받게 된다. 두뇌기업들이 이러한 혜택들을 활용해서 기술력과 브랜드가치를 높여나간다면 수출 상담에서 협상력이 증대되고 금융 거래 신뢰도도 상승하게 될 것으로 본다.

4차 산업혁명 '무경계 시대'에 대처하는 자세

전자신문 2016년 11월 17일 목요일

어느덧 한 해의 끝을 향해 가고 있다.

올해 가장 기억에 남는 키워드를 꼽아 본다면 알파고를 빼놓을 수 없다. 지난 3월 세기의 대결로 불린 알파고와 이세돌의 바둑 대결은 인공지능(AI)에 대한 관심을 불러일으켰고, AI로 대변되는 4차 산업혁명을 예측해 보는 계기가 됐다.

4차 산업혁명은 AI, 사물인터넷(IoT), 자율주행차 등이 서로 결합해 모든 사물이 연결되고, 비즈니스 모델과 산업 구조가 개편되는 것을 말한다. 지난 10월엔 클라우스 슈바프 세계경제포럼(WEF, 일명 다보스포럼) 회장이 방한, 제4차 산업혁명의 비전과 과제를 역설함으로써 우리에게 많은 시사점을 안겼다.

4차 산업혁명은 이른바 무경계 시대 초연결 시대라 할 수 있다. 이러한 변화를 발 빠르게 받아들이고 창의력과 통찰력을 기반으로 고도의 기술력을 갖춘 사람이 미래 사회에서 다양한 기회를 잡게 될 것이다.

이에 따라서 혁신과 창의력이 그 어느 때보다 중요해졌다.

기존 산업을 AI, IoT 등 신기술과 융합해 발전시키는 것이 4차 산업혁명의 핵심이라 할 수 있다. 하나의 발명에 그치지 않고 여러 개의 혁신이 연결되고 통합되면서 새롭게 적용되기 때문이다.

거대한 패러다임 전환에 대비하기 위해서는 파격의 기술 혁신, 소비 트렌드를 선도하는 신산업 경쟁력이 필요하다. 거대한 변화는 누군가에게 위기가 될 수 있고, 또 다른 누군가에겐 기회가 될 수 있다. 새로운 시대가 요구하는 역량을 갖추고 미래 먹거리를 확보하기 위해 준비하는 사람과 기업만이 경제 성장을 선도할 수 있을 것이다. 다가올 새로운 시대엔 창의력과 통찰력을 갖춘 기술인이 더욱 각광받게 될 것이다.

마이크로소프트(MS)의 사티아 나델라 최고경영자(CEO)가 강조한 것처럼 방대한 데이터 속에서 통찰력을 끌어내는 자만이 미래의 승자가 될 것이기 때문이다. 이에 따라서 4차 산업혁명에 필요한 역량과 전문성을 갖춘 젊은 공학 인재, 엔지니어들을 꾸준히 응원하고 밀어 주는 사회 분위기가 필요하다.

마침 이러한 분위기를 만들기 위해 기술 혁신과 신산업을 독려하는 행사가 산업기술혁신주간에서 잇달아 개최된다. 대한민국의 기술 경쟁력을 한 차원 높이는 데 기여한 산업기술인들을 격려하는 한편 산업기술 관계자가 모여 개방형 혁신의 중요성을 공유하는 자리다.

산업기술인의 디지털 혁명과 제4차 산업혁명에 관한 글로벌 동향을 공유하는 산학연 네트워크 포럼을 비롯해 융합 신산업의 현황과 트렌드를 진단하는 산업융합 콘퍼런스, 민간 투자 촉진을 위해 산·학·연·관의 역량을 결집하기 위한 미래산업엔진포럼 등이 열린다.

특히 이번 기회를 통해 기술 강국 대한민국에 이바지하기 위해 연구실과 현장에서 밤 새워 노력하고 있는 산업기술인들에게 따스한 응원을 보내는 한편 그들이 미래 사회에 걸맞은 역량과 전문성을 갖출 수 있도록 독려하고자 한다.

산업기술혁신주간이 무경계시대, 초연결시대가 요구하는 혁신을 공유하는 축제 같은 행사가 되길 기대하며, 산업기술인들이 자긍심을 느끼며 존경받는 사회 분위기 조성에 기여할 수 있길 바란다. 산업기술인들의 자긍심이야말로 기술 혁신을 끌어내고 세상을 바꾸는 신제품을 탄생시키는 추진 동력이 될 것이다.

Comment

2016년 가장 기억에 남는 키워드는 4차 산업혁명이 아닐까 싶다. 특히 알파고와 이세돌의 대결은 인공지능에 대한 큰 관심을 불러일으켰다. 인공지능이 세상의 변화를 만든다지만 인공지능을 만드는 것은 밤낮으로 혁신을 고민하는 과학자와 기술인들이다. KIAT는 이러한 기술인들을 꾸준히 응원하고 밀어 주는 사회 분위기를 도모하기 위해 연중 다양한 프로그램을 운영하고 있고 특히 연말에는 다양한 행사를 산업기술혁신주간에 잇달아 개최한다. 그들의 노력을 조명하고 존경의 마음을 표하는 문화가 확산된다면 무경계시대, 초연결시대에 걸맞은 역량과 전문성을 갖춘 기술인들을 더 많이 양성할 수 있게 될 것이고 이들이 프라이드를 갖게 될 것이다.

CES 2017이 우리에게 말하는 것

이투데이 2017년 1월 19일 목요일

미국 라스베이거스에서 개최된 '국제가전전시회(CES) 2017'이 지난 8일 폐막했다. 이번 CES는 4차 산업혁명의 현주소를 보여주듯 가상현실(VR), 사물인터넷(IoT), 인공지능(AI), 자율주행 등 다양한 미래기술이 사람들의 눈과 발을 끌었다.

그중 아마존의 AI 음성인식 플랫폼인 '알렉사(Alexa)'는 매우 인상적이었다. 시선이 닿는 곳마다 알렉사를 갖춘 기기들이 즐비했고, 가능한 한 많은 하드웨어 제조사와 협력해 이용자들이 아마존의 생태계에 머물게 하는 전략이 돋보였다. 자율주행 자동차 역시 AI 기술력이 관건임이 다시 한 번 확인됐다. 주요 자동차 회사들은 2020년경 완전 자율주행차인 '레벨 5' 차량을 상용화할 목표를 제시했다. AI, IoT, 빅데이터, 클라우드 등 4차 산업혁명을 주도하는 핵심 기술의 종합판으로 꼽히는 로봇 역시 CES의 주요 화두였다. 이번 CES를 통해서 많은 기업은 일상의 반려자로 다가온 로봇 기술을 대거 선보였다.

CES가 과거 미국, 일본, 한국 기업들의 경연장이었던 것과 달리, 중국 업체들의 참여가 많아진 것도 눈에 띄었다. 전시회 참가 업체 3800여 개 가운데 3분의 1인 1300여 곳이 중국 기업이었다. 특히 사우스홀에 마련된 드론 전시관은 중국 업체가 많았다. 화웨이, 하이얼, 창홍이 삼성과 소니 주위에 대형 부스를 차리기도 했다.

이러한 가운데 우리 기업도 146개사가 참여해 뛰어난 디자인과 기술력으로 주목을 받았다. 참여한 우리 기업 중에서도 이왕이면 더 많은 중견 기업을 보고 싶었던 것이 필자의 마음이었으나, CES 2017에 참석한 중견 기업의 기술력만은 타지에서도 빛이 났다.

코웨이의 공기청정기는 참관객과 바이어의 이목을 집중시켰다. 특히 이번에 최초로 선보인 '코웨이 로봇 공기청정기'는 같은 집 안에서도 장소별 오염도를 실시간 모니터링하고 스스로 찾아가 알아서 체계적으로 관리해 준다는 점에서 실용적인 제품이라는 평가를 받았다. 공기청정기에 아마존의 알렉사를 연계한 '에어메가'도 참관객의 큰 호응을 받았다. 엠씨넥스는 대형 전시관을 차리고 새롭게 개발한 DID(Digital Information Display), 홈 IoT, 자동차용 카메라 모듈 부품을 선보였다. 엠씨넥스의 DID는 카메라로 들어온 영상을 통해 성별이나 연령대를 인식, 맞춤형 상품을 소개하거나 정보를 제공한다. 향후에는 빅데이터 처리 서비스를 접목해 매장을 찾은 주간ㆍ월간 상세 분석 데이터도 제공할 계획이라고 한다. 원액기를 제조하는 엔유씨전자는 저속형 고급주서기를 선보이며 여타 제품과의 차별화에 성공한 모습이었다. 이 밖에도 핸디소프트의 커넥티드 카 서비스, 차량용 상하ㆍ전방위 카메라를 선보인 피엘케이테크놀로지 등도 이목을 끌었다.

이번 CES 2017을 통해 필자는 4차 산업혁명으로 대두되는 신기술들의 현주소를 확인할 수 있었다. 중국의 참여와 혁신 의지가 돋보인 것은 사실이지만, 우리 상품의 경쟁력이나 기술력 역시 만만치 않다는 점도 확인했다. 중견 기업의 참여가 더 많았으면 하는 아쉬움이 남지만, 참여한 중견 기업들의 기술력에서 우리 기업의 밝은 미래가 보였다. 한국관, 대구관, 개별부스를 빛내 준 우리 기업과 관계자들에게 큰 박수를 보내며 내년 CES에는 더 많은 우리 중소ㆍ중견기업의 빛나는 기술력을 확인할 수 있기를 기원해 본다.

CES 2017을 통해 느낀 것은 AI, VR, Wearable이 생각했던 것보다 우리 일상에 더 빨리 기웃거리고 있다는 것이고 화웨이나 알리바바, 창훙이 아직까지는 좀 더 노력해야한 다는 것 그리고 미국의 저력은 돈이 되는 Life Science 에서 나온다는 것이다. 드론에서 조금 모양이 빠졌다고 아니면 가전에서 가성비가 다소 하락했다고 또는 VR시연에 참 여하는 업체가 적었다고 해서 우리 산업이 무너지는 것은 아니다. 물론 우리나라 기업 을 더 많이 보고 싶었던 것이 필자의 마음이었으나, CES 2017에 참석한 중소 · 중견 기 업의 기술력만은 타지에서도 빛이 났다는 점은 분명한 사실이다. (17.1.8. 페이스북)

세계는 융합기술 전쟁, 규제 족쇄 풀어야

이데일리 2017년 1월 26일 목요일

지난 5일부터 8일까지 미국 라스베이거스에서 '국제가전전시회(CES) 2017'이 열렸다. 세계의 최첨단 기술 동향의 경연장이라는 수식어가 과장이 아님을 알 수 있었다. 필자가 이곳에서 확인한 것은 이제 CES가 자율주행, 가상현실(VR), 사물인터넷(IoT), AI 등 4차 산업혁명 주역들의 경연장이 되었다는 것이다. 이번 CES는 4차 산업혁명을 통한 미래를 선보였다는 평가다. 먼 미래도 아니다. 주요 자동차 회사들은 2020년경에는 완전 자율주행차를 뜻하는 '레벨5' 차량을 상용화할 목표를 제시하고 콘셉트 카를 대거 전시했다. 현대차에서 올해 CES에서 공개한 '아이오닉' 자율주행차는 기술 시연 조건이 까다로운 대도심 야간 자율주행에 성공하며 그 기술력을 과시하기도 했다.

4차 산업혁명 기술은 국제전시회 뿐 아니라 우리 주변으로도 성큼 다가왔다. 최근 쉽게 접할 수 있는 것은 음성인식 기반 인공지능 서비스가 있다. 특히, 올해 CES에서는 아마존의 인공지능 음성비서 서비스인 '알렉사(Alexa)'가 가전, 스마트폰, 자동차 등 수백 개의 융합 제품에 적용되어 각광을 받았다. 기존 구글, 애플로 대변되던 혁신의 아이콘으로 새롭게 아마존이 떠오른 것이다. 국내에서는 지난해 SK텔레콤에서 '누구(NUGU)'를 선보였다.

예를 들면 '오늘 날씨를 알려줘', '음악을 켜줘' 등의 명령을 인지하여 수행한다. 아직은 '스마트 스피커'에 가까운 초보적 수준의 인공지능이지만, 대화가 많아질수록 말을 더 잘 알아듣고 정확히 반응한다고 한다. 공기청정기도 달라졌다. 코웨이도 이번 CES에서 아마존의 알렉사(Alexa)와 연계한 '에어메가'를 선보여 눈길을 끌었다.

사물인터넷(IoT) 기술 역시 이미 우리 안방까지 들어와 있다. 이제 광고로도 흔히 접할 수 있는 보일러에 접목한 IoT기술은 외출 중에도 편리하게 집안 보일러의 난방세기, 온도조절, 예약 등을 원격 관리하게 해준다.

이렇게 우리 가까이 와 있는 새로운 기술을 탑재한 제품들은 SNS 서비스를 통해 버벌 마케팅(Verbal Marketing)으로 전파된다. 직접 사용하거나 경험한 제품, 서비스, 콘텐츠에 대한 후기는 강력한 마케팅 수단으로 떠올랐다.

4차 산업혁명의 주역으로 꼽히는 다양한 신기술들은 스마트 모바일환경에서 공유되고, 전파되어 간다. 시장은 경험과 SNS를 동력으로 반응하고 진화하는 셈이다.

민간영역에서는 이렇게 4차 산업혁명을 맞이하고 있다면, 공적영역에서는 어떠한 고민이 필요한가. 첫 번째로 생각해볼 부분은 '규제 완화'이다. 전 산업이 재편되고 산업간 융합이 활성화 되는 시점, 이제는 면밀한 점검으로 과도한 규제는 개선해 나가고, 이를 통해 시장이 역동적으로 움직일 수 있도록 지원을 할 때다.

두 번째는 '글로벌 협력'이다. 4차 산업혁명의 키워드가 융합인 만큼, 독자적인 기술개발과 시장 진출만으로는 주어진 시간 내에 승패를 가르기 어렵다. 국가 간 협력 수요가 있는 곳에서는 기업, 정부, 지원기관이 힘을 모아야 한다.

각국 간의 경쟁에만 매몰될 것이 아니라 서로의 장점을 주고받는 적극적인 협력관계를 구축해야 한다.

4차 산업혁명으로 대두되는 신기술들은 더 이상 뜬구름이 아닌 현실 생활 속에 자리 잡고 있다.

4차 산업혁명에 어떻게 대비하느냐에 따라 한국의 운명이 바뀔 것이다. 후손들에게 밝은 미래를 물려줘야 할 의무를 우리는 갖고 있다.

역동적으로 돌아가는 시장에서는 정부의 역할은 기존과 달라져야 한다. 경험의 공유, 전파, 구매로 이어지는 새로운 시장 환경에서 과도한 정부의 역할은 지양하되 민간이 자율적으로 생태계를 구축할 수 있도록 측면을 지원하자.

이와 함께 규제 완화와 글로벌 협력 측면에서 시장이 반응하고 따라올 수 있도록 제도와 정책 마련을 통해서 정부가 리스크를 분담시켜주는 사다리 역할을 해주어야 할 것이다.

CES 2017에 다녀와서 4차 산업혁명으로 대두되는 신기술들이 더 이상 뜬구름이 아닌 현실 생활 속에 자리 잡고 있다는 것을 깨닫고 나서 쓴 글이다. 성큼 다가온 4차 산업 혁명을 맞이하기 위해 민간에서는 직접 사용해본 사람들이 SNS를 통해 사용경험을 공유하는 버벌 마케팅(Verbal Marketing)이 활성화 되어야 할 것이고, 정부는 규제완화는 물론 그런 사람들을 포상해주고 격려하여 민간(마케팅 회사)이 자율적으로 생태계를 구축할 수 있도록 지원해주는 역할을 해야 한다.

함께 가면
멀리 본다

—

산업기술협력

—

정부 3.0

—

제조업 혁신 3.0

—

융합형 R&D

독일의 기술개발 파트너 된 한국

서울신문 2014년 4월 8일 화요일

2차 세계대전 당시 연합군에 비해 병력이나 경제력이 뒤져 있던 독일 나치 정부는 이러한 열세를 획기적인 무기 개발로 극복하려고 시도했다. 히틀러의 지시에 따라 독일의 모든 공장은 군수물자를 생산하는 공장으로 전환됐다. 우리가 잘 알고 있듯이 영국 해군을 괴롭힌 잠수함 유보트(U-boat), 독일 전쟁 영웅 에르빈 롬멜 장군의 타이거 전차, 세계 최초의 로켓과 제트 전투기가 이때 개발됐다. 종전 이후 로켓 기술은 미국 등으로도 이전됐다. 기술을 이어받은 미국은 20년 이상의 기간을 단축하며 세계 최초의 '아폴로 우주계획'을 구상할 수 있었다. 이처럼 획기적인 기술들이 단기간에 개발될 수 있었던 것은 독일의 높은 산업기술 역량과 제조 기반이 뒷받침했기에 가능했다.

70여년이 지난 지금도 독일의 산업기술력은 세계 최고 수준을 유지하고 있다. 독일 자동차는 여전히 선망의 대상이고, 광학기술, 신재생에너지 등 첨단기술 분야에서도 독보적 위치를 차지하고 있다.

지난 3월 대통령의 독일 순방 시 한국산업기술진흥원(KIAT)은 독일의 연구지원 기관인 연합산업협력연구회(AiF)와 공동펀딩형 기술개발사업을 추진키로 했다. 공동펀딩형 기술개발사업이란 양국 정부가 자국에 있는 기업의 공동기술 개발을 지원하는 것이다.

예전에는 선진 기업의 기술을 확보하기 위해 연구 개발에 들어가는 자금을 우리나라 정부와 기업이 일방적으로 투입하는 경우가 대부분이었다. 그런데 이번에는 R&D 파트너가 될 독일 기업에 대한 지원을 독일 정부 쪽에서 맡는다. 일방적 지원이 아닌 호혜적 지원 시스템으로 전환된 셈이다. 양국 정부는 당장 올해부터 10개 내외의 프로젝트를 지원하기로 합의했고, 앞으로 지원 규모를 늘려나갈 예정이다.

이러한 변화는 일견 사소한 것으로 보일 수도 있다. 그러나 통상과 산업기술 분야에서 오랫동안 일한 필자에게는 엄청난 변화로 느껴진다. 50여년 전만 해도 기술불모지나 다름없었던 한국을 독일이 동등한 기술협력의 파트너로 인정한 것이기 때문이다. 독일 정부가 한국과의 공동 연구개발에 정책자금을 지원한다는 것은, 곧 우리 기업과의 협력이 독일에도 실질적인 도움이 된다고 생각한다는 뜻이다. 게다가 이러한 변화는 유럽 곳곳에서 감지되고 있다. 독일뿐만 아니라 프랑스, 스위스에서도 독일과 유사한 방식의 공동 연구개발 협력을 원하고 있다.

해외 선도기업과의 공동기술 개발은 독자 방식에 비해 좋은 점이 많다. 우선 빠르게 발전하는 기술 수준을 따라 잡는 데 효과적이다. 중소·중견기업이 어려운 여건을 극복하고 목표 기술을 개발했어도 막상 선진기술의 트렌드가 빠르게 바뀌는 것에 유연하게 대처하지 못하면 활용하지 못할 수도 있다.

둘째로는 현지 진출에 용이하다. 해외 파트너의 도움이 있으면 현지시장에 적합한 콘셉트의 제품을 만들 수 있다. 이는 수출을 해야 살 수 있는 국내 기업들에 매우 중요한 부분이다. 공동개발을 통해 막대한 개발비와 위험을 조금이나마 줄일 수 있다는 것도 장점이다.

그럼에도 불구하고 아직 우리나라의 글로벌 기술협력수준은 경제협력개발기구(OECD) 33개국 중 중간 수준인 16위에 불과하다. 국제적 인지도가 있는 대기업의 경우에는 그나마 해외 파트너들이 찾아오는 경우가 많지만, 해외 파트너를 대부분 직접 찾아나서야 하는 중소·중견기업은 공동R&D가 말처럼 쉽지 않다.

기업이 현지 파트너를 찾아 협력 분야와 협력 방식을 결정하는 과정은 단순한 작업이 아니다. 이를 돕기 위해 한국산업기술진흥원은 중견기업연합회와 공동으로 독일 슈타인바이스 재단과 기술사업화를 위한 양해각서를 체결했다. 슈타인바이스재단은 1868년에 설립된 독일 최대 기술사업화기관이다. 앞으로 우리 중소·중견기업의 독일 현지 파트너 발굴, 협력전략, 시장진출을 도와주기로 했다.

내수시장이 좁은 우리 현실에서 해외 진출은 선택이 아니라 숙명이다. 우리의 중소·중견기업들도 자체 보유 기술에 자부심을 갖고 독일 등 기술 선도국과의 대등한 기술협력을 위해 신발끈을 고쳐 매야 할 때다. 이제 적극적인 국제 공동 기술개발을 위한 지원 환경이나 분위기는 무르익었다. 실질적인 성과를 위해 앞으로 정부를 비롯한 여러 주체가 힘을 모아 중소·중견기업들의 도약을 위해 발벗고 나서야 하겠다.

Comment

당시 양국 기업대표 등 120여명이 참석한 가운데 열린 한독 기술 협력포럼에서는 당일 계약이 이루어진 사례도 나왔다. 또 독일 스타인바이스 재단과 공동 주관한 한독 공동 R&D 성과 전시회에서는 플렉시블 디스플레이 등 12개 성공과제들이 선보여 눈길을 끌기도 했다. 앞으로도 다양한 업종에서 기술협력이 이뤄질 것으로 기대된다.

십자형 기술협력, 빌리기와 내주기

서울신문 2014년 6월 17일 화요일

장면 #1 조조(曹操)를 치고 싶었지만 군비가 부족했던 제갈량은 오밤중에 20여척 500여명의 수군만 이끌고 조조 진영으로 쳐들어갔다. 제갈량은 북과 함성소리로 위협하였고, 짙은 안개로 전혀 앞을 볼 수 없었던 조조의 군사들은 궁수 1만명을 배치하여 보이지 않는 적을 향해 활을 소나기처럼 쏟아 부었다. 그러나 조조의 군대가 쏜 화살은 제갈량이 이끄는 배의 돛과 풀단에만 꽂혔다. 동이 틀 무렵 후퇴하여 화살을 수거하니 족히 10만개가 넘었다. 제갈량은 빈약한 물자와 수단을 탓하지 않고 오히려 외부의 힘을 이용해 자신의 목표를 달성하는 책략을 쓴 것이다.

장면 #2 기산(祁山)을 여섯 번 공격한 제갈량은 소와 말을 본떠 만든 운수용 수레 목우유마(木牛流馬)로 군량과 마초를 운반했다. 제갈량은 군량이 모자란 위(魏)군 적장 사마의(司馬懿)에게 의도적으로 목우유마 몇 대를 빼앗겼고, 사마의는 똑같은 목우유마 2000개를 만들어 농서(隴西)에서 기산까지 군량과 마초를 운반하기 시작했다. 이에 제갈량은 중간에서 급습해 위군이 운반하는 대규모 군량과 마초를 모두 차지하게 된다. 제갈량은 상대방이 필요로 하는 것을 일부러 내 준 뒤에 많은 힘을 들이지 않고 원하는 것을 얻었다.

제갈량이 적벽과 기산에서 사용한 방법은 우리의 글로벌 산업현장에서도 얼마든지 통용되는 전략이다. 빌리기 혹은 내주기를 통해 우리가 원하는 것(기술과 시장)을 얻어낼 수 있다는 것이다. 우선 적벽의 사례를 보자. 기술 선진국과 협력을 한다면 선진국의 역량을 '빌려서' 모자라는 기술력을 확보할 수 있다. 이른바 북북(北北) 협력이다. 최근 북북 기술협력이 주목받는 기회가 몇 차례 있었다. 지난해

11월 유럽연합은 중소기업 전용 공동 R&D 프로그램인 유로스타2에 비유럽권 국가 최초로 한국을 가입시키는 데 합의했다. 올해 1월에는 대통령의 스위스 방문을 계기로 스위스와의 공동 R&D를 추진하는 한편, 일-학습 병행 시스템을 도입하게 됐다. 뿐만 아니다. 지난 3월 독일은 우리 중소기업과의 기술협력 프로그램을 먼저 제안하기도 했다.

기산의 사례처럼 먼저 내어주고 나중에 나누어 갖는 방식도 있다. 우리나라의 기술력이 상대적으로 앞서 있는 개발도상국을 상대로 남북(南北) 기술협력을 하는 것이다. 현지 사정에 맞는 적정기술을 개발해 보급하고 산업화 노하우를 전수한다면 우리의 국격을 제고함과 동시에 향후 국내 기업이 진출할 잠재적 시장을 키울 수도 있다. 지난해 베트남 껀터시에 인큐베이터파크를 착공하고 농업 분야 기술협력을 시작한 것이 그 예다

한국산업기술진흥원은 이번 대통령의 우즈베키스탄 순방에서 또 다른 남북 협력의 첫걸음을 내딛는다. 우즈베키스탄 경공업성과 양해각서를 체결하고 '한-우즈벡 섬유 테크노파크 조성 및 섬유기술협력'을 시작하기로 한 것이다. 앞으로 한국은 우즈베키스탄 정부가 숙원하던 섬유산업 경쟁력 제고를 지원한다. 우선 세계 5대 원면 생산국이자 수출국인 우즈베키스탄의 섬유산업 개발 전략, 마스터 플랜 수립을 도와준다. 이를 통해 국내 중소, 중견 섬유기업들이 570억 달러에 달하는 러시아, 독립국가연합(CIS) 권역 신흥 시장에 진입할 수 있도록 할 예정이다. 현지 기술인력 교육도 담당한다. 이는 자연스럽게 한국의 기술과 산업을 홍보하는 기회가 돼 개도국의 젊은 세대를 기술적 지한파로 유도할 것이다.

우리나라는 부존자원 부족이라는 한계에도 불구하고 부단한 노력 끝에 세계 1위로 인정받는 기술과 제품을 다수 보유하게 됐다. 하지만 기술강국의 진정한 면모를

갖추려면 선진국과의 수평적 북·북 협력 외에도 개도국과의 수직적 남·북 협력 모두를 아울러야 한다. 이를 통해 글로벌 공동체를 잇는 '십자형 기술협력' 체계를 완성해야 한다. 앞서 살펴본 제갈량의 두 가지 책략, 빌리기와 내주기를 되새겨본다면 글로벌 십자형 기술협력 체제를 그려나가는 데 그리 오랜 시간이 걸리지는 않을 것이다. 제갈량이 유비에게 중국 통일의 큰 전략을 제시했던 것처럼 우리도 장기적이고 전략적 자세로 십자형 기술협력의 큰 그림을 그려보자. 그리고 정상 회담과 같은 모멘텀을 활용해 한 번에 하나씩 모자이크를 채워나가듯 우리 업계와 관련 기관들이 끈질기게 전체 그림을 같이 그려 나갔으면 좋겠다.

Comment

국제기술협력은 미국이나 유럽의 선진국들하고만 하는 것이 아니라 따뜻한 남쪽나라들과도 충분한 여지가 있다. 적정기술 개발이나 사업화가 협력분야가 될 수 있는 것이다. 선진국과의 기술협력이 수평적 북–북 협력이라면 베트남, 인도, 미얀마같이 따뜻한 남쪽 우방과의 협력은 수직적 남–북 협력이라고 할 수 있다. 그렇게 되면 글로벌공동체를 잇는 십자형 기술협력 체제가 완성될 수 있다.(14.6.3, 페이스북)

기업 도우미 '해외한인공학자'

머니투데이 2014년 8월 6일 수요일

구스타프 클림트의 명작 그림을 원없이 볼 수 있는 곳이자 매일 저녁 요한 스트라우스가 작곡한 왈츠 공연이 열리는 곳. 전체 면적의 절반 이상이 녹지대며 구시가지가 유네스코 세계문화유산으로 지정된 도시. 유럽의 영세중립국 오스트리아의 수도 빈은 세계에서 가장 살기 좋은 곳으로 손꼽힌다.

예술의 향기가 가득한 이 아름다운 도시에 지난달 말 수백 명의 한인 과학기술자와 공학자가 집결했다. 유럽 내 한인 공학자들과 국내 산학연이 한데 모여 정보를 교류하는 연례 학술포럼 'EKC'(Europe-Korea Conference on Science, Technology and Entrepreneurship) 행사가 열린 것이다. '인류를 위한 과학기술의 역할'이라는 주제로 열린 이번 행사에는 독일·영국·프랑스·스웨덴·스위스 등 범 유럽권 한인 공학자들이 모여 항공·건축·바이오·에너지·정보통신기술 등 8개 분야의 최신 기술동향에 대한 의견을 나눴다.

이 행사는 2008년부터 매년 열리긴 하지만 올해는 그 의미가 남다르다. 해외 한인공학자들 일부가 국내 기업들의 국제기술협력을 지원하기 위해 '글로벌기술협력지원단'(K-TAG, Korea Technology Advisory Group)을 꾸리고 우리 기업들의 현지 도우미로 나섰기 때문이다.

K-TAG에 소속된 한인공학자들은 각 분야의 기술전문가다. 이들은 앞으로 국내 기업들이 산업통상자원부의 국제기술협력사업에 참여해 해외 산학연과 공동으로 연구·개발을 추진하려고 할 때 이를 측면지원하는 조력자 역할을 하게 된다. 우

선 국제기술협력을 원하는 국내 기업이 현지 협력파트너를 발굴하는 데 도움을 주는 한편 기업이 과제를 원활히 수행할 수 있도록 직접 참여하거나 애로기술 해결에 필요한 자문, 기술사업화 컨설팅 등 각자의 주특기에 맞추어 다양한 서비스를 제공할 예정이다. K-TAG에 참여하는 한인공학인 전문가풀(pool)은 미국과 유럽에 걸쳐 150여명에 달한다.

기업이 선진기술을 단기간에 습득하고 글로벌 시장 수요를 확보하는 데는 해외 파트너와의 국제협력이나 공동 R&D만큼 효과적인 방법도 없을 것이다. 하지만 중소·중견기업들은 가용자원에 한계가 있다보니 해외 시장정보 습득이나 파트너 찾기에 애를 먹는 경우가 많다. 실제로 한국산업기술진흥원(KIAT)이 올해 3월 실시한 설문조사 결과를 보니 많은 중소·중견기업이 현지 파트너를 확보할 때 개인적 친분이나 과거 경험 등 주로 개인적 네트워크를 활용하는 것으로 나타났다.

재외 한인공학자들이 기업들의 현지 파트너 발굴에 도움을 준다면 국제기술협력의 질을 높이는 데 크게 기여할 수 있을 것으로 보인다. 그 가능성은 이미 어느 정도 확인됐다. 이번 K-TAG 유럽 발대식에서는 국내 기업 10개사가 현지에서 네트워킹 상담을 벌여 K-TAG 역할에 대한 기대감을 현실로 만든 바 있다. 7일 미국 워싱턴에서 개최되는 K-TAG 미국 발대식에도 국내 기업 18개가 네트워킹 상담을 하기 위해 참가하기로 했다.

우리나라 산업기술은 그동안 지속적인 투자와 혁신의 노력을 기울인 덕분에 이제는 해외에서 먼저 협력의 손을 내밀 정도로 그 수준이 높아졌다. 그럼에도 불구하고 여전히 국내 중소·중견기업들은 해외 진출에 소극적으로 대응할 수밖에 없는 것이 아쉬운 현실이다. 이런 상황에서 2만명에 가까운 재외 한인공학자 네트워크가 국내 기업의 경쟁력 제고를 위해 나섰으니 그야말로 절호의 기회라 할 수 있겠다. K-TAG 발대식에서 만난 한인공학자들 역시 오랫동안 기다려온 일이라며 적극적인 모습을 보여주었다. 이들은 "어느 지역, 어느 국가에 진출할지, 어느 산업군인지에 따라 각 기업의 요구사항이 다른 만큼 보다 세밀하게 운영지침을 만들어서 실질적인 정보를 제공하고 도움을 주겠다"는 포부를 밝혔다. K-TAG가 국제기술협력을 발판삼아 세계 시장으로 발돋움하려는 기업들에 든든한 날개가 되어줄 것으로 기대해도 좋을 것 같다.

Comment

글로벌기술협력지원단(K-TAG)에 참여하는 해외 한인공학자들은 양국의 기술동향과 현지 사업화 가능성을 누구보다도 잘 이해하는 분들이기에 우리 중소·중견기업들에게 큰 도움이 될 수 있다. 오늘의 씨앗이 실질적인 협력과 기술사업화의 계기가 되기를 기대해 본다. (14.7.24. 페이스북)

국가ODA 비전, 3.0서 찾자

머니투데이 | 2014년 9월 12일 금요일

신화 속 숫자 '3'은 동서양을 막론하고 완성과 안정을 의미한다. 단군신화에서는 환인·환웅·단군 세 명이 나라를 열었고, 게르만신화 속 최초의 신들도 오딘·빌리·베의 삼형제다. 그리스신화에서는 제우스가 천하를 삼등분하여 자신은 하늘을, 하데스에게 지하세계를, 포세이돈에게는 바다를 다스리게 했다.

정부가 국정운영의 새로운 패러다임인 '정부 3.0'을 만들면서 숫자 '3'을 제시한 것도 비슷한 의미에서일 것이다. 정부는 일방향 소통(정부 1.0)과 쌍방향 소통(정부 2.0)을 넘어 공개·공유·소통·협력 등 4가지의 핵심가치를 통해 개인별 맞춤 행복을 구현한다는 계획이다. 연간 2조원 이상의 국가 예산이 들어가는 공적개발원조(ODA) 사업도 정부 3.0처럼 새로운 패러다임을 세울 때다.

한국은 1950년대만 해도 생존을 위해 먹을 것을 원조 받았지만, 이제는 세계 26개국에 2조원이 넘는 원조를 하고 있다. 이전에는 단순히 구호물자만을 제공했지만 이제는 개도국의 경제발전에 필요한 소프트웨어도 제공한다. 우리의 경제발전 경험을 활용한 지식공유사업과 새마을운동연계사업이 대표적이다. 한국이 2010년에 선진 공여국 클럽인 OECD DAC(개발원조위원회)에 가입한 것도, 전담부처인 기획재정부와 외교부의 노력 덕분이다.

하지만 이것만으로는 부족하다. 일본·중국 등은 막대한 자금력을 바탕으로 '원조 폭탄'을 뿌리고 있다. 이는 ODA를 단순한 원조가 아닌 자국의 소비 둔화와 시장 포화 문제를 해결하는데 도움이 된다고 보기 때문이다. 실제로 일본은 베트남에

ODA 자금을 대거 투입한 덕에 새로운 시장을 개척했다. 공사가 한창인 하노이 노이바이 국제공항 제2청사의 주요 부분은 거의 일본 건설사가 맡았다.

당장 ODA 예산을 크게 늘리기도 현실적으로 어렵다. 그렇다면 우리나라가 빠르게 변화하는 ODA 환경에 발맞출 수 있는 방법은 없을까. 정부 3.0의 철학을 ODA 사업에 적극 도입하면 된다. 바로 공개 · 공유 · 소통 · 협력이다. 이런 의미에서 일본이 공유와 협력을 바탕으로 ODA 선진국이 된 과정은 본받을 만하다. 일본은 재무성 · 외무성 · 경제산업성 · 문부과학성의 4개 부처 중심으로 ODA를 운영했다. 특정 부처에 힘을 실어주기보다 각 부처가 동등한 지위를 갖고 부처 간 조정을 진행한 것이다.

ODA 1.0이 물고기를 나눠주는 셰어링 피시(Sharing Fish)단계였다면 ODA 2.0은 물고기 잡는 방법을 알려주는 코칭 피싱(Coaching Fishing)단계다. 그러나 이제는 공여국과 수원국이 함께 발전하는 ODA 3.0 즉, 피싱 투게더(Fishing Together)단계로 진화해야 한다. 수원국은 더 이상 원조의 대상이 아니라, 협력의 대상이다. 수원국과의 진정한 협력을 통해 공여국 역시 지속가능한 성장을 할 수 있다. ODA 사업에 '정부 3.0'의 철학을 적용해야 하는 절실한 이유도 바로 여기에 있다. 지속적인 발전을 위해서라도 공유와 개방, 소통과 협력을 통해 각 부처가 지닌 전문성을 ODA 사업에 적극 활용해야 한다.

산업통상자원부가 추진 중인 '베트남 농업기계화 지원사업'이 좋은 예다. 베트남은 세계 1, 2위를 다투는 쌀 생산국이지만 농기계화율이 30%에도 미치지 못한다. 이 때문에 생산성과 품질이 낮아 농촌 빈곤 문제를 해결하지 못하고 있다. 이에 따라 산업부는 베트남 컨터시에 건설 중인 '한-베트남 인큐베이터파크'를 중심으로 기재부와 함께 현지 맞춤형 농기계 보급사업을 전개하고 있다.

여기에 외교부가 진행 중인 지구촌 새마을운동사업을 연계한다면 어떨까. 추측컨대 베트남 농민들의 소득 증가뿐 아니라 삶의 질도 크게 개선할 수 있을 것이다. 바로 이러한 모델, 부처 간 전문성을 토대로 수원국은 실질적인 개발 효과를, 공여국은 개도국과의 동반성장을 가능케 하는 모델이야말로 정부 3.0 패러다임에 부합하는 한국형 ODA 3.0 모델이라 할 수 있을 것이다.

Comment

산업기술 공적개발원조(ODA)는 개발도상국에 단순한 원조물자를 공여하는 것보다 직접 고기 잡는 법을 가르쳐 주고 우리 기업들의 현지 진출에도 도움이 되는 방안이다. 글로벌 상생 기술협력이 개도국에서 활짝 꽃피울 날을 기대해 본다.

산업기술나눔으로 여는 한 · 아세안 동반자 시대

서울신문 2014년 12월 5일 금요일

세계적인 경제학자들은 앞으로 세계 경제의 중심축이 아시아로 이동할 것으로 예측한다. 그 시기에 대해서는 논쟁이 있지만, 아시아가 세계 경제의 중심이 될 것이라는 점에 대해서는 이견이 없다. 아시아 지역의 일원인 우리나라도 그때를 차분히 대비해야 할 것이다. 이런 점에서 한 · 아세안(ASEAN) 대화관계 수립 25주년을 맞아 오는 11일과 12일 이틀간 부산 해운대 벡스코(BEXCO)에서 열리는 '한 · 아세안 특별정상회의'는 우리에게 매우 중요한 기회가 될 수 있다.

아세안은 중국에 이어 우리나라 제2위의 교역 상대이자 투자 대상이다. 아세안 국가들은 유로존 재정위기 속에서도 연간 5.9%의 경제성장률을 기록하고 있으며, 향후 소득 및 인구 증대에 따라 우리의 가장 큰 소비시장으로 떠오를 전망이다. 또 연간 460만명이 넘는 한국인들이 방문하는 '한류'의 진원지이자 우리 외교의 주요 축이기도 하다. 그런데 유독 산업기술 분야에서만큼은 아세안과의 협력이 미진하다. 그동안 정부와 민간 부문의 노력이 미국과 유럽 등 주로 선진국의 기술을 벤치마킹하고 도입하는 데에만 초점이 맞춰졌기 때문이다. 그렇다 보니 아직까지 아세안 시장에서 한국 기술이나 기업이 차지하는 비중도 비교적 낮은 편이다. 창조경제 실현을 앞당기기 위해서는 그간 소홀했던 아세안과의 산업기술 협력으로도 눈을 돌릴 필요가 있다.

그렇다면 우리의 경쟁력은 무엇일까. 바로 산업화 추진 노하우다. 우리나라는 부족한 자원, 적은 인구라는 악조건에도 불구하고 짧은 시간에 급속한 경제 발전을 이뤄 냈다. 그 과정에서 산업기술이 지대한 역할을 했다는 것은 주지의 사실이다.

아세안 회원국들이 우리나라에 주목하고 기대하는 점도 바로 여기에 있다. 한국의 성공 노하우를 공유하고 전수받는다면 신흥국도 보다 빠르게 중심 국가로 도약할 수 있을 것이기 때문이다.

필자는 아세안과의 교류 협력을 강화하는 데 우리의 산업화 경험과 기술개발 노하우야말로 강점이 될 수 있다고 본다. 이러한 관점에서 아세안 회원국을 대상으로 한 '산업기술나눔'을 적극적으로 실천할 것을 제안한다. 산업기술나눔이란 신흥 개발도상국들에 우리 산업기술을 전수하고 국내 기업의 아세안 진출 확대를 지원하는 프로그램을 말한다. 일차적인 목적은 신흥국 기업이 겪은 기술 애로의 요인을 분석해 이를 해결할 수 있는 기술을 지원하는 것이다. 하지만 여기에서 그치지 않는다. 기술을 전수해 준 국내 민간 기업들은 이러한 기술협력 경험을 바탕으로 현지 시장에 자연스럽게 진출할 수 있는 통로를 확보하게 된다. 신흥국의 경제 발전을 도우면서도 우리 기업들의 해외 진출에 우호적인 사업 여건을 조성할 수 있는 것이다. 단순히 물고기를 잡아 주거나 물고기 잡는 방법을 전수하는 것에서 한 걸음 더 나아가 물고기를 함께 잡는 단계까지 발전하는 셈이다.

실제로 올해 국내 일부 업체들이 베트남 기업을 대상으로 기술지도를 시범 실시했는데 베트남 기업의 만족도가 높았던 것은 물론이고 우리 기업들도 주목할 만한 성과를 냈다. A의류 업체는 중국에서 구매하던 것보다 더 싸고 좋은 품질의 원단을 베트남에서 납품받을 수 있게 됐다. 자사의 장비 사용 노하우를 전수했던 B기계 업체도 현지 업체로부터 추가 장비구매 계약을 이끌어 냈다. 우리가 갖고 있는 산업기술 노하우를 적극적으로 나누고 전하면서 생긴 소중한 성과다.

산업통상자원부와 한국산업기술진흥원(KIAT)은 내년부터 아세안 회원국에 있는 기업을 대상으로 산업기술나눔 프로그램을 본격적으로 진행할 예정이다. 국내 공공 연구소나 기업에서 일하는 기술 전문가와 엔지니어들이 개도국에 파견돼 해당 기업의 기술애로 요인을 조사해 기술 지도를 하는 식으로 진행된다. 후속 연구개발(R&D)을 지원하거나 협력 파트너 기업을 발굴하는 과정에서 국내 기업들의 현지 진출에 활기를 불어넣을 것으로 기대된다. 산업기술나눔은 아세안 신흥국과 협력하려는 우리의 의지를 가장 명확하게 보여 주는 프로그램이라 할 수 있다. 신흥국들이 진정으로 원하는 것을 제공하기 위해 노력한다면 아세안은 국내 기업들이 새로운 부가가치를 창출할 수 있는 시장이자 또 다른 기회로 다가올 것이다.

Comment

베트남 껀떠시를 방문해 인민위원장(시장)과 면담을 갖고 한-베트남 인큐베이터파크 사업의 상호협력 방안을 논의한 뒤 농기계 분야 우리 진출 기업에 대한 인센티브 부여를 당부했다. 베트남도 산업화를 위해 열심히 노력하는 것이 보이고 우리 기업들 역시 베트남 현지 진출이 절실하기 때문에 인큐베이터 파크 건설은 양국 모두에게 도움이 될 것으로 확신한다. (14.11.17, 페이스북)

휴머니즘을 실천하는 기술

이투데이 2015년 1월 23일 금요일

주세페 베르디(1813~1901)는 조국인 이탈리아에서뿐만 아니라 세계적으로 대중들의 사랑을 받는 작곡가다. 인간적인 매력과 보편적 인류애의 감동이 살아 있는 대중적 오페라를 많이 만들었기 때문이다. 20대 중반의 젊은 나이에 어린 자녀와 아내를 먼저 저 세상으로 보내야 했던 슬픔 속에서도 인간에 대한 애정을 잃지 않았던 베르디는 '나부코', '리골레토', '라 트라비아타' 등 숱한 명작을 작곡했다.

베르디가 인기와 존경을 한몸에 받는 이유는 또 하나 있다. 바로 주변에 있는 어려운 이들의 처지에 관심을 갖고 돌아볼 줄 알았다는 점이다. 그는 88세로 세상을 떠나기 2년 전 거액의 사재를 털어 밀라노에 '음악가를 위한 휴식의 집(Casa di Riposo per Musicisti)'을 지었다. 젊었을 때 빛을 보지 못한 음악가들이나 은퇴 후 재정적으로 넉넉지 않은 음악가들이 무료로 지낼 수 있는 안식처로, 1902년 정식 개소된 후 지금까지도 운영되고 있다. 베르디가 이 쉼터를 자신의 가장 자랑스러운 작품이라며 자랑스러워했다는 걸 보면, 그는 가슴이 따뜻한 휴머니스트였음이 분명하다.

베르디가 인간애를 바탕으로 100년이 넘는 지금까지 많은 음악가들에게 희망을 안겨주는 것처럼, 누구나 자신의 재능을 활용해 나눔의 정신을 실천할 수 있다. 그중에서도 기술자들은 축복받은 사람들이라 할 것이다. 특히 기술은 따뜻한 공동체를 만드는 데 있어서 사회 구성원들에게 미치는 파급 효과가 큰 편이기 때문이다. 일례가 눈이 잘 안 보이는 사람들이 손으로 시간을 읽을 수 있는 브래들리 시계다. 이 시계는 매사추세츠 공과대학(MIT) 출신의 김형수씨가 고안해 낸 것이다. 그의 비즈니스 아이디어는 친구의 불편을 덜어주려는 배려에서 시작됐다. 한 친구가 수업 시간에 자꾸 시간을 물어보는 것을 이상하게 생각했는데, 그 친구가 시각장애인이라는 데에서 의문이 풀렸다. 버튼을 누르면 음성으로 시간을 알려주는 시계를 갖고 있었지만 다른 사람들의 수업을 방해하기 싫어서 일부러 조용히 시간을 물어봤던 것이다.

브래들리 시계는 기존의 보통 시계에 자석 기능만 추가한 것으로, 별다른 복잡한 장치가 들어있지도 않다. 작년 연말부터 국내에서도 판매가 시작된 이 시계는 디자인이 예뻐 시각장애인이 아닌 사람들에게도 주목받고 있다고 한다. 장애인 친구를 위해 시작한 일이 다른 이들에게도 효용을 가져다주고 있는 셈이다. 우리는 이렇게 사소한 아이디어이지만 큰 보탬이 되는 기술과 발명품들을 '착한 기술', '따뜻한 기술', '적정기술'이라는 다양한 이름으로 부른다.

필자가 몸담고 있는 한국산업기술진흥원(KIAT)도 기술을 활용한 통 큰 나눔을 실천하는 대열에 동참하고 있다. 개발도상국을 상대로 '적정 산업기술'을 보급하는 사업을 추진하는 것이 그것이다. 적정 산업기술은 수요자 관점에서 설계하고 개발해서 개도국의 소득 창출을 유도하는 산업기술 제품을 말한다. 무조건 고사양의 제품보다는 현지 사정에 맞춰서 사양을 적당히 다운그레이드하여 가격을 조정하는 경우가 많다.

KIAT는 현재 미얀마에 미생복합물을 활용해 비료로 만드는 기계, 펠렛을 제조해 연료로 활용하는 기계 등을 보내서 현지인들이 값싸고 편리하게 농사를 지을 수 있도록 지원하고 있다. 특히 우리 중소·중견기업들이 이 기계들의 제조를 직접 맡으면서 자연스럽게 현지에 진출할 수 있는 길이 열리기 때문에, 일거양득이라 할 수 있다.

올해는 미얀마 외의 다른 국가에도 적정 산업기술 나눔이 확산되도록 활발하게 뛰어볼 참이다.

전화, 자동차, 인터넷 등 수많은 발명품과 개발품들은 지금껏 역사의 흐름을 뒤집고, 세상에 커다란 변화를 가져왔다. 하지만 크고 위대한 발명만 의미있는 것은 아니다. 우리는 기술 자체에만 주목할 것이 아니라 그 안에 깃들어 있는 휴머니즘에 관심을 가질 필요가 있다. 기술이 세상을 바꿀 수 있었던 것은 그 뒤에 불편함을 개선하려는 욕망, 모든 이들이 삶의 질 개선을 함께 누리자는 아이디어가 있었기에 가능했기 때문이다. 올해는 효용 가치가 높은 따뜻한 기술들이 시장에 많이 나와 경제 공동체에 온기를 불어넣기를 기대한다. 특히 그 주인공이 우리의 중소·중견기업들이라면 더없이 좋을 것 같다.

Comment

보편적 디자인은 장애인이나 노약자 같은 사회적 약자를 위한 제품 설계나 디자인을 말하는 것이지만, 결국 장애 유무나 연령에 관계없이 누구나 편하고 안전하게 이용할 수 있지 않은가. 기술력을 뽐내는 제품이 아니라 사용자를 배려하는 제품, 측은지심이 깃들어 있는 제품이라야 '따뜻한 기술'이라 할 수 있을 것이다.

중동서 새 먹거리 찾자

머니투데이 2015년 3월 18일 수요일

1970년대 석유가격 급등으로 우리 경제에 심각한 타격을 입히기도 했지만 대규모 토목공사 수주를 발판으로 고속 경제성장을 이룰 수 있게 해준 기회의 땅. 유대교, 기독교, 이슬람교가 태동한 지역이자 고대 메소포타미아 문명의 발상지였지만 지금까지 지역분쟁과 종교적인 충돌로 인해 세계인의 눈에 화약고로 비쳐질 땅. 중동지역에 대한 이미지는 우리에게 이처럼 가까우면서도 멀다.

중동은 이미 아시아(5456억달러)와 유럽(1570억달러)에 이은 우리나라 제3위 교역권(1540억달러)일 정도로 경제적 교류가 많지만 여전히 우리 중소기업들에는 낯설고 두려운 미지의 지역으로 남아있는 곳이다. 대기업들은 현지법인을 통해 시장조사를 손쉽게 하는 데 비해 자원이 부족한 중소·중견기업들은 적합한 사업 파트너를 물색하는 데서부터 어려움을 겪기 때문이다.

하지만 시장진출이 어렵다는 점은 우리 기업 입장에서 보면 그만큼 개척할 만한 먹거리가 무궁무진하다는 방증이기도 하다. 중동의 경우 유럽과 아프리카로 자연스럽게 나아가기 위한 일종의 관문시장이기에 반드시 공략해야 하는 이유도 있다.

이런 의미에서 이달 초 대통령의 중동 4개국 순방길에 100여명의 경제인이 동행해 비즈니스외교를 펼친 일은 중동에 대한 우리 중소·중견기업들의 목마름을 어느 정도 해소해주는 계기가 되었다. 필자가 몸담은 한국산업기술진흥원(KIAT)도 지난 8일 카타르과학기술단지(QSTP)와 LOI(협력의향서)를 체결해 여기에 힘을 보탰다.

KIAT가 여러 중동권 국가 중에서도 카타르를 산업기술협력 파트너로 주목한 이유에는 여러 가지가 있다. 우선 카타르는 전체 면적이 경기도 정도(1만1521㎢)에 불과한데다 인구도 겨우 200여만명 정도인 작은 나라다. 그마저도 인도인과 네팔인이 대부분을 차지하며 자국민 인구수는 전체의 약 12%인 28만명 수준이라고 한다. 기술도 인재도 부족한 상황이라고 할 수 있다. 그러면서도 잠재력은 많다. 카타르는 천연가스와 원유 등 풍부한 에너지자원 개발에 힘입어 2014년 기준 1인당 GDP가 자그마치 9만4744달러에 육박하며 GDP 성장률이 매년 6~7%를 상회할 정도로 고성장하는 중이다.

또한 최근 3년간 GDP의 2.7~2.8%가량을 연구·개발에 투자하면서 기술혁신에도 매우 의욕적인 모습을 보인다.

카타르는 현재 ICT(정보통신기술), 정보보안, 헬스케어, 신재생에너지 육성에 많은 관심을 갖고 있다. 특히 2022년 카타르월드컵 인프라를 안전하고 친환경적으로 구축한다는 계획을 세워놓은 터라 녹색기술 및 보안산업에 눈독을 들인다고 한다. 다행히 우리가 강점을 가진 분야다.

KIAT와 QSTP가 맺은 LOI는 아직은 작은 시작이지만 그동안 건설과 에너지 중심이던 양국의 협력분야를 제조업 전반으로 확대하는 초석이 놓였다는 점에서 기대를 모은다. KIAT는 카타르 내의 기술수요를 구체적으로 파악한 뒤 국내기업 및 연구소들과 연계해 현지에서 즉시 통하는 기술을 개발하는 방안을 추진할 예정이다.

KIAT가 공공기관의 지위를 활용해 중동진출에 필요한 현지 네트워크를 선제적으로 확보한다면 국내 기업들이 관련 시장을 선점하는 데 기여할 수 있을 것이다.

중동지역은 여러모로 접근하기 쉽지 않은 시장임에는 분명하다. 하지만 지피지기면 백전불패라 했다. '탈 석유' 시대, '포스트 오일' 시대에 대비해 산업다각화를 시도하는 중동을 바로 알고, 우리 기업들이 선제적으로 진출해 새로운 먹거리를 찾는다면 위기를 기회로 바꿀 수 있을 것이다.

Comment

한국의 산업기술에 대한 카타르측의 관심은 현지에서 확인한 결과 대단했다. 카타르 사이언스 파크와 양해각서를 체결한 자리에서는 우리 업체 4곳이 카타르 대표단을 상대로 에너지빅데이터, 정보 보안, 사막화 방지 농업, 벤처캐피탈 등의 분야에 대한 프리젠테이션을 할 기회를 마련하기도 했다. 첫걸음 떼기보다 더 중요한 후속조치에 만전을 기해야겠다.(15.3.9, 페이스북)

아마존 '스마트 병원선박'에 거는 기대

이데일리 2015년 4월 30일 목요일

전 세계 산소의 25%를 만들어내고 바다로 흐르는 세계 담수의 20%를 공급해 '지구의 허파'로 불리는 곳. 열대우림의 넓이(750만㎢)는 우리나라 전체 면적의 33배를 훌쩍 넘고 하천 길이(6900㎞)가 지구 반지름보다 긴 강. 남미 대륙의 젖줄 아마존강은 그 크기와 규모에서 이처럼 경이로움을 드러내는 브라질의 보물이다.

한편으로 아마존은 골칫거리일 때도 있다. 사람 손길이 닿지 않은 오지의 험난한 지형과 변화무쌍한 기후 때문에 이 곳 거주민들은 원하는 의료 서비스를 제때 받지 못하는 경우가 많기 때문이다. 실제로 세계보건기구(WHO)에 따르면 브라질의 5500여개 도시 가운데 최소 10%는 의료진이 전혀 없을 정도로 의료 인프라가 열악하다. 필자가 몸담고 있는 한국산업기술진흥원(KIAT)은 최근 대통령의 중남미 순방을 계기로 브라질의 이 같은 고민을 함께 해결하기 위한 중요한 첫발을 내디뎠다. 브라질 타우바테 시립대학과 '스마트 병원선(船)'을 공동개발하기로 합의한 것이다.

스마트 병원선(Smart Medical Ship)은 선박 내에 의료 검사 장비를 갖추고 운항하는 '물 위의 움직이는 병원'이다. 환자 정보와 자세한 상태를 진단해 육지에 있는 병원에 전송하고 처방받는 시스템을 구축했기 때문에 시간이나 공간에 구애받지 않고 언제 어디서나 환자를 진료할 수 있다. 원격진료가 가능한 병원선박을 아마존 유역에 투입하면 오지 주민을 대상으로 응급의료 지원이 활발해질 수 있다. 또한 각종 전염성 질환이나 현지 풍토병에 걸리지 않도록 미리 대처할 수도 있다. 우리나라는 조선 · 해양 · 의료 · 정보통신기술 등 여러 분야에서 세계적으로 인정받는 수준의 기술력을 갖추고 있다. 이 기술들을 융·복합해 만드는 스마트 병원선이야말로 우리 산업기술의 강점을 발휘할 수 있는 아이템이다.

양국의 산·학·연이 머리를 맞대 아마존 지형에 최적화한 스마트 병원선을 개발해 보급한다면 무선통신이 가능한 의료기기부터 선박운항장치 및 소프트웨어 등 관련 분야에 종사하는 국내 중소·중견기업들이 브라질 시장에 진출할 수 있는 기회가 확대될 것이다. 브라질은 이미 아마존 오지 등에 투입할 병원선단을 구축하기 위해 정부 차원에서 64척 규모의 선박을 건조할 계획을 갖고 있을 정도로 적극적이다.

무엇보다 국내 기업들이 중남미 최대 내수시장을 가진 브라질에 진출할 채널을 확보할 수 있게 돼 보람을 느낀다. 아마존을 누비는 스마트 병원선이 많아져서 우리 기업들이 12조원에 달하는 중남미 원격의료 시장에서 새로운 먹거리를 찾을 수 있길 바란다. 우리가 기존 기술을 스마트 병원선에 맞게 통합하고 현지 실정에 맞게 최적화한다면 한국산 의료 서비스와 통신기기가 세계시장에서 인정받는다는 소식이 들릴 날도 머지않다.

Comment

브라질은 방대한 국토면적에 비해 지역 보건의료체계가 취약한 편이다. 스마트 병원선박 개발은 우리가 잘하는 의료 ICT 분야를 활용하여 브라질 국민의 삶의 질 제고와 동시에 '한국형 의료IT 비즈니스 모델'을 수출할 계기다. 브라질의 내수규모와 각종 국책사업 추진계획, 미개발지역 등을 고려하면 스마트병원선 같은 의료보건 외에도 전력, 공항, 철도, 신재생에너지 등 협력분야가 많을 것이다. 기회의 땅이자 상생의 바다이기도 한 브라질에 우리 경제인들이 다시 올 일이 늘어나길 소망한다.(15.4.25, 페이스북)

'협력+경쟁' 코피티션의 시대

이투데이 | 2015년 5월 27일 수요일

자동차에 들어가는 부품의 수는 자그마치 2만여개에 이른다고 한다. 그만큼 다양한 소재·부품업체들과의 협업 관계가 필수적이다. 최근에는 전기차, 수소차, 무인자동차처럼 정보통신기술(ICT)을 결합한 스마트카가 미래 자동차의 대세로 떠오르면서, 경쟁 관계에 있던 완성차 업체들의 협업 사례도 많이 늘어나고 있다. 우리는 이러한 비즈니스 전략을 협력(cooperation)과 경쟁(competition)의 합성어인 '코피티션'(coopetition)으로 부른다.

자동차 업계에서 코피티션이 주목받는 이유는 여러 가지다. 우선 경쟁의 속도가 빨라지면서 단일 기업 하나가 기계, 전기전자, 소재, 화학 등 필요한 모든 기술을 단독으로 개발하기보다는 전문업체로부터 빨리 사 오는 게 유리해졌다. 기술의 융복합화로 시장의 경계가 허물어진 것도 코피티션을 부추기는 요인 중 하나다. 인터넷 업체 구글이 자율주행 기술을 적용한 무인자동차를 만들고, 2003년 창업한 무명의 자동차 업체 테슬라가 창업 10여년 만에 세계적 기업으로 발돋움하는 등 경쟁자가 늘어나면서 빠른 대응이 요구되기 때문이다.

이러한 코피티션은 자동차 시장만의 트렌드가 아니다. 요즘은 기술 개발에 드는 시간과 비용 지출은 이전에 비해 훨씬 늘어나는 반면, 정작 R&D 결과물인 신기술과 신제품의 수는 점점 줄어들고 있다. 이럴 때일수록 공동 연구개발 방식으로 리스크를 최대한 피하려는 노력이 필요하다. 유럽에서는 개방적 혁신의 중요성을 인식하고 일찌감치 협업형 R&D를 활발하게 진행해 왔다. 1985년 결성된 범유럽 공동 R&D 네트워크 '유레카'(EUREKA)가 대표적이다.

40여개국이 모여 있는 유레카 네트워크는 철저하게 실용적이고 시장 지향적인 연구개발을 지향한다. 국제공동 R&D를 수행하는 기업 입장에서는 개발 비용을 절감하면서도 잠재적 해외시장 수요 확보가 가능하고, 향후 기술표준 경쟁에서도 유리한 고지를 차지할 수 있다. 이러한 장점 때문에 참여기관들의 선호도가 높은 편이다. 우리나라는 2009년 비유럽권 국가로는 최초로 준회원국 자격을 얻어 유럽과의 공동 기술 개발에 나서기 시작했다. 유레카 외에 중소기업 전용 R&D 프로그램인 유로스타2, 호라이즌(Horizon)2020 등에도 가입해 활발하게 활동 중이다.

한국산업기술진흥원(KIAT)은 한 발 더 나아가 지난 2010년부터 매년 '코리아 유레카 데이'라는 이름의 행사를 연다. 우리나라와 유레카 회원국들과의 교류의 장을 만들어주는 것이다. 우리나라 기업들이 유레카 관계자들과 만나 관련 정보를 얻어가고, 1 대 1 매치메이킹을 통해 해외의 협력 파트너를 탐색하는 시간으로 꾸려진다. 올해도 '각종 사회 문제에 대응하기 위한 글로벌 혁신'(Global innovation for societal challenges)이라는 주제로 지난 20일부터 22일까지 서울에서 열렸다.

예전에는 한국 기업들이 파트너를 찾아 돌아다녔지만, 이제는 한국 파트너를 찾아오는 수요가 제법 많아졌다. 이번 행사에서도 한국과의 기술협력 가능성을 타진하고 돌아간 해외 산학연 연구자 수가 200여명에 이르렀고 1 대 1 매칭도 300건이 넘었다. 유레카 관계자들을 상대로 자사 기술을 발표하고 매치메이킹에 참여하는 기회를 얻은 한국 측 기업인들 역시 "큰 비용을 들이지 않고 기술력을 뽐낼 수 있어서 좋았다"는 소감을 전했다.

통계청에 따르면 최근 국내 기업의 5년 생존율은 30.2%에 불과하다고 한다. 기업 열 개 중 일곱 군데는 5년 안에 문을 닫는다는 얘기다. 프랑스(51.4%)나 독일

(39.8%)에 비하면 낮은 수치다. 이처럼 장수하는 기업 찾기가 점점 어려워지는 시대, 오래가는 기업을 위해서는 시장 환경 변화에 적극적으로 대응하는 개방적 태도가 필요하다. 해외 산학연과의 글로벌 코피티션은 그중 하나가 될 것이다. 코리아 유레카 데이는 글로벌 코피티션의 문을 넓히는 계기였다. 앞으로 해외의 다양한 기술협력 파트너들과 손잡고 세계 시장에 동반 진출하는 우리 기업들이 더욱 많아졌으면 좋겠다.

Comment

코리아 유레카데이는 유럽 속 한국 기술의 입지를 높이는 데 많은 기여를 한 행사다. 당시 행사에서도 한국과의 협력 프로그램을 만들자는 유럽 각국 대표들이 계속 필자를 찾아와 흐뭇하기도 하고 책임감도 느꼈다. (15.5.20, 페이스북)

통합과 개방의 이중주, 중남미의 매력

내일신문 2015년 8월 19일 수요일

무역 장벽이 높기로 유명한 중남미 시장에 '통합과 개방'의 이중주가 울려 퍼지고 있다. 중남미는 지금까지 다양한 통합 시도를 통해 공동의 번영을 추구해온 지역이다. 언어·문화의 동질성을 바탕으로 한 안데스공동체(1969), 중미공동시장(1993), 남미공동시장(1995)이 그렇게 만들어졌다.

나라별 차별화된 핀포인트 협력

하지만 내수 시장에만 집중하는 경제 정책 덕분에 글로벌 가치사슬에서 소외되고 성장 잠재력을 잃어가고 있다는 비판이 적지 않았다. 결국 칠레, 콜롬비아, 멕시코, 페루 4개국이 모여 태평양 연안의 자유무역을 중시하는 태평양동맹(2012)을 결성했고, 지난 7월 기본협정이 발효됐다. 중남미가 본격적인 '개방'의 길에 들어선 것이다.

우리나라 대통령의 중남미 순방은 이처럼 국가간 협력 트렌드의 대전환기에 이루어진 것으로서, 경제적 측면에서 의미가 매우 크다. 방문국 중 콜롬비아, 페루, 칠레는 '남미의 퓨마'로 불리는 태평양동맹 회원국이고, 브라질은 중남미 최대의 시장을 가진 주요 협력 대상국이다.

모두 전통적인 역내 통합 기조를 유지하면서도 적극적인 대외 개방을 천명하고 있는 나라들이다. 외국 기업입장에서는 가장 우호적인 협력 창구인 동시에, 통합된 중남미 시장 진출의 발판이 될 수 있는 매력적 국가들인 셈이다. 산업통상자원부는 이 기회를 활용해 나라별로 차별화된 '핀포인트 협력'을 추진했다.

열악한 하수 문제로 골치를 앓고 있는 콜롬비아에는 하수처리율 제고를 위한 수처리 기술 협력을, 지역개발 불균형이 심한 페루에서는 우리의 전력기술과 창조경제 혁신 노하우 전수를 시작했다. 특히 브라질에서는 의료 사각지대에 놓인 아마존 주민들의 복지를 높여줄 스마트 의료선 기술 협력이 진행된다.

세계보건기구(WHO)에 따르면 브라질의 5500여개 도시 가운데 최소 10%에는 의료진이 전혀 없을 정도로 의료 인프라가 열악하다. 이에 브라질 정부는 아마존 오지 등에 투입할 병원선단을 구축하기 위해 64척 규모의 선박 건조를 추진할 정도로 적극적이다.

수출부진의 돌파구 여는 계기

한국산업기술진흥원(KIAT)은 우리의 뛰어난 조선 · 의료 · IT기술을 활용해 브라질과 공동으로 스마트 의료선을 개발하는 전략을 수립중이다. 조만간 아마존 현지에 조사단을 파견하여 브라질 협력 파트너와 함께 아마존 지형에 최적화된 의료선 개발 전략을 마무리할 예정이다.

세계 각국은 중남미 시장의 가능성을 높이 평가하고 협력을 강화하는 추세다. 일본은 작년에 브라질과 5억 달러 규모의 심해유전 개발에 합의했다. 중국도 니카라과에서 파나마 운하를 대체할 새로운 운하 건설에 착수하는 등 위안 파워를 과시하고 있다. 이처럼 대규모 투자를 앞세운 전통적 방식의 경제협력은 광고 효과가 크다. 이에 비해 산업부와 KIAT가 추진하는 산업기술협력은 더욱 실질적이고 장기적인 협력 형태다.

또한 각국의 '가려운 곳을 긁어주는' 차별화된 형태의 협력이다. 우리의 기술을 전수해 파트너 국가의 산업 발전을 돕고, 향후 우리 기업이 통합된 중남미 시장에 진출해 대규모 프로젝트를 수주할 때 보다 유리한 연결고리가 되려는 것이다.

'통합'이라는 하나의 길만 고집하던 중남미가 '개방'을 더해 정책의 이중주를 연주하기 시작한 것은 우리에게는 매력적인 변화다. 변화의 시기에는 적극적으로 행동해야 열매를 차지하는 법이다. 기회를 놓치지 말고 우리만의 경쟁력을 살려서 밀착된 협력을 추진할 필요가 있다.

이를 위해 정부가 중남미 시장 진출을 위한 효과적이고 장기적인 정책을 만들고, 이를 기업과 함께 추진해야 한다.

지금 중남미는 불안정한 과도기를 거치고 있지만, 우리 기업에는 엘도라도의 땅 중남미에 진출할 절호의 기회이며 수출부진의 돌파구를 여는 계기가 될 수 있다.

Comment

중남미 지역에서 한국에 대한 기대와 관심이 높아 이에 상응하는 노력이 필요하다. 앞으로 한국의 산업기술 덕분에 중남미 지역의 산업 지도가 바뀔 수 있도록 노력하는 동시에 우리 기업들의 원활한 진출 역시 이어지도록 해 나갈 것이다. 현지에서 맺은 개별 프로젝트가 소중한 결실을 맺을 수 있도록 후속조치에 바로 착수할 예정이다.(15.4.21, 페이스북)

차이나 쇼크에 대처하는 법

서울신문 2015년 9월 5일 토요일

중국 금융시장의 재채기가 세계 금융시장에 몸살을 불러오는 듯한 느낌이 드는 요즘이다. 위안화 평가 절하와 중국 증시 폭락에 따른 파급 효과가 만만치 않다. 이같은 '차이나 쇼크'는 금융시장뿐만 아니라 실물 경제에서도 예외가 아니다. '세계의 공장'으로 불리던 중국 경제는 빠른 속도로 산업구조가 고도화되면서 '세계의 시장'으로 변하고 있다는 평가를 듣는다.

중국을 '싼 인건비, 단순 조립, 그저 그런 짝퉁으로 승부하는 나라'라고 생각했던 우리에게 긴장감을 더해 주는 지표들은 많이 있다. 우선 정부의 든든한 지원과 자금력을 바탕으로 단숨에 시장 선두그룹에 오르는 전략이 돋보인다. 지난 4월에는 중국 국영 화학기업 켐차이나가 세계 5위 타이어 업체 이탈리아 피렐리를 손에 넣었으며, 최근에는 국영 반도체 회사 쯔광그룹이 세계 3위 메모리반도체 기업인 미국 마이크론테크놀로지 인수를 타진했다고 한다.

기술개발에 대한 관심도 엄청나다. 중국 국가통계국에 따르면 지난해 중국이 연구개발(R&D)에 투자한 금액은 1조 3312억 위안(약 243조원)으로 전년 대비 12.4%나 늘었다. 또 2014년 한 해에만 약 440만건에 이르는 특허 · 디자인 · 상표가 출원되는 등 지적재산권 공세도 어마어마하다.

지난 5월에는 '중국제조 2025'라는 이름의 계획을 발표했다. 제조강국 대열에 진입하기 위해 항공우주, 신재생에너지, 신소재 분야를 집중적으로 육성하고 제조업을 고도화하겠다는 내용이다. 이미 하이얼과 화웨이의 세계 시장 진출 속도를 보더라도 제조업과 수출로 성장한 우리나라에 중국의 이 같은 전략은 큰 위협이 아닐 수 없다. 그렇다면 우리 기업들은 여기에 어떻게 대처해야 할까. 너무 단순한 대답 같지만 결국은 '기술혁신'에 달렸다. 융합형 R&D를 바탕으로 기술 격차를 조금이라도 벌리는 한편 신규 성장 동력을 발굴해 새로운 부가가치를 창출해야 한다는 것이다.

주력 산업인 자동차, 조선, 철강, 디스플레이, 반도체는 정보통신기술(ICT), 사물인터넷(IoT), 빅데이터 기술과 결합시켜 차별화된 서비스를 제공해야 한다. 특히 소재부품 업체들은 스마트 융합 제품을 개발해 중국 내 대기업·중견기업 고객을 공략하는 것이 필요하다. 우리에게 강점이 있으면서 중국에서 각광을 받고 있는 바이오, 뷰티, 한류 콘텐츠 등의 분야도 키워서 시장을 분점해야 할 것이다. 여기에는 제조업 효율 자체보다도 5000년 역사를 관통하는 우리 문화와 철학, 그리고 가족 중심의 무형 자산들이 스며 있어야 가능하다.

물론 중국 시장은 매우 거칠다. 지역별로 규제의 수준이나 내용이 달라, 넓은 땅덩이만큼 변수가 많다. 벤처·중소기업들이 지역에 대한 이해 없이 무작정 진입하면 자칫 판매 허가를 받아 내는 데만 수개월을 허비하거나 특허 공세 먹잇감이 되는 등 난관에 부닥칠 수 있다. 그래서 정부와 공공기관의 역할이 매우 중요하다. 정보력과 협상력이 다소 부족한 중소·중견기업이 시행착오를 줄이면서 해외에 진출할 수 있도록 도와줄 인프라가 필요하다는 것이다.

한국산업기술진흥원(KIAT)은 중국 시장에 진출하려는 기업들을 위해 전기전자, 바이오, 에너지 분야의 연구개발 과제를 선정해 지원하고 있다. 특히 기초기술보다는 당장 중국 내 수요를 겨냥할 수 있는, 시장화가 가능한 기술개발 위주다. 이달부터는 상하이산업기술연구원과 손잡고 한·중 공동R&D 및 사업화를 지원해 나갈 예정이다. 양국의 우호 관계가 날로 돈독해지는 시점에 산업기술 분야에서도 협력과 상생의 진전을 볼 수 있게 돼 더욱 의미 있게 생각된다.

중국에서는 한 손에는 자금을, 한 손에는 기술을 쥔 기업들이 글로벌 시장을 휘저으며 게임의 법칙을 바꿀 준비를 하고 있다. 하지만 철저한 준비와 기업가 정신으로 무장한 우리 기업들이 독보적 기술력과 문화적 상상력을 바탕으로 도전한다면 중국 시장에서 진가를 발휘할 날도 머지않았다. 우리 기업들이 중국 대륙 곳곳에서 성공의 팡파르를 울리면서 중국 기업과 소비자들에게 더 큰 사랑을 받는 날을 기대한다.

Comment

중국은 국내 기업들의 협력 및 진출 수요가 높은 국가지만, 개인적 접촉으로 현지 진출에 실패한 사례도 많다. KIAT 같은 공신력 있는 기관이 적극적으로 나서서 중국 정부 및 유관기관과 협력 네트워크를 탄탄하게 구축하고 국내 기업들의 기술이전·투자 및 공동R&D 지원을 강화해 나가는 것이 필요하다.

외국과 공동 R&D, 수출 장벽 뚫는 새 열쇠

중앙일보 2016년 2월 23일 화요일

지난해 중국 경기 침체, 수출 단가 감소 등으로 4년 만에 무역 규모가 1조 달러 밑으로 내려갔다. 수출 실적이 회복될 기미가 보이지 않자, 우리 경제인들의 심리 역시 많이 위축된 상태다. 하지만 이럴 때일수록 경제의 기초체력을 단련하는 데 집중해야 한다. 신성장동력 창출과 주력산업 고도화를 통해 산업구조의 체질을 개선하고, 우리 기업의 수출 경쟁력을 확보해야 한다는 뜻이다.

기업간 경쟁의 양상은 국경은 물론이고 이미 산업 분야마저 초월할 정도로 치열해지고 있으며, 기술개발 주기도 단축되고 있다. 개별 기업의 독자적인 능력 만으로는 독보적 기술 경쟁력을 확보하고 시장 주도권을 유지하는 것이 점차 어려워지는 추세다. 이런 상황에서 국제공동 기술개발(R&D)은 해외 수출을 통해 활로를 모색하려는 국내 기업에 매우 적합한 솔루션이라고 생각한다. 우리 기업이 해외에 있는 산학연과 손잡고 공동으로 연구해 기술을 확보하고, 현지 시장의 수요를 반영한 제품을 만든다면 해외 판로를 보다 손쉽게 개척할 수 있을 것이기 때문이다. 상품 교역을 개시하기 이전부터 선제적인 공동 기술개발로 시장 선점 시도를 병행했을 때 더 큰 수출 증대 효과로 이어진다고 할 수 있다.

실제로 국제공동 R&D가 기업 수출에 긍정적으로 기여하는 정도는 점점 늘어나는 중이다. 지난해 국제공동R&D를 통한 사업화 매출 중 수출 실적은 154억 원으로, 전년(77억)에 비해 2배 이상 증가했다. 특히 필자가 몸담고 있는 KIAT는 올해부터 일명 '글로벌 기업 코디네이터'제도를 도입해 운영해 볼 생각이다. 단순히 R&D 관련 자금만 지원해주는 데 그치지 않고 전담 전문가를 붙여서 사업화에 필요한 자문을 제공하고, 해외 진출 및 수출 확대에 필요한 네트워크와 연계해주는 것이다. 수출 성과를 이끌어내는 데 있어서 보다 적극적인 밀착지원이 가능해질 것으로 보인다.

이밖에도 한국의 제 1수출국인 중국, 그리고 점점 한국과의 교역 규모가 확대 중인 베트남과의 자유무역협정(FTA)이 지난해 발효된 것 역시 반가운 일이다. FTA 체결국과 공동 연구를 진행해 현지 수요를 반영한 기술과 상품을 우선적으로 개발한다면 무관세 수출 등 FTA 효과를 극대화할 수 있을 것이다.

그리스 신화 속 가장 힘 센 영웅으로 알려진 헤라클레스는 헤라의 저주를 받아 자기 손으로 가족을 죽이는 실수를 저지르고 만다. 그는 죗값을 치르기 위해 에우리스테우스 밑에서 12가지의 과업을 수행하게 되는데, 그 중 하나가 헤스페리데스의 정원에 있는 황금사과를 따오는 것이었다. 아무리 천하장사라도 혼자 힘으로는 여의치 않다는 것을 알게 된 헤라클레스는 헤스페리데스의 삼촌이었던 아틀라스를 활용해 황금사과를 얻는 데 성공할 수 있었다.

국제공동R&D도 어쩌면 이같은 헤라클레스의 지혜와 통하지 않을까. 지금 우리 기업에는 내가 혼자 할 수 없을 때 다른 이의 능력과 연계해 내가 원하는 목표를 달성하고, 그 노하우를 내 것으로 만들어 경쟁력을 확보하려는 지혜가 필요하다.

Comment

해외 산학연과의 공동 연구를 추진하는 국제공동R&D의 특성상, 과정은 힘들지만 현지 수요 파악 및 시장 진출에 필요한 정보를 손쉽게 얻을 수 있다는 점에서 수출 기업에는 매력적인 선택이다. 혁신의 속도가 빨라질수록 국내외 시장 구분은 무의미해진다는 점을 기업들이 명심해야 할 것이다.

아메리카 대륙서 꽃피울 K금형

서울신문 2016년 4월 6일 수요일

규격이 동일한 제품을 대량 생산하기 위해 금속성 재료를 사용해 만든 틀이나 거푸집. 금형(金型)의 사전적 의미다. 요즘에는 컴퓨터를 이용한 설계나 3D 프린팅 기술이 많이 발달했다고 하지만 여전히 자동차며 기계, 각종 전자제품을 만들 때 빠뜨릴 수 없는 기초 공정 중 하나가 바로 금형이다. 이처럼 제조업의 근간을 이루고 있다고 해서 주조, 용접, 열처리 등과 함께 뿌리산업이라고 부르기도 한다.

일반인들에게는 잘 알려져 있지 않지만 우리나라는 중국, 일본, 독일, 미국 등과 어깨를 나란히 하는 금형 강국이다.

국내 금형산업은 저비용, 그리고 빠른 납기를 핵심 경쟁력으로 내세워 1990년 수출 1억 달러를 달성했으며, 현재는 생산 규모 세계 5위(7조 7000억원, 2013년 기준), 수출 규모 세계 3위(29억 2000만 달러, 2015년 기준)를 기록할 정도로 성장했다. 우리 경제의 주력 산업을 떠받치는 든든한 버팀목이자 그 자체로도 중요한 수출 효자 품목 중 하나인 셈이다.

금형은 완제품에 직접 들어가는 부품이 아니라 작업 틀이다. 완제품의 설계 방식이 바뀌거나 부품의 규격이 달라지면 고객사의 요구에 맞춰 기존 틀을 변형·교정, 또는 보완해 다시 만들어 주어야 한다. 그래서 납품한 이후에도 사후서비스(AS)에 대한 요구가 꽤 높은 편이다. 하지만 대다수 고객사가 주로 해외 기업이고, 국내 대기업과 중견기업조차 해외에 생산라인이 있는 터라 고객사의 설계 변경 요구가 생기면 그때마다 금형을 한국 본사로 보내서 변경 사항을 반영한 뒤 현지로 배송해 주는 일이 많다. 그렇다 보니 수출 계약을 체결할 때 실제 AS 발생 여부와는 관계없이 미리 AS 비용을 반영해 아예 처음부터 수출 대금의 10~15%를 사전 공제하는 다소 불합리한 경우도 감당해야 한다.

여기에 들어가는 시간과 비용을 아끼기 위해선 아무래도 해외에서 직접 대응하는 것이 제일 좋을 것이다. 실제 일부 금형 업체들은 고객사 수요에 민첩하게 대응하기 위해 아예 현지에 법인을 세우기도 한다.

하지만 국내 금형 기업 대부분이 10인 미만 사업장으로 영세한 수준에 머물러 있는 현실을 고려하면 개별 기업 단독으로 현지에 AS 센터를 세우는 것이 말처럼 쉬운 일은 아니다.

그래서 필자가 몸담고 있는 한국산업기술진흥원(KIAT)은 이번 대통령의 멕시코 순방을 계기로 국내 중소 금형기업들이 공동으로 이용할 수 있는 AS 거점 기지 구축에 나선다. 지난 4일(현지시간) 멕시코 과학기술위원회(CONACYT)와 양해각서를 체결하고, 멕시코 현지에 우리나라의 금형종합기술지원센터를 건립하는 데 협력하기로 한 것이다.

멕시코는 중국의 인건비가 급상승하는 사이를 틈타 현재 세계의 공장으로 부상하는 나라 중 하나다. 47개국과 자유무역협정(FTA)을 맺은 이점 때문에 포드, BMW, 폭스바겐, 닛산 등 주요 자동차 업체를 비롯한 글로벌 수요 기업들이 진출해 있다. 수출 판로 다변화가 절실한 우리 금형 기업 입장에서는 매우 유망한 시장이다. 또 거대 시장인 미국과 3000㎞ 이상 국경이 맞닿아 있어 육로를 통해 이틀에서 일주일 정도면 미국 전역으로 제품을 옮길 수 있다. 북미와 남미의 금형 AS 수요 모두에 융통성 있게 대응할 수 있다는 얘기다.

금형종합기술지원센터가 설립되면 현재 멕시코에 수출 중인 40여개 중소 금형 기업들이 비용 부담과 납기일 맞춤의 압박에서 벗어나 설계 변경이나 수리 요청 등 AS 관련 수요를 효과적으로 지원할 수 있다.

게다가 멕시코는 세계 3대 금형 수입국으로 전체 금형의 90% 이상을 수입에 의존한다. 현장에서의 적시 대응 능력이 입증된다면 신규 고객사를 발굴하기도 쉬워질 것이다.

아직은 현지 법제도 현황 파악에서부터 부지 · 건물 확보까지 풀어야 할 숙제가 많이 있지만, 국내 금형 기업들의 차별화된 수출 경쟁력 확보를 위해서는 결코 멈출 수 없다는 생각이 든다. 멕시코 현지에 구축될 금형종합기술지원센터는 아메리카 대륙 전역에 '코리안 금형'의 경쟁력을 드높일 절호의 기회다. 많은 분의 관심 속에서 센터가 마련돼 국내 금형 기업들의 수출 확대 거점으로 자리 잡기를 기대해 본다.

Comment

멕시코 현지에 세워질 금형기술지원센터는 우리 부품업체는 물론 멕시코 업체들도 활용할 수 있는 상생모델로 만들어 양국 경제협력 심화의 새로운 이정표를 세울 계획이다. 인구 1.2억명의 아즈텍 타이거 멕시코와 보다 심화된 산업협력을 기대한다.(16.4.5. 페이스북)

유레카! 오픈 이노베이션의 힘

이투데이 2016년 5월 3일 화요일

지난 3월 미국의 자동차 회사 '테슬라'가 발표한 전기차 '모델3'가 공개 3일 만에 28만대의 예약을 통한 116억 달러의 매출을 달성, 세계를 놀라게 했다.

2008년 로드스터라는 스포츠카를 최초로 양산한 이후, 10년도 채 되지 않아 세계 자동차계의 패러다임을 바꾸고 있는 테슬라의 성공 비결은 무엇일까? 다양한 이유 가운데에서도 전문가들은 테슬라의 오픈 이노베이션, 즉 '개방적 혁신'에서 그 이유를 찾는다.

테슬라는 보유한 특허권을 오픈 소스화하여 기반산업 분야의 R&D(연구개발)를 가속화하고, 연관 산업의 기업 간 전략적 제휴를 확대했다.

배터리 공급업체인 일본 파나소닉사와의 공동 R&D를 비롯해 심지어 메르세데스, 도요타 등 얼핏 경쟁사로도 생각될 수 있는 기업들과의 다양한 형태의 협업이 미국의 포브스지가 선정한 2015년 세계에서 가장 혁신적인 기업 '테슬라'를 만든 것이다.

게다가 기술의 융복합화도 가속화되는 추세라 시장을 선도하는 혁신을 이끌어내려면 개방형 혁신은 기업에 있어서 선택이 아니라 '필수'일지도 모른다. 이미 유럽은 1980년대부터 개방형 기술혁신의 중요성을 깨닫고 '유레카'(EUREKA), '유로스타'(EUROSTAR)와 같은 다양한 범유럽 공동 연구개발 프로그램을 운영하고 있다.

우리나라는 기술강국이 많은 유럽과 국제공동 R&D를 추진하기 위해서 2009년 비유럽권 국가로는 최초로 유레카 프로그램에 참여할 수 있는 준회원국 자격을 획득한 데 이어, 2014년에는 유로스타2에도 정회원국으로 가입했다.

이에 더해 지난 2010년부터는 '코리아 유레카 데이'라는 행사도 매년 개최하고 있다. 행사 기간에는 최신 기술 이슈와 동향을 공유하는 세미나와 콘퍼런스가 마련되며 기술협력 수요를 발굴하기 위한 매치메이킹 미팅이 열린다. 유럽 각국 연구자들을 대상으로 우리의 기술 수준을 홍보하고, 기술 협력에 대한 의지를 적극적으로 피력하는 것이다.

그 덕분에 우리나라는 이제 유럽지역에서 제법 성실한 기술 협력 파트너로 인정받는 모양새다. 행사에 참석하는 해외 산학연 관계자 수는 해마다 늘고 있으며, 코리아 유레카 데이 행사를 통해 선정된 국제공동 R&D 과제 수도 30개에 육박한다.

지난달 25일부터 27일까지 스웨덴 스톡홀름에서 열린 올해 행사에는 독일, 스페인, 스위스 등 유럽 20여개국에서 100여개의 기업이 스웨덴을 찾아 국내 중소기업 및 연구기관 40곳과 총 316건의 일대일 상담을 진행했다.

참여했던 기업들은 대체로 "문화가 다른 외국 연구자들과의 의견 조율이 쉽진 않았지만, 각자 기술과 노하우를 공유함으로써 개발 속도를 단축하고 해외 시장조사나 현지 특성에 맞는 상품 개발에 큰 도움을 받았다"는 평가를 내놓는다. 이번에 필자가 참관한 비즈니스 미팅에서도 그런 긍정적인 분위기를 느낄 수 있었다.

고대 그리스를 대표하는 수학자이자 물리학자인 아르키메데스는 욕조에 몸을 담글 때 물이 넘치는 현상에 착안하여, 금과 은의 밀도 차이를 이용해 순금 왕관의 실제 부피 측정법을 알아내고는 참을 수 없는 기쁨에 '알아내다'라는 뜻의 그리스어 '유레카'를 외쳤다고 한다.

이제는 개별 연구자, 개별 기업 단독으로만 진행하는 R&D로는 더 이상 글로벌 경쟁력을 안정적으로 확보하는 것이 어려워진 시대다.

전혀 생각지 못했던 곳에서 혁신의 돌파구를 마련했던 그 옛날 아르키메데스처럼, 우리 중소·중견기업과 유럽의 산학연 관계자들도 여러 형태의 국제기술 협력 시도를 통해 또 하나의 '유레카'를 외치는 사례가 앞으로 더욱 많아지길 기대해 본다.

Comment

시장에 바로 적용할 수 있는 상용기술을 개발하는 것을 목표로 하는 유레카 프로그램은 우리 중소기업들에 개발비용 절감, 표준 선점, 잠재시장 확보, 협력기회 확대, 지식 확산 등 공동 연구개발 모델의 다양한 장점을 모두 담고 있다. 보다 많은 우리 중소기업들이 유레카와 같은 국제기술협력 프로그램을 적극적으로 활용할 수 있기를 바란다.

8000만 시장이 열린다

서울신문 2016년 5월 10일 화요일

고대 페르시아에서는 인류 최초의 발명이 숱하게 탄생했다. 메소포타미아 유적지에서는 세계 최초의 배터리인 '바그다드 전지'가 발견됐다. 7세기경 역사상 최초의 풍차를 만들어 낸 것도 페르시아인들이었다. 뿐만 아니라 중동의 뜨거운 열기 속에서도 식품을 오래 보관하고 저장하려고 '야크찰'이라는 얼음 저장고를 건축하는 기술까지 갖고 있었다고 한다.

페르시아는 세계를 잇는 도로와 운하를 건설했고, 천문학과 화학·물리학·수학과 의학 등 수많은 기술 분야에서 인류의 지적 토대를 쌓았다. 그 학문적 성과는 이슬람에 멸망된 뒤 고스란히 유럽으로 전파됐으니, 페르시아가 인류 문명사 발전에 커다란 기여를 한 것만은 틀림없어 보인다.

페르시아 제국의 후예인 이란이 깨어나고 있다. 지난 1월 미국과 유럽연합(EU)이 이란에 대한 경제 금융 제재를 해제하면서부터다. 핵 개발 의혹으로 국제 사회의 경제 제재를 받기 시작한 지 10년 만의 해금 조치다. 이에 따라 그동안 발전이 가로막혀 있던 건설, 가전, 철강, 화학, 해운, 자동차 및 정보기술 등 이란의 모든 산업 분야에서 해외의 기술과 자본을 끌어들여 성장을 도모하려는 움직임이 나타나고 있다. 때를 놓치지 않으려는 각국 정부의 움직임도 부산하다. 시진핑 중국 국가주석이 올해 초 발빠르게 이란을 방문했고, 아베 신조 일본 총리도 방문을 추진하고 있다.

우리나라는 이란과 1962년 수교를 맺었다. 1970년대 중동 지역 건설붐이 처음 시작된 곳도 바로 이란이다. 하지만 오랜 수교 역사에 비해 기업들의 투자는 아직 미진한 편이다. 2010년부터 2014년까지 우리 기업의 대이란 투자는 6건에 불과했다. 그럼에도 불구하고 이란 현지에서 한국 기업에 대한 신뢰도와 인지도는 꽤 높은 편이라고 한다. 이란 가전 시장의 70~80%를 한국 기업의 제품이 점유하고 있을 정도다. 드라마 '대장금', '주몽'에서 시작돼 빅뱅, 엑소 같은 케이팝 열풍으로 이어지는 이란 내 한류 역시 양국의 경제 협력 가능성을 높이는 우호적 요인 중 하나다.

이러한 상황에서 대통령이 이란과의 수교 이래 최초로 이달 초 대규모 경제사절단을 직접 이끌고 이란을 국빈 방문한 것은 양국 간 경제협력 강화에 대한 강력한 메시지로 읽힌다. 필자가 있는 한국산업기술진흥원(KIAT)도 이번에 이란 기술혁신청(CITC)과 양국 간 산업기술 교류 및 중소·중견기업 기술협력을 추진하기로 하고 양해각서를 체결하고 왔다. 기술혁신청은 이란 기업들의 기술혁신과 국제 협력을 전담 지원하는 대통령 직속 기구다.

두 기관 사이에 체결되는 양해각서는 KIAT가 추진하는 글로벌 산업기술나눔 사업(TASK · Technology Assistance and Solutions from Korea)을 주요 내용으로 한다. 글로벌 산업기술나눔은 한국의 산업기술 개발 역량을 개발도상국에 전수하는 산업통상자원부의 무상원조 사업이다. 기술 전문가 그룹이 직접 개발도상국 기업의 생산 현장을 방문해 기술 애로사항을 해결해 주고, 현지 기업의 기술 경쟁력을 높여 줌으로써 양국 기업이 상호협력을 도모하는 형태다.

이러한 사업 방식은 비교적 적은 비용으로 단기간에 두 나라의 교류를 확대하고 수출 판로를 열어 줄 수 있다는 장점이 있다. 이미 2014년에 베트남 기업을 대상으로 기술 지도가 수행됐고, 올해는 동남아시아, 중앙아시아, 중남미 지역 등으로 확대할 예정이다. 중동 국가 중에는 이란에서 처음으로 실시된다. 현재 이란 측과의 협의를 통해 폐기물 처리, 태양광, 석유화학, 스마트그리드, 발전 및 송배전 등 총 9개 산업 분야에 대한 협력 검토가 진행되고 있다.

원유 매장량 세계 4위, 천연가스 매장량 세계 1위의 자원 부국이자 인구 8000만 명의 거대한 내수 시장. 2014년 기준 4041억 달러에 이르는 국내총생산(GDP)으로 중동 2위의 경제 규모를 자랑하는 국가. 특히 대중국 수출 의존도를 낮추고 수출국을 다변화해야 한다는 숙제를 안고 있는 우리에게 이란이 전체 산업 중 제조업이 GDP의 44%를 차지하는 제조업 중심 국가라는 점은 매우 매력적인 포인트다. 세계 시장의 다크호스로 떠오른 이란 시장에서 기술력 있는 우리 중소·중견 기업들이 활짝 미소 지을 날을 기대해 본다.

Comment

이란은 아직 모든 게 불안정하지만 유구한 역사와 문화적 유산이 많고, 자존심이 강한 나라임에는 틀림이 없는 것 같다. 비즈니스 기회가 넘치지만 대금 결제가 아직 충분하게 담보되지 못한 환경에서 우리 기업들이 하나씩 두드리면서 성과를 쌓아가야 할 것으로 보인다. 미술관에는 억압을 표현하는 듯 유난히 무제가 많고, 찻집에서는 피스타치오와 물담배를 물고 가족, 연인들과 한가로이 시간을 보내고 있었다. 양국 기업인간의 친밀도는 충분히 갖춰진 듯 보인다. 이번에 이란과 협력 물꼬를 튼 것을 계기로 해외 산업기술 협력 네트워크의 범위가 중동으로 확대될 것을 기대해 본다.(16.5.4. 페이스북)

칸막이를 허물면 보이는 것들

이투데이 2014년 4월 18일 금요일

경계가 사라져가는 시대다. 또한 익숙해져 있던 일들이 어색해 보이기 시작했다. 사회 곳곳에서, 여러 산업 분야에서 다양한 형태로 '경계 허물기'가 진행되고 있다. 기술의 발달로 방송과 통신의 영역 구분이 사라지면서 TV로 보던 드라마를 휴대폰으로 이어서 볼 수 있고, 서양의학 전공자들과 동양의학 전공자들이 '통합의학'이라는 이름으로 의기투합하여 암 정복에 나서기도 한다. 뿐만 아니다. 미래에 필요한 융합형 인재를 키우려면 고등학교에서의 인문계─이공계 구분을 아예 없애야 한다는 목소리가 높다. 칸막이를 없애 편익을 추구하고 통합적인 사고로 더 많은 시너지를 창출해보자는 의미일 것이다.

그런데 사실, 진짜 경계 허물기가 필요한 분야는 따로 있다. 바로 공공 부문이다. 관료제는 행정 서비스에 전문성을 높이기 위해 필연적으로 도입된 시스템이긴 하지만, 그동안 칸막이식 행정문화가 조직 이기주의, 실적 챙기기 경쟁 등을 낳으며 비효율을 야기하기도 한다는 지적을 받아왔다.

그래도 최근 들어서는 일부 변화가 감지된다. 부처나 산하기관끼리 필요한 정보를 공유하면서 행정 비용은 줄이고 민원인의 서비스 만족도는 증가하는 '생산적 행정'이 시도되고 있는 것이다. 일례로 이제는 운전면허 발급이나 갱신을 할 때마다 번거롭게 4,000원을 내고 별도의 신체검사를 받을 필요가 없다. 보건복지부가 경찰청과 국민건강검진 정보를 공유하기로 했기 때문이다. 또 국세청과 관세청이 역외탈세 관련 혐의정보를 서로 공유·교환하기로 하면서 과세 형평성 제고와 세수 확보도 보다 용이해졌다. 이러한 사례들은 정부 내 칸막이를 해소하여 협업하고 정책의 수혜자인 국민의 행복을 이끌어내는, 이른바 '정부3.0'의 대표적 모범이라 할 만하다.

필자 역시 공공 부문에 오랫동안 몸담고 있으면서 어떻게 하면 기관 이기주의를 극복하고 정책의 효과를 제고할 수 있는지에 대해 많은 고민을 해왔다. 특히 정부가 연구개발(R&D)을 지원하여 나온 기술 결과물들이 시장에서 빛을 보지 못하고 쌓이기만 해서는 안된다는 문제의식을 가지고 있었다. 부처별로 막대한 예산을 들여 기술개발은 하고 있지만, 막상 R&D 과제가 끝나고 나면 해당 기술을 제품화로 연결시키려는 노력은 개별 부처 차원에서나 범정부 차원에서 부족했기 때문이다.

한국산업기술진흥원(KIAT)은 'R&D가 R&D로만 끝나서는 안된다'는 생각으로 지난 16일 '기술사업화협의체'를 발족시켰다. 협의체에는 산업통상자원부를 비롯한 7개 부처에서 R&D 과제 지원을 전담하는 기관 10곳이 대거 참여했다. 이로써 부처별로 흩어져 있던 미활용 기술의 활용도를 높이는 발판이 마련되었다. 협의체에 참여하는 기관들은 앞으로 보유 기술정보를 전면 공유하고 이를 필요로 하는 기업들에게 전달하는 한편, 기존에 각 부처에서 산발적으로 마련해놓은 기술이전·사업화·투융자 플랫폼을 공유함으로써 소비자가 원하는 제품이 시장에서 원활하게 탄생할 수 있도록 협업하기로 했다.

가장 먼저 할 일은 기술은행(NTB)에 각 부처와 기관들이 보유하고 있는 기술정보를 한데 모으고, 기술·시장 정보가 필요한 기업들을 대상으로 기술이전 설명회와 상담회를 공동으로 개최하는 것이다. 물론 정보만 공유한다고 해서 기술에 대한 기업들의 갈증이 해소되는 것은 아니다. 기업들이 법률, 회계, 마케팅, 인수합병(M&A), 기술평가, 인력양성 등 다양한 분야에 걸쳐 체계적인 사업화 컨설팅을 받을 수 있도록 전문가 자문단도 운영하기로 했다. 기업들은 1,100여명에 이르는 전문가들과의 밀착형 상담을 통해 실질적 혜택을 받아갈 수 있다. 보건, 환경, 에너지 등 연관성 있는 분야의 기술 정보를 연계하여 융합형 R&D 과제를 기획할 수도 있다. 또한 산업기술진흥원이 보유하고 있는 각종 펀드와 R&BD 과제도 기술사업화 협의체에 함께 참여하는 기관들에게 개방해 나갈 것이다.

기술사업화 협의체는 부처간 칸막이를 없애고 국가 기술정보의 개방과 공유를 통해 시너지를 추구해 보자는 정부 3.0 프로젝트이다. 기술사업화 분야에서는 사실상 처음으로 시도되는 개방형 협업이기 때문에 어떤 열매를 맺게 될지 필자도 참 궁금하다. 하지만 이 프로젝트의 성공 여부는 기술정보를 얼마나 개방했느냐에 달려 있지 않다. 그보다는 결과적으로 기술의 활용도를 얼마나 높였으며, 이를 통해 얼마나 새로운 부가가치와 일자리를 창출했는지가 더 중요하다. 기술사업화 협의체가 기술사업화 지원기관 모두의 관심과 노력을 바탕으로 부처간 진정한 소통과 협력의 채널로 자리매김하고, 나아가 창조경제형 일자리 창출에 기여할 수 있길 기대해 본다.

> **Comment**
>
> 6개 부처, 7개 기술지원기관과 에너지 발전 공기업 7개 기관, 중견기업연합회가 공동협력을 추진하기 위한 기술사업화협의체가 출범했다. 다양한 부처의 사업화 지원기관이 모인 기술사업화협의체가 구성됨으로써 앞으로 국가 R&D 성과 사업화에 더욱 속도를 낼 수 있게 되었다. 공동 정책기획, 정보 교류, 투융자플랫폼 공동 활용, 공동전시회 등 앞으로 해야 할 일이 많다. 협의체가 정부3.0의 협업 정신에 맞추어 중소·중견기업의 사업화에 든든한 버팀목이자 구심점으로 자리잡길 기대해 본다.(14.4.16, 페이스북)

제조혁신3.0을 위한 협업의 중요성

월간 매뉴팩처링 2014년 10월호

미국의 대표적인 기업 제너럴 일렉트릭(GE)은 지난해 항공기 엔진의 핵심 부품 중 하나인 노즐을 3D 프린팅으로 만들겠다고 선언했다. 1,300도 이상의 고온을 견뎌야 하는 노즐은 20가지 이상의 단계를 거쳐서 만들어지는 복잡한 부품이다. 이를 3D 프린터로 만든 덕분에 부품 제조 · 공정 단계가 훨씬 간소화됐다.

혁신적인 제품을 선보이기 위한 GE의 노력은 이뿐만이 아니다. GE는 슈퍼컴퓨터와 빅 데이터 분석 기술을 활용해 제트엔진의 성능을 끌어올렸다. 덕분에 별도의 재설계 과정 없이 일부 설계를 변경하는 것만으로 제품의 효율성을 향상시킬 수 있었다.

3D 프린터와 빅데이터를 활용해 공정과 비용을 줄인 GE의 사례는 최근 미국 정부가 추진하는 제조업 혁신의 결과다. 미국은 2010년부터 '리메이킹 아메리카(Remaking America)'라는 전략을 추진 중이다. 신기술을 제조업에 접목시켜 생산성을 높이고, 기술창업을 지원하며, 해외로 이전한 공장을 미국에 재유치하는 것이 주요 내용이다. 결과는 제법 성공적이다. 월풀, GE, 포드 등이 물류창고나 생산공장을 다시 미국으로 이전했으며, 2010년 이래 제조업 부문에서만 총 64만 개의 직접 고용이 창출 됐다. 미국이 이처럼 제조업에 투자하는 이유는 글로벌 금융위기 이후 제조업이야말로 소득과 일자리 창출의 주요 원천임을 새삼 실감했기 때문이다. 최근 국내 역시 정부가 '제조업 혁신3.0 전략'을 발표하는 등 제조업에 활기를 불어넣는 움직임이 시작됐다. 경공업 중심의 발전 전략(1.0)과 조립 · 장치산업 중심의 추격형 전략(2.0)을 넘어, 이제 융합 신산업 중심의 선도형 전략

(3.0)으로 우리 제조업의 경쟁력을 끌어올리자는 것이다. 이를 위해 산업통상자원부는 융합형 신제조업 창출, 주력산업 핵심역량강화, 제조혁신기반 고도화, 해외진출 촉진이라는 4대 전략을 추진한다. 여기에는 2020년까지 소프트웨어와 사물인터넷 기술을 융합해 공장 1만 개를 스마트화하고 소프트파워를 집중 육성한다는 내용 등이 담겨있다.

필자가 몸담고 있는 한국산업기술진흥원(KIAT)도 이 같은 제조업 패러다임 변화에 맞춰 중소·중견기업이 혁신에 필요한 동력을 갖출 수 있도록 집중 지원할 예정이다. 우선 인력 면에서는 산업계 수요에 맞춰 인력양성체계를 혁신한다. 이의 일환으로 KIAT는 산업별 인적자원협의체(SC) 기능을 확충하는 한편, 스위스처럼 산업계가 주도하는 직업교육 시스템도 도입할 방침이다. 현재 7개인 산학융합지구도 향후 25개 수준으로 확대된다.

기업의 R&D 기반 고도화도 KIAT의 몫이다. 중소·중견기업의 기술적 애로사항 해결을 지원하는 기술도우미 파견 사업, 대기업의 휴면특허를 이전시켜 기술 활용도를 높이는 기술은행 구축사업 등이 진행되면 기업들이 기술을 보다 손쉽게 확보할 수 있을 것이다. 특히 제조업 혁신 3.0 전략을 추진하는데 있어서 필자가 강조하고 싶은 것은 바로 '협업'의 정신이다.

기업들이 R&D혁신을 추진할때 부닥치는 이중규제, 혹은 갈라파고스 규제를 해결하기 위해서는 범정부적 협업과 제도 개선이 필요하기 때문이다. 예를 들어 기존 공장을 스마트 공장으로 바꾸거나 파괴적 혁신으로 만든 제품을 실증할 시범특수를 만들려면 법제도 정비와 규제 완화가 선행돼야 한다. 만약 부처간 영역을 허물고 협업하려는 의지가 없다면 제조업 혁신 3.0이 열매를 맺는 것은 불가능 할 것이다.

창조경제의 성과를 거두기 위해서는 제조업에서 융합형 신제조업으로 질적 전환을 꾀해야 한다. 이러한 시점에 민관 합동 제조혁신위원회를 구성한 것은 바람직하다. 지난 7월 열린 첫 회의에서 정부는 적극적 투자와 지원을 약속했고, 기업들도 산학연 주체간 협업 강화, 협력사와의 기술 개발을 통한 공생 네트워크 구축에 힘쓰겠다고 화답했다. 기업과 정부의 기분 좋은 동행에 발맞춰 KIAT도 앞으로 기업에 실질적 보탬이 될 사업을 수행할 것이다. 영국이 산업혁명을 주도하고 미국이 정보화 혁명을 일으켰듯 이제는 한국이 제조업 혁명의 부흥을 이끌어가길 기대해본다.

Comment

성장 정체기에 직면한 제조업의 퀀텀 점프를 위해 대두된 패러다임이 바로 제조혁신 3.0이다. 제조혁신 3.0은 스마트 공장, 사물인터넷, 소프트 파워 등의 키워드로 대표된다. 이를 원활하게 추진하기 위해서는 제조 기반을 혁신하고 융합형 신산업을 활성화해야 하는데, 관련 규제를 관장하는 부처간 협업이 없다면 어려운 일이다. 제조혁신 3.0의 열매를 맺기 위해 협업이 필요한 이유다.

기술혁신, '경계'를 넘어서자

디지털타임스 2013년 10월 23일 수요일

19세기 프랑스를 배경으로 장발장이라는 인물을 통해 인간적 가치에 대해 이야 기하는 영화 레미제라블은 국내에 개봉된 뮤지컬 영화로는 드물게 560만이 넘는 관객을 동원하며 인기를 끌었다. 이 영화가 주목을 받은 이유는 탄탄한 원작, 감독의 세련된 연출력 뿐만이 아니다. 바로 배우들이 영화 전체를 라이브로 불렀다는 점이다.

뮤지컬 영화는 현장의 소리를 충분히 제어하기 어려운 경우가 많기 때문에 스튜디오에서 후시녹음을 하는 게 일반적이다. 하지만 톰 후퍼 감독은 배우들에게 라이브 연주를 들으며 직접 노래하도록 요구했다. 덕분에 배우들은 녹음한 연주를 들으며 노래할 때보다 감정에 더 충실해 연기할 수 있었다. 아무도 해보지 않은 실험적 시도가 가능했던 데에는 최첨단 녹음 기술의 도움이 컸다. 배우의 숨소리까지 잡아내는 정직하고 리얼한 음향 기술이 없었다면 배우들의 목소리가 이처럼 풍성해지지 못했을 것이다. 예술이 기술이라는 날개를 달면서 한껏 돋보이게 된 셈이다. 덕분에 레미제라블은 '사운드에 있어서 새로운 지평을 연 작품'이라는 평가를 받는다.

아름답게만 보이는 불꽃놀이도 사실은 첨단 기술의 집약체이다. 꽃 모양, 무지개 모양, 하트 모양의 불꽃들이 레이저 특수효과, 음악과 만나 한 편의 짧은 드라마를 펼치는 모습은 그야말로 장관이다. 단순한 불꽃쇼를 벗어나 스토리가 있는 다양한 공연 연출이 가능하게 된 것은 화약 기술 발전에 따라 불꽃이 터지는 높이와 모양, 색상, 선명함, 지속 시간 등을 보다 자유롭게 조절할 수 있기 때문이다.

얼마 전 여의도 하늘을 아름답게 수놓았던 불꽃축제에서는 조용필의 노래 가사에 맞춰 불꽃이 터지는 등 정밀한 연출을 볼 수 있었는데, 이는 화약의 점화 장치를 컴퓨터로 제어한 덕분이다. 화약에 컴퓨터 칩을 장착하여 외부 조명이나 배경음악 소리에 맞춰 정확히 터뜨릴 수 있다. 화학 기술이 전자 기술 등과 결합하여 예술적 경지로 승화된 것이다.

앞의 사례들은 '테크놀로지'와 '문화'라는 이종(異種) 분야가 만나 교류하고 융합함으로써 좋은 성과를 이끌어낸 경우다. 고정관념을 파괴하고 경계를 허무는 도전적인 시도를 통해 많은 사람들의 감동을 불러일으킬 수 있었다.

기술을 개발하는 것도 마찬가지다. 특정 영역의 사고 틀에만 갇혀서 R&D를 하면, 선행 기술을 따라잡는 것은 가능할지 몰라도, 시장을 선도하는 기술, 인간을 편하게 해주는 기술, 오감을 만족시켜주는 매력 있는 제품은 만들기 어렵다. 때로는 다소 엉뚱하거나 실현 가능성이 낮아 보이는 구상도 하면서 자꾸 생각의 경계를 넘어 보아야 한다. 그러다보면 운전자의 상태를 감지해 안전 운전을 하게 도와주는 자동차, 스스로 에너지 효율을 추구하는 스마트한 건축자재도 나올 수 있다.

한국산업기술진흥원(KIAT)이 운영하는 기술인문융합창작소에서는 이공계 엔지니어들이 경계를 허무는 R&D, 융합형 R&D와 관련한 인사이트를 얻을 수 있도록 매월 지식콘서트인 창의융합콘서트를 개최하고 있다. 행사에는 엔지니어들에게 영감을 줄 수 있는 많은 연사들이 초대되고 있다.

최근 초대된 사진작가 김중만씨는 창의융합콘서트에서 "안전하다는 건 결국 창의적이지 않다는 것"이라며 "불확실하지만 창의적인 시도에서 새로운 가치를 찾을 수 있다"고 강조하기도 했다. 창의융합콘서트에서는 엔지니어들이 연구실에서 벗어나 심리학자, 건축가, 영화제작자, 도예가 등 다양한 배경의 전공자들과 만나 생각을 교류하고, 자유토론을 할 수 있다.

창조경제가 제대로 꽃피우려면 새로운 아이디어가 자유롭게 발현되고 이를 현실화하려는 시도가 많아져야 한다. 창의융합콘서트 같은 자리를 통해 우리 엔지니어들이 문화예술과 감성을 많이 흡수해서, 사회통합에 기여하는 따뜻한 기술과 제품을 만들고, 선도적으로 시장을 창출하는데 필요한 영감을 받았으면 좋겠다.

Comment

2012년 만들어진 기술인문융합창작소는 창의융합콘서트, 테크플러스 포럼 등 기술과 인문사회 분야간 생각의 경계를 허무는 데 도움이 되는 행사를 꾸준히 개최해 왔다. 그 결과물로 '한 우물에서 한눈팔기'(2014)라는 책을 발간하기에 이르렀다. 주요 강연자들의 인상 깊은 강연 내용이 일목요연하게 정리돼 있으니 행사에 직접 참여하지 못한 사람들이라도 당시 현장의 분위기를 느끼기에는 손색이 없을 듯하다.

인간을 향한 R&D

서울신문 2014년 3월 5일 수요일

최초(最初), 최고(最高), 최대(最大)의 타이틀은 언제나 주목받는다. 정치 · 경제 · 사회 · 문화 분야도 그렇지만 기술 관련 시장에서는 더욱 그렇다. 러시아와 유럽 간 첨예한 기술 경쟁 속에서 탄생한 콩코드는 최초이자 최고의 기록을 보유하고 있는 비행기였다.

1976년 상업 운행에 성공한 최초의 초음속 여객기이자, 운항고도 역시 기존 일반 비행기로는 도달할 수 없었던 최고 수준(2만km)이었다. 당시 최첨단 항공 기술이 집적된 여객기답게, 평균 7~8시간이 걸리는 파리-뉴욕 구간을 3시간 만에 주파하는 성능을 자랑했다.

그런데 초음속 운항에 필요한 추진력을 내려면 연료가 엄청나게 들기 때문에 콩코드의 요금은 일반 항공기의 1등석 요금보다도 세 배 이상 비쌌다. 운항 구간은 대서양 횡단으로만 한정됐다. 음속을 돌파할 때 발생하는 엄청난 소음이 환경을 파괴했기 때문이다. 게다가 비행기 몸체가 좁고 길어서 1회 수송 가능 인원은 겨우 130명에 불과했다. 한마디로 여객기로서의 경제성이 현저히 낮았고 안전성에도 문제가 많았다. 최초, 최고의 수식어를 달며 화려하게 등장했던 콩코드는 결국 27년 만에 조용히 퇴장의 길을 걸어야 했다.

콩코드의 실패 사례는 국력 뽐내기, 기술력 자랑에만 치중하고 안전 의식이 취약했던 연구개발(R&D)이 얼마나 무의미한지 여실히 보여주고 있다. 최초라는 타이틀을 따기 위한 경쟁에만 매몰된 나머지 경제성을 도외시했던 콩코드는 훗날 '기술 과잉'의 대명사가 되고 만 셈이다.

콩코드의 오류에 빠지지 않으려면 어떻게 해야 할까. 기술 자체에 목적을 두지 않는, 목표의식이 뚜렷한 R&D를 해야 한다. 그 목표는 단순하다. 바로 '사람'을 향하는 것이다. 제품을 사용하게 될 사람을 이해하고 사용자가 안락과 행복을 느낄 수 있도록 하기 위한 R&D에 집중하는 것이다.

사실, 인간 중심의 R&D는 굳이 '최초', '고유'의 기술일 필요가 없다. 원래 있던 것을 합치고 섞는 것으로도 새로운 가치를 창조할 수 있다. 애플 창업자 고(故) 스티브 잡스를 보라. 그는 제록스가 만들어놓은 그래픽 유저 인터페이스(GUI)를 활용해 매킨토시의 UI를 완성했고, 멀티터치 기술 개발사를 인수하여 아이폰에 적용했다. 새로운 기술을 직접 개발하기보다는 기존의 기술을 맥락에 맞게 재조합한 것이다.

그 결과 스티브 잡스는 누구나 사용하기 쉬운 직관적 스마트폰의 시대를 열 수 있었다. 이는 기술을 '이용자 중심, 인간 중심'의 시선으로 바라보면서 리디자인했기 때문에 얻은 결과다. 같은 대상이라도 전혀 다른 관점으로 해석하는 것, 익숙한 제품에 새로운 아이디어를 더해 인간을 편하고 즐겁게 해주는 제품을 만들어내는 것, 그것이 경계를 뛰어넘는 '융합'의 힘이다.

요즘에는 애플 아이폰으로 시작된 인문학 중시 바람, 기술-인문 융합에 대한 관심이 일종의 유행처럼 번지고 있는 듯하다. 특히 창조경제가 대두하면서부터 정부, 기업, 학교 등 거의 모든 곳에서 융합과 통섭이라는 단어가 핵심적인 화두로 자리 잡았다.

하지만 '융합'은 수단일 뿐 목표가 아니라는 사실을 분명히 해두고 싶다. 물론 융합은 기술 혁신을 가능케 하는 밑거름이 되고, 새로운 부가가치를 창출하는 데 도움을 주는 방법론임은 분명하다. 그래도 융합 그 자체가 R&D의 목적이 돼선 안 된다. 융합만을 위한 R&D는 철학이 없는 짬뽕식 뒤섞기일 뿐이다.

얼마 전 신문에서 '시각장애인용 2G(2세대)폰은 이미 단종됐는데 스마트폰의 음성인식 지원 기능은 실제 시각장애인이 쓰기에 너무 어렵고 불편하다'는 기사를 접했다. 일상생활에 혁명적 변화를 가져온 스마트폰이 정작 시각장애인에게는 무용지물이 된 안타까운 사연이었다. 그래서 제안해본다. 시각장애인이 편하게 쓸 수 있는 스마트폰 인터페이스를 개발하면 어떨까. 장애인이 쓰기 편한 스마트폰이라면 당연히 다른 사람들도 편리하게 쓰지 않겠는가. 1808년 이탈리아의 펠레그리노가 시각장애인이었던 여자친구를 위해 발명한 최초의 타자기가 결국 모든 사람들에게 혜택을 가져다 주었듯이 말이다. 사람 중심의 R&D, 인간 지향적인 R&D 아이디어는 멀리 있지 않다.

Comment

KIAT가 기술인문융합창작소를 운영해서인지 종종 필자에게 융합의 방법론에 대해 물어오는 사람들이 있다. 본문에서도 밝혔듯이 그저 융합을 위한 융합이어서는 곤란하다. 덮어놓고 뒤섞기보다는 목적에 맞는 의미 있는 결합이라야 한다. 사용할 사람의 마음까지 헤아리는 기술과 제품은 그렇게 탄생한다.

관찰의 힘과 창의적 제품

서울신문 2014년 5월 14일 수요일

미국 스탠퍼드대학교에서 인류학을 전공하고 가르치던 제네비브 벨은 1998년 컴퓨터 중앙처리장치(CPU) 등 반도체를 설계하는 기술회사 인텔(intel)에 합류했다.

그가 인텔에서 한 일은 사람들이 집이나 학교에서 디지털 기기를 어떻게 소비하고 사용하는지 관찰하는 것이다. 수집된 정보는 신제품 개발을 담당하는 기술자들에게 전달됐으며, 나중에 인텔이 엔터테인먼트용 PC, 교육용 PC를 고안하고 저전력 반도체를 설계하는 데에 많은 영향을 미쳤다고 한다.

인문학과의 교류를 통해 제품 이용자를 이해하고 분석하려는 회사들은 인텔만이 아니다. 그중에서도 소비재를 생산하는 기업들은 적극적이다. 식품회사 제너럴밀스는 중고등학교 앞에서 방과 후 학생들의 행동을 주의 깊게 관찰한 결과 걸어다니면서도 먹기 편한 먹거리가 필요하다는 결론을 얻고 짜 먹는 요구르트를 만들었다.

세계적 생활용품 업체 프록터앤드갬블(P&G) 역시 멕시코에 있는 저소득층 가정의 생활을 관찰 조사한 덕분에 물과 헹굼 시간을 절약할 수 있는 농축 세제의 아이디어를 얻을 수 있었다.

많은 기업들은 이처럼 소비자들의 마음속 욕구를 파악하고 실현하기 위해 제품을 기획하고 설계하는 단계에서부터 인문학자와 심리학자의 도움을 받고 있다. 특히 앞서 언급한 사례에서도 알 수 있듯 고객 분석 기법으로 '관찰'이라는 조사방식을 채택하는 점이 인상적이다. 사실, 미리 세팅돼 있는 질문에 답하는 설문조사나 1대1 심층 면접 같은 형태로는 소비자 욕구를 파악하는 데 한계가 있다. 질문자와 마주하고 있어서 껄끄러운 질문에는 솔직한 대답을 하기 어렵기 때문이다.

관찰은 발견 혹은 발명과는 다르다. 발견(發見)은 미처 찾아내지 못했거나 아직 알려지지 않은 사물이나 현상, 사실 등을 찾아내는 것이고, 발명(發明)은 아직까지 없던 기술이나 물건을 새로 생각해 만들어내는 것이다. 보지 못했던 것을 들춰내고, 세상에 없던 것을 창조해 낸다는 점에서 발견과 발명은 매우 중요하다. 하지만 무언가를 발명하기까지는 호기심을 갖고 면밀하게 주변을 관찰하는 작업이 반드시 수반돼야 한다. 관찰하고 알아야 대상을 이해할 수 있고, 불편한 점도 보이기 때문이다. 그런 의미에서 관찰은 창조의 첫걸음이라 할 수 있다.

필자는 기업과 대학, 연구소의 산업기술 연구개발(R&D)을 지원하는 분야에 몸담고 있다 보니, 좋은 기술을 개발해 놓고도 정작 매출로 연결시키는 사업화에는 실패한 기업들의 이야기를 가끔 접하게 된다. 기업들이 안타까운 좌절을 겪는 이유는 대부분 자금이나 관련 노하우가 부족해서다. 하지만, 어떤 경우는 소비자 관찰이 부족해서라는 생각이 든다. 해당 기술이 소비자에게 어떤 효용을 줄 수 있는지에 대해 충분히 고민하지 않고 제품화에 뛰어든 결과다. 소비자의 욕망을 잘 파악하고 이를 실현시켜 주는 제품을 생산하는 기업은 성공 가능성이 높다.

일찍이 19세기 말에 기술창업으로 자동차 산업의 지평을 열었던 헨리 포드는 소비자의 욕망을 파악하고 생산방식을 혁신함으로써 고객을 '발견'하고 '발명'하여 자동차 왕국을 건설했다. 대당 2600~3000달러나 하는 가격 때문에 자동차 시장 형성이 저조한 것을 본 그는 일반적인 봉급 생활자 누구나 자동차 구입이 가능하도록 컨베이어 벨트 생산 방식을 통해 T모델을 260달러에 생산해 냈고, 그 결과 미국에는 마이카 시대가 도래하게 된다. 지금도 전기자동차, 웨어러블 스마트 기기, 3D 프린팅 등 세계 여러 분야에서 관찰→발견→발명의 가능성은 얼마든지 열려 있다고 본다.

그러나 항상 위대한 발명을 해야 세상을 바꾸는 것은 아니다. 때로는 꾸준한 관찰만으로도 비슷한 결과를 얻을 수 있다고 본다. 애플 창업자 고(故) 스티브 잡스도 '다르게 생각하라'(Think different)는 모토를 기반으로 정보기술(IT) 생태계의 질서를 새로 만드는 데 성공하지 않았는가. 우리나라에도 관찰을 통해 자연과 인간에 대한 패턴과 습성을 밝히고, 이를 통해 새로운 기술과 제품에 대한 영감을 받는 연구자들이 많아지는 동시에 실제 사람들의 욕구를 충족시켜주고 행복감을 주는 신제품이 많이 개발되기를 기대해본다.

Comment

창조는 어떻게 일어날까? 누가 강단이나 세미나에서 가르쳐줄까? 아니면 고수나 멘토가 길을 보여줄까? 하늘 아래 무로부터 창조되는 것은 없는 것 같다. 변화하는 세상과 변화를 미루려는 사람들 사이를 메꾸어 줄 무엇인가를 또는 사람들의 머릿속이든 실질적이든 편안함을 추구하는 수요를 찾아내서 풀어주는 것이 창조가 아닐까. 결국 사람들을 즐겁고 기쁘게 그리고 무엇보다도 편하게 해주는 것이어야 한다. 그러기 위해서는 끊임없는 관심을 가지고 '관찰'을 계속해야 하고 이때 '새로운 시각' 그리고 비슷하지만 또 다른 '문화, 예술, 인문학 등 다양한 관점'이 필요할 것이다. 그리고 나면 무언가 부족했던 것을 '발견' 하게 되고 그걸 상품이나 서비스에 실현하는 게 경제적 측면의 '창조'가 아닐까 한다. 그 과정에서 무한 반복과 실패와 눈물이 따를 것이다. 그래야 창조물이 더 가까이 더 편안한 형태로 우리 곁에 있게 될 것이다. 창조의 주역은 학자가 아니라 끈질긴 집념을 가진 발명가, 연구자 또는 기업가라고 생각한다.(13.8.30. 페이스북)

창조적 융합을 하려면

국가산업융합지원센터 웹진 투게THE 2015년 12월호

융합과 비례하는 창조경제

창조경제가 우리 사회 핵심 키워드로 떠오르면서 이제 '융합'은 더 이상 일반인에게도 낯설지 않은 단어가 되었다. '창의적 아이디어를 어떻게 기존 기술 및 산업과 접목하고 결합시킬 것인가' 하는 융합의 수준에 따라 창조경제의 성과가 좌우된다.

실제로 금융과 정보통신기술(ICT)이 만난 핀테크(Fin-Tech) 산업이 새로운 먹거리로 주목받고 있는 것처럼, 최근 사회 곳곳에서 융합의 시도가 다양하게 이뤄지고 있는 것은 반길 만한 일이다.

필자가 몸담고 있는 한국산업기술진흥원(KIAT)도 국내 기술 현장에 창의융합형 연구개발(R&D) 문화를 확산시키기 위한 목적으로 지난 2012년 '기술인문융합창작소'를 개소한 바 있다. 창작소에서는 매월 창의융합콘서트를 열어 '연구자들이 일방향적 R&D를 지양하고, 이종(異種) 분야 간 교류와 융합을 통해 새로운 아이디어를 얻는 것이 필요하다'는 메시지를 전달하고 있다.

새로운 가치를 만들어낸 창조적 융합

융합의 중요성이 강조되는 시대이지만, 그렇다고 융합이라는 단어에 매몰돼선 안된다. 융합은 성과를 내기 위한 수단일 뿐, 융합 그 자체가 목표가 될 수 없기 때문이다. 그냥 막연히 '섞으면 뭔가 새로운 것이 나오겠지' 하는 생각으로 접근한다면 실패로 끝날 가능성이 다분하다. 그렇다면 창조적 융합은 어떻게 해야 할까. 이해

를 돕기 위한 사례를 몇 가지 들어보겠다.

혹시 출근길에 동네를 누비는 야쿠르트 배달용 전동카트를 본 일이 있는가. 한국 야쿠르트가 국내 중소ㆍ중견기업 4개사와 협업해 개발한 이 전동카트는 세계 최초의 '탑승 가능한 이동형 냉장고'다.

유제품을 신선한 상태로 오래 보관하면서도, 배달원이 직접 타고 다닐 수 있도록 했다. 전동카트에 장착된 냉장고는 65㎖짜리 작은 야쿠르트가 한 번에 최대 3,300병까지 들어갈 정도로 용량이 크다. 대용량 리튬이온 전지를 8시간 충전하면 하루 종일 냉장 상태의 유제품을 각 가정에 배달하는 데 문제가 없다. 최대 시속은 8km로 빠르진 않지만, 대신 경사진 곳도 편리하게 운행할 수 있도록 안전성에 초점을 맞췄다. 냉장용 얼음을 따로 챙겨서 가방에 담아 배달하던 시절과 비교하면 천양지차다.

'보다 안전하고 편리하게 배달할 수 없을까' 하는 고민에서 시작된 이 프로젝트 덕분에 배달원들의 만족도가 높아진 것은 물론이고, 배달의 질이 좋아지면서 매출도 오름세라고 한다.

전동카트에는 사실 획기적인 신기술이 적용되진 않았지만 기존의 냉장 기술, 배터리 기술 등을 멋지게 조합해 놓은 것만으로도 '전에 없던 새로운 부가가치'를 창조해 내는 데 성공했다.

1996년 아프리카 짐바브웨 수도 하라레에 세워진 쇼핑센터 이스트게이트는 에어컨이 없다. 세계 최초의 자연냉방 건물이다. 그런데도 한여름에 늘 섭씨 24~26도를 유지한다. 비밀은 건물 옥상에 뚫어놓은 통풍 구멍이다. 따뜻한 공기가 나갈 수 있는 굴뚝을 만들어놓은 것이다. 맨 아래층에도 구멍을 뚫어서 차가운 공기가 내부로 유입되도록 했다. 덕분에 같은 규모 건물의 10% 정도에 불과한 전력만 사용한다.

이 빌딩을 만든 건축가 믹 피어스가 아이디어를 얻은 곳은 다름 아닌 아프리카 흰개미의 집이다. 흰개미는 아무런 도구 없이도 4m에 육박하는 탑 형태의 집을 짓고 사는데, 집 곳곳에 수많은 구멍을 뚫어놓고, 그 구멍들을 열고 닫으면서 공기의 흐름을 조절한다. 그래서 흰개미집 안은 외부 기온 변화와 관계없이 실내 온도와 습도가 일정하게 유지된다고 한다. 그냥 스쳐지나갈 법한 자연 현상일지라도 꼼꼼히 뜯어보고 관찰함으로써 창조의 실마리를 발견한 건축가의 통찰력이 놀랍다.

창조적 융합은 멀리 있지 않다

많은 사람들은 '창조'라는 말을 너무 거창하게 생각하는 경향이 있다. 무(無)에서 유(有)를 만들어내는 작업, 그렇기 때문에 아무나 할 수 없다고 보는 것이다. 하지만 창조를 해석하는 스펙트럼을 조금만 넓히면 생각이 유연해질 수 있다. 원래 있던 기술이라도 새롭게 접근해보거나, 같은 기술이라도 다른 관점에서 다시 들여다본다면 얼마든지 소비자에게 감동을 주는 제품에 대한 영감으로 이어질 가능성이 있는 것이다.

앞서 살펴 본 야쿠르트 배달용 전동카트, 에어컨이 없는 대형 쇼핑몰 등은 기존 기술과 주변 현상에서 영감을 얻어 이를 재조합하고 적용시킨 훌륭한 '창조적 융합'의 사례다. 물론 여기에는 세상을 향한 따뜻한 호기심, 그리고 주변에 관심을 갖고 면밀하게 관찰하는 통찰력이 반드시 전제돼야 할 것이다.

어쩌면 창조적 융합은 우리가 생각하는 것만큼 멀리 떨어져 있는 것, 어려운 것이 아닐지 모른다. 창조와 융합에 대한 유연한 태도를 바탕으로, 내년에는 우리 사회가 기대하는 창조경제의 성과를 보다 풍성하게 거둘 수 있기를 바란다.

Comment

야쿠르트 전동 냉장카트는 전혀 새로울 것 없는 기술들의 조합일 뿐이다. 야쿠르트 배달 아주머니들을 감동시킨 기술은 수십 수백 억원을 들인 R&D 결과물이 아니라 기존 기술들의 '아름다운' 조합이었던 것이다. 그리고 보면 창조적 융합은 정말 멀리 있는 것이 아님을 느끼게 된다.

사람과 교감이 스마트 기술 핵심

중앙일보 2015년 12월 8일 화요일

1985년 개봉작으로, 시간여행을 소재로 다채로운 웃음을 선사한 SF(science fiction films)코미디영화 '백투더퓨처'(Back to the future)가 얼마 전 극장에서 재개봉됐다. 영화 속 주인공이 타임머신을 타고 떠났던 30년 후의 시간, 2015년이 도래한 것을 '백투더퓨쳐 데이'로 기념하기 위함이었다. 재개봉된 이 영화의 관람 포인트는 당시 영화가 상상했던 2015년의 첨단기술이 현재 우리 삶 속에서 얼마나 구현되었는지 살펴보는 것이었다.

놀랍게도 많은 영화 속 장면은 오늘날 우리의 생활과 유사해 보인다. 30년 전 상상했던 영화 속 2015년은 벽걸이형 스크린으로 화상통화를 하고 지문인식으로 출입문을 오간다. 주인공이 악당의 습격을 피해 도망칠 때 사용한 자동신발 끈이 달린 운동화는 실제로 나이키사가 2010년 특허를 출원하였으며 조만간 출시할 계획이라고 밝힌 바 있다. 또한, 하늘을 날아다니는 공중부양판 호버보드는 미국의 벤처기업인 '아르스팍스'가 2014년 전자 유도방식을 이용해 금속표면의 지상에서 2~3cm 정도 떠서 이동하는 초보 단계의 제품으로 발표했다. 뿐만 아니라 영화 속 2015년의 주인공 자녀가 쓰고 다닌 기묘한 모양의 전자안경은 지금의 웨어러블 기기 구글 글래스와 매우 흡사하다. 당시 영화 제작자의 상상력, 그리고 이를 현실로 만들기 위해 노력한 공학자의 역할이 돋보이는 부분이다.

사물인터넷(IoT, 생활 속 사물을 유무선으로 연결해 정보를 공유하는 환경), 핀테크(금융과 기술이 결합한 서비스), 증강현실, 3D프린팅 등으로 대표되는 최근의 기술 혁신은 제조업을 비롯한 산업 생태계 뿐 아니라 인간의 삶 전반까지도 바꾸고 있다. 따라서 앞으로의 혁신은 기술 자체가 아닌, 그것을 사용하는 사람과 사회에 어떤 감동과 가치를 안겨주느냐가 좌우할 것이다. 혁신의 이정표가 기술 중심에서 인간 중심으로 변화하는 것이다.

산업통상자원부와 한국산업기술진흥원은 사람과 교감하는 기술이 시장의 선택을 받을 수 있다는 생각을 확산시키기 위해 지난 2009년부터 중앙일보와 함께 신개념 지식콘서트 '테크플러스(tech+)'를 개최해 왔다. 테크플러스는 국내외 각계 각층의 혁신 리더가 강연을 통해 산업과 기술, 인문, 사회, 문화, 예술을 아우르는 지식융합의 비전을 제시하고, 신기술 시연도 즐길 수 있는 자리이다. 때문에 산학연 관계자 뿐만 아니라 학생과 일반 국민에게도 훌륭한 기술문화 체험의 장이 되고 있다.

오늘(8일) 건국대 새천년관에서 열리는 테크플러스 2015의 주제는 '스마트라이프, 인간(人間)에게 묻다'이다. 3년 연속 하버드대 최고의 인기 강연자였던 성격심리학 권위자 브라이언 리틀 교수, 애플과 테슬라의 새로운 업무공간을 설계한 랜스 김 등이 참석한다. 한국산업기술의 새로운 비전을 나누고, 휴머니즘과 기술이 공존할 미래에 대해 고민하는 뜻깊은 시간이 되길 기대해본다.

Comment

테크플러스(tech+) 포럼에서는 그동안 호기심과 상상력을 자극하는 기술, 미래 인간의 삶에 획기적으로 긍정적인 영향을 미칠 수 있는 기술만 엄선해 소개해 왔다. 손가락 움직임만으로 볼륨을 조정하거나 음정을 바꾸는 전자피아노 시보드(seaboard), 해리포터에서 등장한 투명망토 기술, 3D프린팅 등이 대표적이다. 미래 기술의 특징은 인간과의 교감이 얼마나 잘 이뤄지는지에 있다는 것이다. 영화 속 상상이 현실이 되듯, 테크플러스에서 제시한 기술들이 조만간 우리의 미래를 그려갈 날이 올 것이다.

누가 좋은 제품을 만드는가

아주경제 2016년 3월 22일 화요일

"좋은 제품 · 서비스 만들어내는 것 제작자 아닌 시장 소비자가 결정
KIAT '기술인문융합창작소' 통해 중소 · 중견기업 제품개발 상담지원
소비자가 원하는 가치 못 담을 땐 생각의 뒤집기 · 비틀기가 더욱 필요"

중국을 대표하는 전자상거래 업체 알리바바의 마윈 회장은 평소 커피를 마시지 않는다. 그런데도 그는 바쁜 일정 중 가끔 커피전문점 스타벅스에 자주 들른다고 한다. 매장을 오가는 사람들의 모습을 지켜보고 관찰하면서 새로운 사업에 대한 구상을 하기 위해서다. 알리바바가 클라우드 컴퓨팅 서비스에 일찍 눈을 뜨고, 가상현실(VR) 분야에도 뛰어드는 등 미래 가치에 선제적으로 과감히 투자하는 배경에는 고객의 변화에 민감하게 반응하는 마윈 회장의 선견지명이 자리하고 있다.

경영자뿐만 아니라 상품 기획자들도 종종 회사 밖에서 신상품이나 서비스의 밑그림을 찾는다.

볼펜으로 유명한 모나미의 송삼석 대표는 직원들에게 '틈나는 대로 나가서 돌아다니라'는 말을 많이 한다. 필기구를 쓰는 고객의 패턴이나 특징을 직접 보고 파악해 상품 기획에 반영하기 위해서다. 물이 묻어도 잘 써지는 마카펜은 직원들이 노량진 수산시장에 가서 떠올린 아이디어다.

서울 홍익대 근처에 고급스런 분위기의 매장을 따로 내어 고객들의 반응을 체크하기도 하고, 손톱에 바르는 네일펜이나 캘리그라피 전용 펜도 개발했다. 다양한 시도 덕분에 문구 매출의 수익성이 좋아진 것은 물론이다. 모나미의 당기순이익은 2014년 흑자로 전환된 데 이어 지난해에는 전년 대비 62%나 늘어난 51억원으로 뛰어올랐다.

알리바바와 모나미가 실천하는 원칙은 간단하다. '고객의 입장에서 생각하기'다. 좋은 제품과 서비스는 만들어내는 사람이 좌우하는 것이 아니라 시장에서 소비자들이 결정한다는 사실을 알고 있기 때문이다. 하지만 무작정 고품질, 최고의 기술력에만 매달리다 보면 정작 소비자가 원하는 가치와 감성을 담는 데에는 실패하기도 한다. 이런 기업이라면 제품 개발의 프로세스 흐름을 바꿔볼 필요가 있다. 뒤집어 생각해보고, 반대로 생각해보고, 비틀어서 생각해보는 것이다.

이를 위해 필자가 몸담고 있는 한국산업기술진흥원(KIAT)은 '기술인문융합창작소'라는 조직을 통해 중소·중견기업의 제품 개발시 융합적 사고를 접목할 수 있도록 컨설팅을 지원해준다. 주변의 사소한 현상이라도 호기심과 의문을 갖고 지켜보면, 그 과정에서 다양한 분야의 생각이 교류하고 창의적 아이디어가 튀어나올 수 있기 때문에 기업 내 담당자들을 대상으로 '관찰하는 태도'를 훈련시키는 것이다. 지난해 4개사를 상대로 시범 운영을 진행했고, 올해는 수혜 기업을 40여개사 이상으로 대폭 확대할 계획이다.

최근 우리 경제를 이끌던 주력 산업의 경쟁력이 침체되고, 수출 회복세마저 더딘 상황이 지속되면서 기존의 성장 전략을 수정해야 한다는 목소리가 높다.

생각의 뒤집기, 비틀기가 더욱 간절해지는 시점이다. 실제로 관점을 바꾸면 새로운 부가가치, 숨어있던 시장도 보일 수 있다. 고구마에 묻은 진흙을 털어내려고 세탁기를 사용했던 쓰촨성 농민들을 위해 세탁기 사용법을 알려주는 대신 아예

고구마와 과일 세척이 가능한 세탁기를 개발하여 판매했다는 장루이민 하이얼 회장처럼, 지금 우리에게는 어려움을 이겨낼 수 있다는 의지와 코페르니쿠스적 발상의 전환이 필요하다.

Comment

기술인문융합창작소에서는 중소·중견기업들을 대상으로 융합형 제품을 개발하는 방법론을 전파하고 관련 컨설팅을 지원한다. 소비자 관점에서 신제품 개발 아이디어를 찾을 수 있도록 도움을 주는 것이다. 공감을 통해 소비자와 눈높이를 맞추고, 인문학 관점에서 제품 아이디어를 발굴·기획하는 내용이 포함돼 있다. 아직 개선 사항이 있고, 수혜 기업이 많지는 않지만 기업들이 소비자 관점의 융합형 신제품을 만들어내는 데 있어서 실질적인 도움이 될 것으로 기대한다.

디지털 노마드 '제주 속으로'

이투데이 2016년 8월 16일 화요일

적은 수의 유목민을 바탕으로 많은 인구를 자랑하던 정주 문명을 정복한 칭기즈칸의 성공 비결로 '레고'와 같은 유연한 조직 시스템을 지목하는 학자가 많다. 칭기즈칸은 몽골 초원에서부터 수많은 정복전을 거치면서 적장과 적군을 '칭기즈칸의 사람'으로 바꿔 나갔다. 케레이트족과의 싸움이 끝난 뒤 케레이트족 포로 대다수가 다음 정복지를 유린할 군대의 주력이 됐고, 서아시아의 강자 호레즘을 정복할 때는 정주 지대인 중국지역에서 모집한 군대를 바탕으로 상대에 맞는 맞춤형 전술을 구사했다.

십호(十戸 · 아르반)와 백호(百戸 · 자운), 천호(千戸 · 밍간), 만호(萬戸 · 투멘) 같은 10진법 단위로 각 부대를 편성했던 덕에 정복지 군대를 편입시킬 때 구조적 어려움도 적었다. 정복지가 넓어질수록 칭기즈칸 부대의 규모는 커져갔고 후대 역사학자들은 이를 두고 손쉽게 자기복제와 확장을 한다는 의미에서 '레고식 시스템'이라고 부른다.

오랫동안 잊혔던 유목(노마드)세력의 강점은 디지털 시대를 맞아 다시 주목받기 시작했다. 시간과 장소에 구애받지 않고 IT기술을 무기로 세계와 협업할 수 있다는 점, 자유롭게 사업을 확장하고 다른 기업과 손을 잡아 협력할 수 있다는 점에서 디지털 기술과 노마드 세력이 공통점이 많기 때문이다.

칭기즈칸의 레고형 군대처럼 다양한 국적과 직업, 경력을 가진 '디지털 노마드'들이 자유롭게 드나들고 협업하고 소통하면서 새로운 부가가치를 창출해 내는 사업 모델에 대한 사회의 관심도 커졌다. 이와 관련해 오는 23일 제주에서 열리는 '2016 테크플러스(tech+) 제주'는 디지털과 노마드의 특징과 장점을 오롯이 담아내는 행사라고 생각한다.

테크플러스는 기술(Technology)과 경제(Economy), 문화(Culture), 인간(Human) 4가지의 결합을 뜻하는 용어로 이종(異種) 분야 융합을 통해 세상을 바꾸는 새로운 생각들을 만들어낸다는 의미를 담고 있다.

지난 2009년 시작해 7년간 2만3000명 이상이 이 행사를 다녀갔다. 창조적 산업 기술 생태계 육성을 위한 기술과 인문 간 교류가 촉진되고 참가자들의 소통이 활성화되는 것이 테크플러스의 궁극적인 목표다.

이번 제주 행사에도 산학연 전문가와 업계 관계자 등 400여 명이 참석할 것으로 예상된다. '디지털 노마드 인 제주(in Jeju)'를 주제로 다양한 국적과 직업, 경력을 지닌 '디지털 노마드'들이 자유롭게 드나들어 협업하고 소통하며 새로운 부가가치를 창출하는 제주의 미래를 그려볼 전망이다. 손미나 여행작가와 김상수 라이크 크레이지 대표, 최형욱 매직에코 대표, 최두옥 베타랩 대표, 최정윤 유디아이 대표 등 각 분야를 넘나드는 디지털 노마드들이 주인공으로 참여해 기술과 인문 융합 지식의 확산을 추진할 예정이다.

필자는 이번 행사가 '테크놀로지'와 인문, 경제, 문화라는 이종 분야가 만나 교류하고 융합함으로써 좋은 성과를 이끌어 낼 것이라고 확신한다. 특정 영역의 사고 틀에만 갇혀서 연구개발(R&D)을 한다면 선행 기술을 따라잡는 것은 가능할지 몰라도 시장을 선도하는 기술, 인간을 편하게 해주는 기술, 오감을 만족시키는 매력 있는 제품은 만들기 어렵지 않겠는가.

때로는 다소 엉뚱하거나 실현 가능성이 낮아 보이는 구상도 하면서 자꾸 생각의 경계를 넘어 보아야 한다. 창조경제가 제대로 꽃피려면 새로운 아이디어가 자유롭게 발현되고 이를 현실화하려는 시도가 많아져야 할 것이다. '2016 테크플러스(tech+) 제주' 행사가 고정화된 사고의 한계를 뛰어넘는 하나의 계기가 되기를 바란다. 테크플러스는 제주를 시작으로 전주, 창원, 천안에서 순차적으로 개최될 예정이다. 정주 문명을 거침없이 뚫고 대제국을 건설했던 유목민들처럼 고정관념을 파괴하고 경계를 허무는 도전적인 시도가 본 행사를 통해 더욱 늘어나기를 응원해 본다.

Comment

유목민 문명을 건설한 징기스칸 제국은 틀에 갇혀 있지 않은 열린 사고로 아시아를 넘어 유럽까지 확장할 수 있었다. 그런 점에서 기술(technology), 경제(economy), 문화(culture), 인간(human)의 결합과 교류를 통해 새로운 생각을 해낸다는 의미의 테크플러스(tech+)는 유목민의 특징과도 통하는 것 같다. 테크플러스라는 단어 자체가 디지털노마드로도 해석할 수 있는 셈이다. 2016년 7월 열린 제주 테크플러스 포럼은 실제로 디지털노마드라 할 만한 사람들이 직접 자신의 이야기를 들려주는 뜻깊은 자리였다.

희망에 대하여

희망, 공동체 정신

창의적 기술인재 양성 · 기업중심 산학협력

여성인재 육성의 필요성

공유와 공동체 정신

서울경제 2013년 11월 7일 목요일

유명 대학들의 강의가 대학생이 아닌 일반인들에게도 점차 공개되는 추세다. 비싼 등록금을 내야만 접근할 수 있었던 고등교육이 이제는 '개방'과 '공유'의 철학을 싣고 캠퍼스 담장 밖으로 확대되고 있는 것.

서울대는 일부 강의를 인터넷 홈페이지와 모바일 애플리케이션으로 온라인 공개하고 있으며, 고려대는 재학생들이 듣는 정규 강의를 일반인도 들을 수 있도록 외부 수강생을 초대하는 행사를 가졌다. 지식을 나누는 데 인색하고 폐쇄적이었던 대학들이 다양한 인적 · 물적 자원을 지역 주민들과 함께 나누며 따뜻한 공동체 만들기에 앞장서고 있는 모습이다.

대학이든, 기업이든 오래 가는 조직에서 발견되는 공통점은 바로 조직이 뿌리내리고 있는 지역사회에 기여하면서 사회적 책무를 다했다는 것이다. 장수기업들은 대체로 기업이 속한 곳에서 사회공헌 활동도 많이 하고, 지역사회를 잘 이해하면서 좋은 관계를 유지하는 등 동반성장, 공동체 정신을 강조하는 경영 기조를 유지해 왔다. 또 캐시카우 중심으로 단기적 수익 창출에 집중하기보다는 환경 변화에 맞춰 어떻게 혁신할지에 대해 더 중요하게 생각했다.

1879년 창립된 프록터앤갬블(P&G)은 아프리카 개발도상국에 식수정화기를 제공하면서 환경친화적인 기업 이미지를 구축하고 있다. 끊임없이 아이디어 제품을 내놓는 쓰리엠(3M)은 1902년 탄생 이후 100년이 넘은 지금까지도 창의적 기업으로 칭송받는다.

실제 대부분의 기업 수명은 그리 길지 않다. 세계 기업의 평균 수명은 13년 정도에 불과하다. 포천500에 속해있는 기업들의 평균 수명도 40년에 지나지 않는다고 한다. 기술발전 속도가 빨라지고 국경없는 경쟁 체제가 도래하면서 앞으로는 장수기업이 되기가 더 어려워질 것이다. 오래 가는 기업의 필수조건이라 할 수 있는 지역사회와의 공유, 공동체 정신이 강조되는 이유가 여기에 있다.

산업기술진흥원(KIAT)은 최근 국내 중소중견 소재부품 기업들의 해외 기술협력 파트너를 찾기 위해 유럽에서 상담회를 개최했다. 며칠 전에는 행사에 참가했던 기업 관계자들을 모시고 이야기를 나눌 기회가 생겼는데, 그 중 한 분께서 "상담회에 직접 참가하지 않았더라도 해당 분야에 잘 맞는 국내 기업이 있다면 KIAT가 연결 고리가 돼 소개시켜줄 수도 있지 않겠냐"고 제안을 해주셨다. 제안을 현실화시키기에 다소 제약이 있긴 하지만, '더불어 성장하자'는 그 기업인들의 배려 있는 마음씨에 감동하지 않을 수 없었다.

기술을 연구개발(R&D)하는 데에 있어서도 이처럼 따뜻한 시선이 필요하다. 공동체 정신을 바탕으로 한 기술과 제품이 인간을 즐겁게 하고 궁극적으로는 우리의 지역사회를 풍요롭게 살찌우리라 믿는다.

Comment

바쁜 경영활동 중에도 다양한 사회공헌 프로그램을 가동해 공동체 정신을 실천하는 기업과 기업가들을 보면 존경심을 느낀다. 실제로 이런 기업들이 대체로 지속가능한 성장 모델을 보여주고 있기도 하다. 이들이야말로 건강하고 따뜻한 경제공동체를 만들어가는 주체라는 생각이 든다.

미루나무 바람타기

서울경제 2013년 12월 12일 목요일

몇 해 전 미국에 있는 친구에게 재미있는 이야기를 들어서 소개해볼까 한다. 16~17세기 해상무역 시대에 사용되던 배는 범선이 전부였다. 보통 2~3개월이 걸리는 항해였는데 무역풍을 이용해서 시간과 경비를 앞당겼다. 그런데 이 범선은 아주 가벼운 미풍이나 심지어는 역풍이 불어도 앞으로 나갈 수가 있지만 어쩌다 대양의 한가운데서 무풍지대를 만나면 그 자리에서 꼼짝을 못했다고 한다. 아니, 꼼짝 정도가 아니라 조류에 휩쓸려 전혀 엉뚱한 곳까지 흘러가기도 했다.

배 안에는 속력을 올리기 위해 항해 기간 중 꼭 필요한 양의 물과 식량만을 싣는데 항해 기간이 길어지면 식량과 물이 떨어져 선원들이 죽고 만다. 그래서 무풍지대에 들어서면 선장 이하 전선원은 범선을 보트에 줄로 묶어 조류로부터 벗어나지 않도록 범선을 끌고 갔다. 이때 배를 끄는 보트와 노는 무게를 가볍게 하기 위해 재질이 가벼운 미루나무로 만들었다. 요리사를 제외한 전 선원이 밤낮을 가리지 않고 주먹밥을 바닷물에 담가 먹어가며 바람이 부는 곳까지 배를 끌고 간다. 생각해보라. 화물이 가득 실린 배를 작은 보트로 끌고 가는 선원들의 고생을. 당시의 선원들에게는 바로 그 순간이 가장 어렵고 힘든 때였을 것이다. 그래서 '미루나무 바람탄다'는 말은 지금 어려운 입장이라도 조금만 참고 견디자는 스스로의 위로가 담긴 격려였다.

이 이야기는 어느 항구의 작은 가게에서 일하던 소년 바우딧치가 너무 힘들어서 구석에서 울고 있을 때 이를 본 한 선장이 들려준 것이다. 초등학교 중퇴자였던 바우딧치는 그 이후 용기를 내어 평소에 흥미 있던 수학을 독학했고 훗날 선장이 됐다. 특히 당시에는 별자리를 보며 항해했는데 바우딧치는 별자리를 보지 않고 본인의 산식과 계산만으로 항해를 완수해 유명해졌다. 그는 나중에 자신의 바닷길 계산법을 발전시켜서 하버드대학의 수학박사 학위까지 받았다.

국제 정치·경제 환경이 요동치면서 국내 경제도 탈출구를 찾지 못하고 중소기업인들과 젊은이들의 희망도 가물거리고 있다. 하지만 겨울을 견딘 자만이 봄을 맞이할 수 있으며 여명이 오기 전이 가장 어두운 법이다. 무풍지대 한가운데서 움직이지 못할 때라도 조금만 더 노를 저어가면 바람이 불 수 있지 않을까. 여기서 주저앉으면 우리는 영영 앞으로 나가지 못하고 조류에 떠다니는 신세로 전락할 수밖에 없다. 지금이야말로 모두 힘을 합쳐 미루나무 바람을 탈 때가 아닐까.

마침 어려운 가운데서도 화롯불의 불씨처럼 무언가 우리 공동체의 밑바닥에서 다시 잘해보자는 움직임이 감지된다. 창업열기도 조금씩 살아나고 주요국의 제조업 호전에 힘입어 수출도 증가세를 유지하고 있다. 정부도 정부3.0을 통해 부처 간 협업시스템을 가동해 창업·기술사업화는 물론 중소·중견기업지원에 팔을 걷어붙이고 나섰다.

이제 곧 큰 바람이 불어올 것이다. 다 같이 조금만 더 참고 미루나무 바람 타기에 동참할 때이다.

> **Comment**
>
> 따뜻한 봄이 올 것을 알기에 추운 겨울도 반가운 법이다. 지금 어렵고 힘들다면 범선 안에서 묵묵히 바람을 기다렸던 선원들의 마음을 떠올려 보는 것은 어떨까.

신발끈을 고쳐 매자

머니투데이 2014년 12월 30일 화요일

올 연말 사람들 사이에서 가장 자주 언급된 드라마가 있다면 바로 얼마 전에 종영한 '미생'이 아닐까 싶다. 원작인 만화의 캐릭터가 직접 튀어나온 듯한 착각이 들 정도로 세심한 연출도 화제를 모았지만 무엇보다 계약직, 여성, 신입직원 등 우리 사회 약자에 속하는 이들의 애환을 현실감 있게 그려냄으로써 시청자들의 공감을 이끌어내는 데 성공했다는 평가를 받았다.

'미생'이 드라마 속 대사로 직장인들의 현실을 대변했다면 필자가 몸담고 있는 한국산업기술진흥원(KIAT)은 올 한 해 전국의 현장을 누비며 기업인들의 현실을 파악하기 위해 노력해왔다. 국민이 체감하지 못하는 정책은 존재하지 않는 것이나 마찬가지이기 때문이다. 그래서 필자는 KIAT가 수행하는 기업지원 정책들이 현장에서 효과를 잘 발휘하는지 확인하기 위해 적어도 매주 한 번 이상은 현장을 찾아 기업인들과 이야기를 나누며 관련 정책을 설명하고 점검했다.

지역도, 업종도, 규모도 각기 다른 만큼 그들이 들려준 이야기는 참으로 다채롭다. 특히 벤처·중소기업들이 정부 지원을 받아 어려움을 극복하고 지역의 강소기업으로 우뚝 선 이야기에는 보람을 느낀다. 그중 하나가 보톡스 기업 휴젤이다. 2001년 창업한 이 기업은 전체 임직원 100여명 중 75%가량이 해당 지역 출신 인재들일 정도로 지역 일자리 창출에 한 몫한다. 그런가 하면 자동차 배관용 파이프 제조업체 한일튜브는 국제 기술협력으로 돌파구를 만든 케이스다. 국내에서는 자동차 부품 시장에서 알아주는 업체였지만 여기에 만족하지 않고 독일 및 프랑스 기업과 공동 기술개발에 나섰다. 2년간 공동연구 끝에 값이 싸면서도 고온을 견디는 플라스틱 자동차 배관 개발에 성공했고 이 제품으로 내년에만 수백억 원의 해외매출이 예상된다.

물론 안타까운 사례도 있다. 긴 시간을 들여 괜찮은 기술을 개발해놓고도 시제품 제작 및 마케팅에 필요한 펀딩을 하지 못해 끝내 관련사업을 접은 기업인을 만날 때는 마음이 많이 씁쓸했다.

한편으로는 여전히 KIAT처럼 정부정책을 수행하는 기관들이 현장을 돌아다니며 해야 할 일이 많다는 것도 느낀다. 여러 중소·중견기업이 공통적으로 고급 연구인력 유치에 대한 어려움을 지적하면서도, 막상 정부가 이 문제를 해결하기 위해 어떤 지원을 하는지는 잘 모르는 경우를 많이 보았기 때문이다. 기업들이 굳이 먼 길을 돌아가지 않도록 KIAT와 같은 종합기술지원기관이 앞으로 더 부지런히, 우직하게 현장을 돌아다니면서 지원책을 소개해야 한다는 생각이 든다. 그래서 내년에는 지역순회 컨설팅, 찾아가는 사업설명회 등을 확대 개최할 예정이다. 정부정책에 신뢰를 보내주고 이를 적극적으로 활용하는 기업이 많아진다면 좋은 일자리도 덩달아 생기지 않을까.

물론 기업들도 이같은 정부의 노력에 화답해야 할 것이다. 마침 중소기업중앙회가 전국 500개 중소기업을 대상으로 내년 경영환경을 표현하는 사자성어를 조사한 결과 '필사즉생'(必死則生)이 선정됐다고 하니 내년을 준비하는 중소기업인들의 강력한 의지가 느껴지는 듯하다.

사건·사고가 많았던 2014년이지만 그렇다고 늘 우울한 소식만 있었던 것은 아니다. 올 한 해 적극적인 경제외교를 펼친 결과 우리나라는 500억달러 규모의 대형 프로젝트와 해외투자를 유치했으며, 중국과의 FTA(자유무역협정) 타결 선언으로 경제영토가 세계 3위로 확대됐다. 또한 중국과 일본 사이에 낀 샌드위치 신세를 걱정하는 와중에도 소재부품 무역흑자 1000억달러 돌파라는 성과를 일궈내기도 했다. 비록 그 속도는 다소 느릴지라도 세상이 조금씩 좋은 쪽으로 나아간다는 믿음이 사회 공동체 전체로 확산될 때 내년에는 희망의 종소리가 여기저기서 울려퍼질 수 있을 것이다. 다행스럽게도 나는 지난 한 해 동안 국내외 100여곳의 현장을 찾아 500여명의 기업인과 대화를 나누면서 그 믿음과 희망의 메시지를 확인할 수 있었다. 희망이 결코 근거 없는 낙관이 되지 않도록, 우리 모두 지금 신발끈을 다시 고쳐 매보자.

Comment

2014년에는 세계 경제의 불확실성이 더욱 커지다보니 현장을 돌아다녀 보면 불안감을 호소하는 기업인들의 하소연이 많았다. 비록 속도가 느리더라도 그 방향이 맞다면 원하는 바를 이룰 수 있다고 말해주고 싶었다. 물론 그 속도를 더해주는 도우미 역할은 정부가 해줄 수 있을 것이다.

지나온 70년, 앞으로의 70년

이투데이 2015년 8월 12일 수요일

5000년간 930회에 달하는 이민족 침입을 당하고도 굳건히 살아남은 나라. 전쟁으로 모든 것을 잃고 국제 원조를 받아 살아야 했지만 반세기도 되지 않아 국제 원조를 주는 위치가 된 세계 유일의 나라. 1인당 국민총소득이 67달러에서 70년 만에 420배 이상 늘어난 2만8180달러로 성장한 나라.

대한민국이 넓은 영토나 풍부한 지하자원 없이도 70년이라는 짧은 시간에 달성한 경이로운 발전상을, 세계인은 '기적' 혹은 '신화'라고 부른다.

우리나라 산업기술 진흥정책과 기업 지원을 담당하는 공공기관을 이끌고 있는 필자로서는 감회가 더욱 남다르다. 제조업과 수출을 바탕으로 한 우리 경제의 고속 성장 과정이야말로 기술혁신의 역사와 정확하게 맞닿아 있기 때문이다.

우리나라 최초의 독자 모델 자동차 포니, 중화학공업 전성시대를 연 포항제철, 후발주자로 출발했지만 순식간에 세계시장을 석권한 D램 반도체 등은 기술강국, 수출강국의 초석을 닦은 계기이자, 우리나라가 세계 13위의 경제대국 자리에 오르는 데 기여한 일등공신이다.

그런데 지금은 어떤가. 생산가능인구가 감소하고 경제 및 산업구조가 성숙 단계로 접어들면서 이제는 3%대의 성장률을 지키는 것도 만만치 않다. 인접국 중국이 '빠른 모방과 추격(fast follower)' 전략을 바탕으로 기술 추격을 거듭해 우리의 턱밑까지 쫓아온 상황도 위협 요소다.

신성장동력 발굴에 대한 절박함이 구체화된 것이 바로 '4대 개혁안'이다. 대통령은 얼마 전 대국민 담화를 통해 "경제 재도약을 위해서는 노동, 공공, 교육, 금융 등 4대 분야에서 구조 개혁을 속도감 있게 추진해야 한다"고 강조했다. 청년고용을 유도할 임금피크제 도입, 정부 재정 누수를 야기하는 중복·과잉 사업 통폐합, 현장 맞춤형 창의적 인재 양성, 보신주의 담보보증 영업 행태 개선 등을 통해 효율성을 저해해 온 관행과 적폐를 해소하고 경쟁력을 끌어올려야 한다는 얘기다.

한국산업기술진흥원(KIAT)은 노동·공공 분야 개혁의 주체로서 적극적으로 나서는 것은 물론이고, 다른 분야의 개혁 역시 순조롭게 이뤄질 수 있도록 뒷받침할 계획이다. 특히 학생들의 꿈과 끼를 살려주는 행복교육을 위하여 방과후 기술체험 교실 '생활 속 창의공작플라자', 여학생을 산업기술 현장에 초대해 실험실습 기회를 제공하는 'K-Girls' Day(케이-걸스데이)'를 운영하는 등 자유학기제에 필요한 현장체험학습 저변을 넓혀 가겠다. 올해는 직업교육 선진국인 스위스에 국내 마이스터고 졸업생들을 파견해 현장형 기술인재를 육성하는 프로그램도 진행하는데 학생들은 물론 현지 기업들의 기대도 크다.

기술금융 활성화 움직임에 발맞춰 기술사업화 생태계를 구축하는 것 또한 KIAT의 몫이다. 기업들이 라이프 사이클에 맞춰 자본을 손쉽게 공급받고 상환할 수 있는 시스템을 마련하기 위해 관련 기술평가, 기술금융 제도를 정비하고 공공기술이전을 활성화할 생각이다. 크라우드펀딩, 간편결제 등 핀테크를 활용해 창업한 기업에도 각별한 관심이 필요하다. 개인의 창의력과 아이디어를 중시하는 창조경제에 맞게 기술사업화 전담기관의 역할을 더욱 업그레이드할 필요가 있다.

우리 사회는 대전환기에 있다. 정체기를 지나 다시 한 번 세계인이 주목할 도약을 하려면 그동안 우리 경제를 이끌어왔던 성장 패러다임도 재정립해야 한다. 실마리는 어디에 있을까. 필자는 우리의 지난 70년을 이끌어 온 경험과 자신감에서 그 답을 찾고 싶다. 꾸준한 연구개발(R&D)을 바탕으로 한 기술혁신, 기술혁신이 선도하는 발전모델이야말로 우리가 뛰어난 능력을 발휘하는 분야이기 때문이다.

광복 70주년을 맞는 올해를 도약의 출발점으로 삼으면 어떨까. 기적적 경제성장의 신화를 보여준 우리는 자긍심을 가질 자격이 충분하다. 그간의 축적된 경험과 자신감은 어려운 대외여건과 저출산·고령화·청년실업이라는 우리 내부의 구조적 문제를 위기 극복의 에너지로 전환시킬 수도 있다. 한국인 특유의 열정과 도전 정신, 기업가 정신으로 무장한 중소·중견기업들이 있는 한, 대한민국은 절대 지치지 않을 것이다. 물론 4대 개혁이라는 지상 과제를 먼저 풀어야 한다. 우리 모두의 지혜와 강인한 정신력을 집중하면 활력 넘치고 따뜻한 경제 공동체에 대한 해답을 우리 안에서 찾을 수 있다.

Comment

광복 70년을 맞아 오늘을 있게 한 사람들의 노력을 기억하고 싶었다. 그리고 우리가 해야 할 일에 대해서도 정리해 봤다. 한강의 기적을 이룬 나라이니, 앞으로의 70년도 희망으로 채울 수 있지 않을까 하는 기대를 가져 본다.

길이 없으면 내야 한다

서울신문 2015년 12월 16일 수요일

아쉽게도 올해 우리 경제에는 좋은 소식보다는 우울한 소식이 더 많았다. 경제성
장이라는 수레를 끄는 두 바퀴인 '제조업'과 '수출'이 줄곧 삐걱댄 탓이다. 한국은
행이 발표한 2014년 국내 제조업 분야 매출액은 전년 대비 1.6%가량 감소했다.

제조업 매출액이 줄어든 것은 관련 통계를 집계하기 시작한 1961년 이래 처음이
라고 한다. 수출액 역시 최근까지 11개월 연속으로 마이너스 성장세를 걷는 중이
다. 이는 글로벌 금융위기가 있었던 2008년 말 12개월 연속 수출액 감소를 경험
한 이래 최장 기간이다. 수출이 부진하니 산업생산도 감소세로 전환되고 설비투
자 역시 하락세를 면치 못하고 있다. 2011년부터 이어온 연간 무역규모(수출액+
수입액) 1조 달러 달성도 올해는 힘들 것이라는 전망이다. 이 같은 실적 부진을 가
져오게 된 요인 중에는 메르스(중동호흡기증후군) 쇼크, 중국의 경기 성장세 둔
화 등 우리가 직접 통제하기 어려운 대외적인 요소가 많았던 것도 사실이다. 하지
만 이럴 때일수록 본질적 문제 해결에 집중해 위기를 기회로 삼는 것이 필요하다.

앞으로 닥쳐올 만성적인 저성장, 저출산 고령화 시대를 대비하려면 평소 우리 경
제의 구조적 한계를 진단해 보고 기초체력을 튼튼하게 길러서 잠재성장률을 끌어
올려야 한다. 주력 산업에서 기존의 성장 전략을 재정비하는 것 못지않게 한계기
업의 구조조정도 서두르고, 중소·중견 기업 육성, 고부가가치 소재부품 개발, 유
통채널 다변화 등을 추진해 산업계의 체질 개선을 이뤄내야 할 것이다.
'투자→성장→일자리'의 선순환 고리가 끊어지지 않도록 하기 위해 차세대 먹거리
에 대한 연구개발을 게을리하지 않는 것도 중요하다. 바이오 업계의 '수출 잭팟'을

터뜨렸다는 한미약품 사례를 보자. 한미약품은 현재 임상시험 중인 당뇨병 신약 기술을 프랑스계 다국적 제약사인 사노피에 판매하는 데 성공했다. 계약금과 상용화에 따른 단계별 수입을 합치면 약 5조원. 기술 수출계약 한 건으로만 단숨에 연간 매출 1조원대 회사로 뛰어오른 것이다.

복제약 위주의 사업 모델을 신약 중심으로 전환하기 위해 한미약품은 지난 10년 간 8000억원에 이르는 연구개발비를 투입했다. 경영진의 우직한 뚝심과 목표를 향한 끈기가 아니었다면 연간 매출액의 15% 가량을 과감하게 쏟아붓지도 못했을 것이고, 이번 기술 수출 역시 해내지 못했을 일이다.

경기 전망을 예측하는 선행지수는 아니지만 우리 경제가 역동적으로 꿈틀대고 있다는 것을 보여 주는 수치도 있다. 바로 창업이 최근 8개월 연속 늘어나고 있다는 점이다. 지난 10월 한 달에만 새로 생긴 법인 수는 8856개로 지난해 같은 기간과 비교해 3.4% 증가했다. 이 중 21%가 제조업 법인이다. 특히 30세 미만이 세운 신규 법인 수는 전년 동기 대비 38.6%나 늘어 청년 창업에 대한 관심을 보여 준다.

여성들의 경제활동 참여율도 높아지는 추세다. 1998년 설립 당시 16개 회원사로 출발했던 한국여성벤처협회는 올해 11월 기준으로 1008개의 회원사를 확보할 정도로 성장했다. 여성 기업인들의 활약이 점쳐지는 이유다. 전국 17곳에 설치된 창조경제혁신센터가 내년이면 가시적인 성과를 많이 낼 것이고 민간에서 만든 창업 액셀러레이터들도 활발하게 활동하기 때문에 앞으로 다양한 성공 사례가 확산되지 않을까 기대해 본다.

삼국지에는 '봉산개도 우수가교'(逢山開道 遇水架橋)라는 말이 나온다. 큰 산을 만나면 길을 내서 가고, 물을 만나면 다리를 놓아서 건넌다는 뜻으로, 어떤 난관에 부딪히더라도 포기하지 않고 불굴의 의지로 꾸준히 앞으로 나아간다면 결국 장애물을 뛰어넘을 수 있다는 메시지다.

벌써 2015년도 거의 저물어 간다. 체감 경기는 여전히 좋지 않고 내년에도 우리 앞에 놓인 상황은 녹록지 않겠지만, 모두 자신의 자리에서 최선을 다해 보자. 기업가든, 학생이든 사회 구성원들 각자가 쭉 뻗은 신작로를 내겠다는 자세로 임하다 보면 긍정의 에너지가 공동체 전체로 전파될 것이고 희망은 어느새 우리 곁에 성큼 다가와 있을 것이라고 믿는다.

Comment

긍정의 힘을 강조한 글이다. 연말연시, 경제 상황이 좋지 않아 여러 모로 어수선한 때 마음을 다잡고 앞으로 나갈 필요가 있다는 생각에서 쓰게 됐다.

일론 머스크와 우(禹)

서울신문 2016년 1월 9일 토요일

경영학 분야의 유명 석학인 피터 드러커는 미래를 가장 정확하게 예측하는 방법이 '직접 미래를 만들어 가는 것'이라고 했다. 이 말을 삶 속에서 정확하게 실천하는 사람이 있다. 바로 민간 우주 항공 기업 스페이스엑스와 전기자동차 제조사인 테슬라모터스, 태양광 에너지 업체 솔라시티 등을 운영하는 일론 머스크다. 머스크는 환경오염과 자원고갈에 처한 지구를 대신해 미래 인류가 거주할 만한 곳으로 화성에 주목하고, 2002년 스페이스엑스를 창업한 인물이다. 지난해 말에는 우주선 추진 로켓을 지상에 재착륙시켜 세계인의 이목을 끌기도 했다. 추진체를 재활용해 로켓 발사 비용을 획기적으로 절감하겠다는 오랜 숙원을 이뤄 낸 것이다.

그렇다고 머스크가 지금까지 화려한 성공만 거듭했던 것은 아니다. 로켓이 발사되지 않거나 공중에서 폭발한 적은 셀 수 없이 많고, 애초 계획보다 개발이 지연되면서 심각한 자금난을 여러 차례 겪었다. 경험이 일천한 젊은 최고경영자(CEO)가 겁 없이 제조업(자동차, 항공)에 뛰어들었다며 호사가들의 비웃음을 사기도 했다. 하지만 머스크는 이같이 수많은 실패에도 불구하고 긍정과 끈기를 자양분 삼아 아주 느리지만 조금씩 자신이 직접 그려 가는 미래를 실현하는 중이다. 덕분에 스페이스엑스는 올해 겨우 창업 14년차에 불과하지만 미국 보잉과 지엠, 유럽 에어버스 등 전통적 강자의 아성을 위협하는 업체로 주목받는다. 또한 이 시대를 살아가는 모든 이들에게 꿈과 비전을 제시하는 우상이기도 하다.

연초부터 머스크의 뚝심을 거론한 것은 녹록지 않은 경제 상황으로 인해 긍정과 희망을 이야기하는 이들마저 줄어든 데 대한 안타까움 때문이다. 실제로 각종 시장조사 기관에서 올해도 저성장 기조가 계속될 것임을 예고하고 있고, 저유가와 중국 성장 둔화가 풀리지 않는 한 수출 경쟁력 역시 단기간에 회복되진 않을 전망이라고 한다. 기존 주력산업의 경쟁력 약화에 대한 우려도 크다. 하지만 이럴 때일수록 낙관주의를 잃어서는 안 된다. 냉철한 현실 판단은 분명히 필요하지만, 우리가 각자 발 딛고 서 있는 자리에서 최선을 다해 정면 승부를 건다면 좋은 기회가 찾아올 것이라는 사실 또한 잊으면 안 된다.

특히 중소 · 중견 기업이 분발할 수 있는 여건을 만들어 주고, 이들이 우리 경제 공동체의 희망의 불씨가 돼 주어야 한다. 사실 기업에 '진짜' 위기가 시작되는 순간은 도전이 실패로 끝났을 때가 결코 아니다. 기존 캐시카우 분야가 가져다주는 성과에 취해 안주하거나 상황이 여의치 않다고 해서 연구개발(R&D)을 게을리하고 투자나 도전을 주저하는 순간 그때부터 기업이 내리막길을 걷는 것이다. 그런 의미에서 지금 이 순간 우리가 정말 경계하고 걱정해야 할 것은 어쩌면 만성적인 '저성장' 시대의 도래가 아니라 '저희망'이 만연한 시대인지도 모른다.

필자는 '성윤성공'(成允成功)이라는 말을 올해의 화두로 제안하고 싶다. 성윤성공은 목표로 한 일을 완수하기 위해 끝까지 최선의 노력을 기울인다는 뜻이다. 민생 안정을 위해 황하의 범람을 막는 것이 무엇보다 중요했던 중국 순임금 재위 시절 치수 사업이라는 막중한 일을 맡게 된 우(禹)가 10여년에 걸쳐 현장 답사와 실측 작업을 거듭한 끝에 결국 물길을 잡는 데 성공한 것에서 유래했다. 수천 년의 시간 차이는 있지만, 우직하고 끈기 있게 주어진 임무를 수행하는 우의 모습은 거듭되는 실패 속에서도 더 나은 미래를 향해 가는 머스크의 뚝심과 닮았지 않은가.

우리 경제를 둘러싼 악조건이 많아서 그런지 신년 벽두다운 신바람과 활력이 아쉬운 요즘이다. 그러하기에 요순시대 치수의 달인이 된 우, 불가능을 꿈꾸는 미래

설계자 머스크가 보여 주는 인내와 긍정의 기업가 정신은 더욱 되새겨볼 만하다. 주변의 상황에 동요하거나 휘둘리지 않고 목표 달성에 집중할 수 있어야 틈새시장 공략법도 보이고 역발상도 가능해진다. 2016년이라는 도화지에 꿈과 희망이라는 붓으로 밑그림을 그리고, 열정과 낙관이라는 물감으로 채색해 감으로써 회색의 위기를 무지갯빛 기회로 극복해 가는 중소·중견 기업인들이 많아지길 바란다.

Comment

일론 머스크와 우, 두 사람은 실현 가능성이 적은 일을 붙들고 있는 사람들이다. 그럼에도 불구하고 꿈을 향해 우직하게 걸어간다. 불가능에 가까워 보일지라도 그 꿈을 꾸는 사람들이 할 수 있다는 낙관주의와 만나면, 좋은 결과가 있을 수 있음을 강조한 글이다.

인간과 기계, 공존의 생태계를 꿈꾼다

서울신문 2016년 2월 25일 목요일

1. 지금까지는 유용했을지 모르지만 너무 발전하면 인류의 종말을 불러올 수도 있다(스티븐 호킹). 2. 힘이 너무 세지면 인류에게 위협이 될 수 있으니 잘 관리해야 한다(빌 게이츠). 3. 인류에게 더 유익한 방향으로 발전하도록 연구비를 지원하겠다(일론 머스크).

이름만 들으면 알 만한 세계적인 학자와 경영자들이 이처럼 입을 모아 위험성을 경고하고 나선 것은 무엇일까. 인간의 학습 능력과 이해력을 컴퓨터 프로그램으로 구현한 기술, 바로 인공지능이다. 인공지능이 놀라운 속도로 발전하면서 인간을 편리하게 해 줄 것이라는 관심과 기대만큼 우려도 커지고 있다.

인공지능의 발달로 가장 큰 영향을 받을 것이 예측되는 분야는 역시 일자리 지형이다. 아직 초기지만 인공지능은 이미 여러 분야에서 활용 중이다. 간단한 사건·사고나 증권 시황을 금세 기사로 써 내는 로봇기자가 등장했고, 빅데이터를 활용해 금융투자 자문을 해 주는 '로보어드바이저'가 본격적으로 도입되는 추세다. 유명 퀴즈쇼에서 인간 우승자를 꺾어 화제를 모은 IBM의 인공지능 '왓슨'은 병원 차트를 분석해 환자에게 직접 처방을 내리기까지 한다. 이제는 기계가 단순한 반복 노동의 효율성을 높여 주는 데서 그치지 않고 기초적 단계의 화이트칼라 업무까지 직접 해 내는 수준까지 올라선 것이다.

인간의 사고를 흉내 내는 로봇, 인간을 닮아 가는 기계에 대한 두려움은 머지않은 미래에 일자리를 두고 인간과 기계가 경쟁하는 지경에 이를지도 모른다는 공포로 이어진다. 그런 의미에서 지난달 스위스에서 열린 다보스포럼이 올해의 화두로 '제4차 산업혁명과 미래 일자리'를 제시한 것은 의미심장하다. 기술 발달로 로봇의 자동화가 가속화되면 조만간 수백만 개의 인간 일자리가 사라질 것이라는 세계경제포럼의 보고서는 인류를 향한 문제 제기의 자리였다.

그렇다면 앞으로는 교육 시스템도 대폭 바뀌어야 할 것이다. 기존 직업이 사라진 자리에는 지금과는 다른 새로운 형태의 직업이 들어서게 될 텐데, 이런 상황에서는 미래 유망 직종을 예측해 그에 필요한 기술과 지식을 미리 배워 봤자 소용이 없다.

그보다는 복잡한 여러 조건이 얽혀 있는 현실 속에서 적절한 답을 찾는 종합적 문제 해결 능력, 사람의 감정을 읽고 설득할 줄 아는 사회적 소통 능력을 중시하는 쪽으로 변할 것이다. 따라서 인간의 마음을 어루만지는 성직자나 심리치료사, 창의적 영감을 표현하는 아티스트는 당분간 인간의 고유 영역으로 남을 가능성이 크다고 본다.

사회 변화에 따라 관련 법제도와 시스템도 더 정교해질 필요가 있다. 이를테면 무인 자동차나 스마트공장 내 로봇 오작동으로 발생한 사고의 책임 소재는 어떻게 가릴까. 개인이 날린 드론이 범죄에 악용되거나 사생활을 침해하면 어떻게 규제할까. 이러한 이슈를 고민하고 토론하는 사회적 논의가 있어야 한다는 얘기다. 일본의 자동차 업체 닛산이 자율주행차 연구진에 인류학자를 포함한 것은 그저 우연이 아니다. 기계와 공생하는 인간을 알아 가기 위한 노력이다.

다음달 9일부터 15일까지는 이세돌 9단과 구글의 인공지능 '알파고'가 세기의 바둑 대결을 펼친다. 전문가들은 대체로 알파고의 통합 연산능력이 프로 바둑기사에는 미치지 못한다며 이 9단의 우세를 점친다. 하지만 알파고는 미리 설계해 놓은 대로만 연산하지 않고 실제 바둑 경기로 학습하며 실력을 쌓아 가는 능력(딥 러닝)을 갖췄다. 이번이 아니라도 언젠가는 인간을 능가하는 수준으로 발전할 것이다.

중요한 것은 인공지능 연구가 앞으로도 계속될 것이며, 싫든 좋든 계속 인간의 삶에 침투해 올 것이라는 점이다. 그럼 어떻게 대처해야 할까. 지금 우리에게는 미래에 대한 날카로운 분석과 전망도 필요하지만, 그에 못지않게 인간과 기계가 평화롭게 공존하는 생태계를 모색하기 위해 공동의 지혜를 모으는 것이 필요하다고 본다. 실제로 인간에게는 딥러닝에 기초한 기계가 따라올 수 없는 감정의 영역과 창의적 능력이 남아 있다. 그래서 필자는 인류의 창의성과 불규칙한 감성적 특성이 그 솔루션을 찾아낼 것이라 믿는다.

Comment

이 글은 이세돌 9단과 알파고의 대결 직전에 쓴 것이다. 대국의 결과를 예측한 이들도 있겠지만, 필자를 비롯한 많은 이들이 결과에 깜짝 놀랐다. 인간과 인공지능의 바둑 대결은 우리에게 많은 화두를 던진다. 인공지능, 딥러닝, 머신 러닝 등 4차 산업혁명과 미래 일자리에 대한 논의가 점점 구체화되는데 반해 실질적인 대응 방안에 대한 토의는 부족한 것 같기도 하다. 현재는 산업에서 우위를 보이고 있는 애플, 구글, 테슬라, IBM 등이 AI 분야를 선점하고 있는데 사람들의 편의성을 보장해서 수익을 확장하는 만큼 부작용을 치유하려는 노력, 예컨대 일자리 병행 창출 프로그램 개발·확산 등에 더 노력하고 특히 개도국, 블루칼라, 고령자에 대한 서비스 확대 도입이 민간 운동으로 정착되면 좋겠다는 생각을 해본다.

게임의 법칙을 바꾸는 힘 '창조'

전자신문 2013년 11월 15일 금요일

콜럼버스의 달걀과 애플 아이폰의 공통점은 무엇일까. 둘 다 알고 보면 정말 쉽지만 누구든지 생각해낼 수 있는 아이디어는 아니었다는 점이다.

콜럼버스는 달걀을 세울 수 있는가라는 물음에 아예 달걀 끝을 깨트리는 방법으로 답했다. 컴퓨터 제조업체였던 애플은 아이폰으로 스마트폰 열풍을 일으키며 모바일 통신 시장의 강자로 떠올랐다.

사실 콜럼버스와 잡스는 대단한 발명가는 아니다. 그렇지만 상식 파괴, 발상 전환, 새로운 아이디어 창조로 이전과는 다른 시도를 했고, 그 결과 많은 사람의 입에서 혁신의 아이콘으로 오르내리고 있다.

우리나라에도 시장의 역사를 다시 쓴 주인공이 있다. 세계 반도체 시장의 강자 삼성전자다. 삼성전자는 메모리 반도체 저장장치에 속하는 셀(cell)을 평면으로 배열하지 않고 위로 쌓아올린, 이른바 수직 적층 방식의 3차원 반도체를 개발해 양산에 돌입했다.

지금까지 반도체는 집적도를 높이기 위해 셀 사이 간격을 좁히는 미세화 방식을 사용했다. 셀 간격은 50~60nm에서 20~30nm로, 지금은 10nm 수준까지 좁아진 상태다. 하지만 전자정보가 오가는 통로가 너무 좁아지다보니 옆에 있는 셀과 간섭 현상이 심해졌다. 셀 간격을 좁히는 것은 불가능하며, 미세화 공정에 한계가 왔다는 평가가 지배적이었다.

삼성전자는 발상의 전환을 시도했다. 셀을 수평이 아닌 수직으로 쌓아 문제를 해결했다. 셀 간격을 줄이려면 생산설비를 새로 들여야하지만, 수직 적층 방식은 기존 설비를 활용할 수 있어 투자비용 절감도 가능하다. 미세화 공정 경쟁 중심이던 반도체 시장 경쟁의 기준을 아예 바꿔버린 셈이다. 삼성전자는 이 기술로 산업통상자원부와 한국산업기술진흥원이 수여하는 2013 대한민국 기술대상에서 대상인 대통령상을 수상했다.

삼성전자 사례는 게임의 법칙에 따를 것인가, 혹은 순응에 실패할 것인가만 있는 것이 아니라 새로운 법칙을 만드는 것도 가능함을 보여준다. 삼성전자는 이미 세계 최고 수준으로 평가받는데도 안주하지 않고 새로운 게임의 법칙을 제시하며 시장을 선도한다는 점에서 인상적이다.

지난 12일부터 16일까지 진행되는 산업기술주간의 주제인 '창조, 대한민국 산업기술의 DNA'와도 잘 맞아 떨어진다. 이번 기술대상에서는 삼성전자 외에도 친환경 온수기를 내놓은 경동나비엔, 슈퍼엔지니어링 플라스틱 PCT 수지를 세계 두 번째로 개발한 SK케미칼 등 총 34개 기술이 수상의 영광을 안았다.

경영학자 피터 드러커는 "미래를 예측하는 가장 훌륭한 방법은 미래를 창조하는 것"이라고 했다. 반드시 선두가 되겠다는 강한 의지만이 새로운 시장을 만들어내고 퍼스트 무버로 자리매김할 수 있다는 이야기다.

심화되는 글로벌 경쟁에서 시장을 창조하는 것이란 말처럼 쉽지 않다. 이전과는 다른 방식으로 발상을 전환해야 하기 때문이다. 그럴수록 게임의 법칙을 만들어야 한다는 것은 주지의 사실이다. 올해 기술대상 수상작들은 오랜 시간 묵묵히 땀 흘려가며 연구에 매진한 대가로 마침내 세계 최초, 최고, 유일 등의 빛나는 타이

틀을 거머쥔 주인공들이다. 경쟁의 기준을 주도하고 산업기술의 새 역사를 써내려가고 있는 이들이야말로 기술대상 트로피의 모양처럼 우리 경제의 빛나는 별, 진정한 스타가 아닐까.

Comment

신선한 사고의 대명사로 불리는 '콜럼버스의 달걀'은 따라가는 것이 아니라 앞서가는 자가 되기 위해 기존의 룰을 과감하게 깰 필요도 있다는 점을 보여준다. 틀을 깨는 사고방식과 유연한 생각이 창조의 원천임을 느낀다.

자부심에서 나오는 경쟁력

서울경제 2013년 11월 28일 목요일

2012년 런던올림픽 개막식 공연에서는 이점바드 킹덤 브루넬(Isambard Kingdom Brunel)이라는 인물이 거론됐다. 브루넬은 우리에겐 다소 낯선 이름일지 몰라도 영국인들은 그를 천재적 역량을 발휘하며 산업혁명을 이끈 위대한 엔지니어로 기억한다. 템스강 터널, 런던과 브리스톨을 잇는 그레이트 웨스턴 철도, 당대 최대 크기의 증기선이었던 그레이트 브리튼호 등이 모두 브루넬의 작품이다.

영국에는 그의 이름을 딴 대학이 있으며 철도건설 150주년을 맞아서는 그의 얼굴이 들어간 기념우표가 발매됐다. 2002년 BBC 방송이 영국 국민들을 대상으로 가장 존경하는 영국인을 묻는 설문조사에서는 대문호 셰익스피어, 다이애나 왕세자비, 비틀스 멤버 존 레넌 등을 제치고 윈스턴 처칠에 이어 2위를 차지하기도 했다.

철길을 깔고 배를 만들고 다리를 세운 엔지니어의 이름을 100년이 넘도록 기억해주는 나라. 세계인이 지켜보는 올림픽 개막식에서 엔지니어에게 존경을 보내는 사회. 영국이란 나라에서 산업혁명이 꽃을 피운 것은 이처럼 엔지니어를 존중해주는 사회문화적 분위기에서 나온 자연스러운 현상이 아니었을까 싶다.

우리나라는 어떨까. 한국전쟁으로 모든 기반 시설이 파괴됐던 우리나라는 경제 재건을 위해 제조업을 중심으로 산업을 육성하면서 엔지니어의 역할이 커졌다. 선진국과의 치열한 경쟁을 뚫고 당당히 제 목소리를 낼 수 있게 된 것은 수많은 공학도의 땀과 열정 덕분이다. 하지만 국제통화기금(IMF) 외환위기 이후 연구인력들이 고용 불안을 겪으면서 그 사회적 지위는 아쉽게도 많이 약화됐다.

예를 들어 미국에서는 공학적 요소가 들어가는 문서에는 최고 엔지니어 자격증인 '기술사'의 서명과 날인을 받아야 하지만 우리나라에서는 기술사의 역할이 상대적으로 미약하다. 공대생 스스로도 전공과 미래 진로에 자신감을 갖지 못하는 형편이다. 공학자나 기술자에 대한 처우가 기대에 미치지 못한다고 생각하는 많은 이공계 학생들은 의학전문대학원 진학이나 공무원을 꿈꾼다. 공학도에 대한 사회적 편견도 없어지지 않고 있다. 아직도 기술자라고 하면 '밤낮으로 실험을 하느라 제대로 감지 못한 머리, 트레이닝복에 슬리퍼 차림, 꽉 막힌 외골수' 정도로 희화화된 이미지를 떠올리는 사람까지 있을 정도다. 세계적인 로봇공학자 데니스 홍 버지니아공대 교수는 우리나라 이공계 기피 현상이 "과학과 공학에 대한 오해와 편견에서 비롯된 것"이라고 진단했다. 공학은 사회문제를 해결하는 도구 중 하나이며 엔지니어는 단순한 기술 전문가가 아니라 사회와 끊임없이 소통하면서 긍정적 기여를 하는 존재라는 것이다.

훌륭한 이공계 인재들이 지난 반세기 넘게 우리 경제를 이끌어왔듯 앞으로의 창조경제 실현 여부도 이들에게 달려 있다. 물론 최근의 추세를 감안하면 기술과 문화, 인문학과의 융합이 창조경제의 꽃을 더 아름답고 눈부시게 만들 것이다. 정부와 사회는 공학인들이 자부심을 갖고 신명 나게 일할 수 있도록 도와줘야 한다. 공학도들의 신바람과 감성이 곧 국가경쟁력으로 이어질 것임은 두말할 필요가 없다.

Comment

아이들의 장래희망 변천사를 보면 당대의 인기 직업을 알 수 있다. 기술자나 과학자가 존경의 대상이 되지 못하고 기피 대상이 되는 것은 안타까운 일이다. 사회적 오해와 편견을 해소하는 노력이 필요함을 강조한 글이다. 물론 그 우선 책임은 정부와 교육자들에게 있을 것이다.

스위스서 배우는 직업교육

서울경제 2014년 1월 24일 금요일

레오폴드 루지치카(1939), 블라디미르 프렐로그(1975), 쿠르트 뷔트리히(2002). 이들은 스위스 출신 노벨화학상 수상자들이다. 스위스는 역대 노벨상 수상자를 29명이나 배출한 국가다. 미국 · 영국 · 독일 · 프랑스 · 스웨덴에 이어 여섯 번째 며 총인구 대비 노벨상 수상자로는 세계 최고다. 그런데 대학 진학률은 40%에 미칠까 말까다.

기업 동참해 숙련도 높은 인재 육성

우리나라(70.7%)에 비하면 턱없이 낮다. 학문에 대한 열의와 훌륭한 연구 성과는 아무 상관없는 걸까. 높은 기술수준을 자랑하면서도 정작 고등교육 진학률은 낮은 이 현실은 어떻게 해석해야 할까.

스위스인들이 이에 대한 대답으로 꼽는 것은 직업교육제도(VET · Vocational Education and Training System)다. 스위스에서는 직업고등학교에 입학하면 기업체 근무를 병행하며 공부할 수 있다. 한국에도 기술을 가르쳐주는 마이스터고가 있지만 스위스의 직업학교는 한국보다 훨씬 더 기업 중심적이다.

학생들은 일주일에 이틀은 학교에서 공부하고 사흘은 아예 기업으로 가서 일을 배운다. 단순한 기술교육이 아니라 집중적인 현장실습이다. 일정 보수도 받기 때문에 경제적 자립이 가능해진다. VET 견습을 끝낸 학생 중 약 70%는 동일한 회사로 취업한다고 한다. 사고가 유연한 청소년기부터 직업훈련을 받으면 단기간 내에 숙련도를 높일 수 있다는 점에서 기업들도 VET 참여를 반긴다. 높은 숙련도가 필요한 기계 · 엔지니어링 · 금속 분야의 중소 · 중견기업들은 VET로 유능한 기술 인재를 확보하기 위해 직업학교와 밀접하게 협업한다.

학교와 기업의 경계가 따로 없는 셈인데 오히려 기업이 인력양성에 책임감을 갖고 열과 성을 다하는 게 인상적이다.

정밀기계, 화학 · 바이오 분야에서 기술강국 자리를 유지하고 있는 스위스의 경쟁력은 이처럼 될성부른 기술인재들을 떡잎 때부터 철저하게 도제식으로 학습시켜 마이스터(장인)로 키워내는 직업교육 시스템에서 나온다.

최근 스위스 제약사 로슈를 방문할 기회가 있었는데 그곳에서 만난 VET 견습생은 대학 졸업자와 비교해 받는 차별은 없느냐는 질문에 오히려 당황하는 듯했다. 대학에 가지 않아도 일찍부터 자신의 적성을 살리면 당당히 기술 전문인력으로 대우받는 사회적 환경이 정착돼 있는 걸 모르고 한 우문이 되고 말았다.

기술인 우대해야 일자리 문제도 해결

한국산업기술진흥원이 최근 스위스 엔지니어링협회(SWISSMEM)와 고용연계형 인력양성 사업에 대한 양해각서(MOU)를 체결한 것은 '스펙 타파, 능력 중심 사회'로 가려는 노력의 일환이다.

스위스의 선진 직업교육 시스템을 벤치마킹해 국내 마이스터고 교육과정 개선에 기여할 계획이다. 학생들이 스위스 기업에서 일하도록 지원하기 때문에 일자리 창출도 유도하고 소질 있는 기술 인재들이 일찍 노동시장에 진입해 적합한 일자리를 찾게 해줌으로써 일자리 미스매치 해소에도 새로운 시각을 보여줄 것으로 기대된다.

고학력자 과잉으로 인한 사회적 낭비가 심한 우리나라야말로 하루빨리 기업과 시장이 주도하는 직업교육을 시작해야 한다. 청년 실업률이 8%에 육박하는 상황에서 청소년 직업교육의 혁신과 내실화는 더 이상 미룰 수 없는 지상과제다.

Comment

스위스의 선진 직업교육 시스템을 배워보자는 '산업기술인력 성공모델 지원사업'은 대통령의 2014년 1월 유럽 순방을 계기로 첫걸음을 떼고 지금은 스위스 현지에 학생들을 파견하는 데까지 이르렀다. 양국의 환경이 다르기 때문에 스위스의 직업교육 모델을 우리나라에 그대로 이식하기에는 아무래도 무리가 있겠지만 능력중심사회 구현에 잘 들어맞는 프로젝트인 만큼 발전적으로 개선해 나갔으면 좋겠다. 마이스터고, 특성화고, 이공계 대학생들에게 현장에 대한 이해와 적응력을 높여주는 한편 꿈과 열정을 심어주는 일은 우리 세대가 할 수 있는 가장 가치 있는 일인 것 같다.

기술인력 · 육성책임, 기업도 나눠갖자

이투데이 | 2014년 9월 25일 목요일

필자는 올해 초 대통령 유럽 순방을 함께한 길에 스위스 기계전기전자산업협회와 업무협약을 체결했다. 스위스가 운영하고 있는 선진 직업교육 제도를 우리도 배울 필요가 있다고 판단했기 때문이다. 스위스에는 VET(Vocational Education and Training System)라는 이름의 직업교육 제도가 있다. 고등학생 또래의 청소년들이 직업학교에 다니면서 일주일에 1~2일은 학교 수업을 받고, 3~4일은 기업에 가서 실무교육을 받는 형태다.

스위스 중학교 졸업생의 70%는 곧바로 직업학교에 진학한다. 보통 3~4년 과정의 직업학교 재학 기간 동안 학생들은 학교와 기업을 오가며 VET를 이수한다. 물론 VET를 마친 기업에 모두 취업하는 것은 아니다. 다수는 회사에 남지만 일부는 다른 기업으로 가거나, 상급 교육기관에 진학해 공부를 하기도 한다.

급여까지 주며 가르쳤던 인재들이 회사를 떠나버리면 애써 교육시킨 기업만 손해 보는 게 아닐까. 필자가 스위스 방문 때 만난 로슈진단이라는 기업의 관계자는 이 같은 질문에 대해 'VET 운영에 들어가는 비용은 손해가 아닌 투자'라고 답했다. 당장 비용이 들긴 해도, 숙련도 높은 인력을 빠른 시간에 양성할 수 있기 때문에 장기적으로 보면 필요 이상의 고학력 인재를 신규 채용해 훈련시키는 것보다 훨씬 효율적인 수단이라는 얘기다.

실제로 스위스 기업들은 VET 프로그램 운영을 통한 편익이 우리 돈으로 연간 약 5000억원이 넘는 것으로 추산한다. 학생이 교육실습을 받기 시작한 3년차쯤부터 이미 비용을 회수하고 남는 구조라고 한다. 로슈진단의 경우, 전체 직원의 32%가 VET를 거쳤을 만큼 VET 출신 인재에 대한 선호도가 높다.

이처럼 학생선발에서 교육까지 기업이 주도하는 스위스의 직업교육제도는 개인의 진로 탐색 비용과 기업의 실무교육 비용을 절감시켜 주는 프로그램으로 주목받는다.

반면 우리나라는 어떤가. 아직까지는 능력보다는 '간판'(학벌)이 중시되는 경향이 많다. 고급 엔지니어로 평가 받으려면 유명한 대학을 나와야 하고, 대학을 졸업해서도 중소기업보다는 대기업을 선호한다. 청년들이 사회에 진출하는 시기가 늦어지면서 발생하는 사회적 비용은 국가 전체의 부담으로 고스란히 돌아온다. 기업역시 신입직원들의 높은 이직률로 워낙 몸살을 앓다 보니 실무에 투입할 인력을 직접 양성하는 데는 다소 인색한 편이다.

산업통상자원부와 한국산업기술진흥원(KIAT)은 이같은 구조적 한계를 극복하기 위해 내년부터 국내 마이스터고 졸업생 20명을 선발해 스위스 일학습 병행 과정에 참여시키는 사업을 준비하고 있다.

사실, 고도의 숙련도를 요하는 첨단 산업기술 분야의 경우에는 책상에 앉아 이론수업을 듣는 것보다는 현장에서 직접 부딪치며 일대일로 배우는 교육이 더 효과적일 때가 많다. 우리나라 청년 인재들이 세계 최고 기술수준을 자랑하는 스위스 기업에 간다면 고급 산업기술을 손쉽게 배우는 기회가 될 것이다. 또한 우리만의 일학습 병행 제도를 만드는 데도 이들의 경험이 소중한 밑거름으로 작용할 것이다. 이미 세계적 기계업체 뷸러와 맥슨모터 등 일부 재한 스위스 기업들이 이 사업에 참여하겠다는 의사를 밝혀 온 상태이다. KIAT는 향후 다른 재한 스위스 기업들과도 업무협약을 추가로 체결해 나갈 계획이다.

그동안 한국의 기업들은 끊임없는 제조업 혁신, 적극적인 해외시장 개척을 통해 우리나라가 선진국 반열에 오르는 데 큰 공을 세웠다. 하지만 빠르게 변하는 기술 시장에 대응하기 위해서는 이제 우리 기업들도 미래 잠재력을 가진 인재에 대해 선행적인 투자를 아끼지 말아야 한다. 특히 기업은 채용한 인력에 대한 교육에만 머무를 것이 아니라, 체계적으로 기술인력을 사전에 조기 양성하는 사회적 인프라 구축에도 관심을 가져야 한다.

스위스는 기업이 나서서 적극적으로 현장교육을 주도했기 때문에 일학습 병행 제도를 성공시킬 수 있었다. 기업이 필요한 인재를 직접 주도해 키워내는 것이야말로 학생과 기업이 불필요한 사회적 낭비를 줄이고 인력의 질을 업그레이드할 수 있는 지름길이라 할 것이다.

Comment

많은 기업들이 좋은 인재 확보를 가장 큰 애로사항으로 꼽으면서도 정작 중장기적 인재 발굴에는 제대로 신경을 쓰지 못하고 있는 것이 현실이다. 기업이 원하는 인재를 기업 주도적으로 양성할 때 인력 미스매치가 해소될 수 있음을 강조했다.

창조경제 디자이너 공학자

머니투데이 2014년 11월 21일 금요일

우리나라 경제는 지난해 무역수지 흑자가 사상 최대치를 기록하고 무역액이 3년 연속 1조 달러를 넘어서는 쾌거를 이루었다. 그러나 2007년 국민소득 2만 달러 진입 이후 성장률이 다소 주춤하면서 이를 만회할 새로운 성장동력의 필요성이 높아지고 있는 실정이다. 우리 경제의 발전을 가속화하기 위해 갖춰야 할 선제조건으로 창의성과 혁신성이 더욱 강조되는 이유는 성장을 이어가기 위한 추가 동력을 발굴해야 하기 때문이다. 그만큼 기술혁신을 주도하고, 산업의 고부가가치화를 실현하는 주체로서의 창의적 융합인재가 그 어느 때보다 중요해졌다. 다시 말해, 우리 사회와 산업을 새로운 성장의 결과물로 바꾸어 나갈 인재교육의 혁신이 요구되고 있는 것이다. 지난 4월에 범부처 공과대학 혁신위원회가 '공과대학 혁신방안'을 제시한 것은 이같은 필요에 따른 것이라 할 수 있다.

그동안 우리 산업의 혁신과 변화를 주도한 기술인재들은 국가경제 성장에 첨병 역할을 해오며 산업 성장을 견인해왔다. 이제 또다른 도약의 시대를 짊어지고 갈 주체로서 다시금 그 역할이 주목을 받고 있다.

공학인재는 지난 2004년 이후 매년 10만여명의 졸업자가 배출되는 등 양적으로 꾸준히 성장해 왔다. 특히, 2011년 인구 1만 명당 공과대학 졸업생은 미국 3.3명, 독일 5.5명을 훨씬 뛰어넘는 13.8명이었다. 그러나 2014년 스위스 국제경영개발원(IMD)에 따르면, 조사대상 60개국 중 우리나라 교육경쟁력은 53위에 그쳤으며, 영국의 대학평가기관 QS가 선정한 세계 300위 대학 가운데 우리나라 대학은 8개에 불과했다.

세계적인 건축가이자 이탈리아 산업디자인계의 대부 알레산드로 멘디니는 "창의적 인재는 태어날 때부터 결정되는 것이 아니라 생활 체험과 환경에 따라 만들어지는 것"이라고 말했다. 레오나르도 다빈치의 환생으로 평가받는 멘디니가 지적한 것은 바로 창조적 융합인재의 태생에는 바로 이를 가능하게 하는 교육이 있다는 것이다.

우리의 공학교육도 창의적 융합인재를 양성하기 위한 요람으로서 거듭나기 위한 노력을 게을리하지 않고 있다. 단순한 지식 배양을 넘어 융합 기술과 창의적 기술 개발이 가능한 창의적 융합형 인재를 양성하는 것이야말로 우리의 공학교육이 나아갈 방향이라고 볼 수 있다.

이를 위해서는 미국 스탠포드 대학 D-School처럼 디자인 사고(Design Thinking)를 공학교육에 접목하는 것도 필요하다. 디자인 사고는 감성과 직관적 사고를 결합해 창의적인 성과를 도출하는 방법론으로, 이미 프록터앤드갬블(P&G), 제너럴일렉트릭(GE), 애플 등 주요 글로벌 기업에 도입됐다.

아인슈타인은 감성과 직관적 사고의 결합을 강조했으며, 스티브 잡스 역시 기술과 인문학의 융합을 강조한 바 있다. 따라서 기술에 인문학적인 관점을 덧입혀 보는 시도, 인간을 이해하고 인간의 욕구를 충족시켜주기 위해 전체를 설계하고 디자인해 보는 과정은 창조적인 융합형 인재를 양성하는 데 있어서 필요한 비료이자 거름이 될 수 있다.

학생들이 강의실과 이론, 책상을 벗어나 몸으로 직접 부딪혀보고 사고하며 깨닫고, 실험실습실이 사용자의 감성을 이해하는 교육현장으로 거듭날 때, 공학교육은 비로소 우리 산업현장의 목소리를 이해하고, 실천하는 생생한 인재교육이 되는 것이다. 즉, 공학교육이 공학 지식을 가르치는 것에서 그치지 않고 창의융합형 인재를 양성하는 방향으로 변화해야만, 인간을 위한 기술로 세상을 바꾸는 창조경제의 행복 디자이너들이 많이 양성될 수 있을 것이다.

오는 27일과 28일 이틀에 걸쳐 일산 킨텍스에서 열리는 '2014 공학교육페스티벌'은 우리 공학도들이 자신의 창의적 아이디어를 시현하고, 당당하게 자신을 표현하는 성과전시의 장이자 축제의 장이다. 공학교육페스티벌이 공학인들의 축제를 넘어 창의융합형 인재 양성의 비전을 제시하고 창조경제를 디자인하는 행복 디자이너들의 잔치가 되길 바란다.

Comment

공학교육 혁신은 명확한 답이 정해지지 않은, 진화하는 숙제 같다. 하지만 분명한 점은 디자인 사고(design thinking)를 통해 이성적 판단과 직관적 감각이 융합돼야 기존 틀을 깰 수 있는 해결책을 모색할 수 있다는 점이고 여전히 전공 과목의 중요성은 줄어들지 않는다는 점이다. 창조경제 시대를 맞아 공학자의 역할과 공학교육의 질적 변화가 더욱 중요해지고 있음을 강조해 봤다.

행복한 세상을 디자인하는 공학인재 양성

경향신문 2014년 11월 24일 월요일

올해 초 정부는 공과대학 혁신위원회를 출범시켰다. 이후 위원회는 공과대학 혁신 방안을 마련하고 이행 계획을 확정 발표하면서 세부 이행과정에서 현장의 목소리를 지속적으로 수렴해 추진 상황 및 실적을 점검할 것이라고 밝혔다.

정부가 공학교육을 강조하며 혁신에 공을 들이는 이유는 창조경제의 지속적 성과 창출에 창의적 융합형 인재 양성과 실용적 활용이 가장 근본적이고 필수적인 요소이기 때문이다. 공학교육이 창조경제 달성의 밑거름이 되는 것이다.

창의적 융합형 인재의 필요성은 어제오늘 일이 아니다. 또한 이러한 창의적 융합형 인재들이 세상을 바꾸어 왔다는 것은 주지의 사실이다.

대표적인 창의적 융합형 인물인 레오나르도 다빈치의 환생으로 평가받는 세계적인 건축가이자 이탈리아 산업디자인계의 대부, 알레산드로 멘디니는 "창의적 인재는 태어날 때부터 결정되는 것이 아니라 생활 체험과 환경에 따라 만들어지는 것"이라고 말했다. 멘디니가 이야기한 '생활 체험과 환경'이란 현대 국가에서는 바로 교육에 다름 아니다.

창의적 융합형 인재 양성 교육은 공학교육의 나아갈 바를 제시하는 바로미터와 같다. 단순히 다방면의 지식을 쌓는 것을 넘어 이를 실질적 창조와 융합의 결과물로 승화시키기 위해서는 감성과 직관적인 사고가 조화를 이루어야 한다. 이를 위해, 미국 스탠퍼드 대학의 D-School(경영교육에 디자인적 사고의 중요성 강조) 등에 의해 세계적인 트렌드로 대두되고 있는 디자인적 사고를 도입할 필요가 있다.

이미 P&G, GE 등 굴지의 글로벌 기업들에 도입된 바 있는 디자인적 사고는 단순히 창의적 사고를 의미하는 것이 아니다. 논리적 분석을 바탕으로 한 창의적이며 직관적인 아이디어를 도출하고 그 아이디어를 논리적으로 다듬어가는 등, 일련의 과정에서 논리와 직관이 상호 작용하는 결과가 바로 디자인적 사고이다.

스티브 잡스는 "애플은 기술과 인문학의 교차점에 있다"며 기술과 인문학의 융합을 강조했고, "디자인은 인간이 만든 창조물의 본질적인 영혼"이라며 '제품을 디자인하는 것'을 사용자의 요구를 이해하고 그에 따른 기능을 설계하고 사용자 인터페이스를 만들고 외관을 만들어내는 일련의 과정이라고 정의했다. 디자인적 사고를 애플의 성공 요인이자 자신의 핵심 제품 철학으로 내세운 것이다. 잡스의 이러한 시도가 낳은 스마트폰은 애플을 성공가도에 올려놓았을 뿐만 아니라 우리 삶의 방식도 근본적으로 바꾸어 놓았다.

기술과 인문의 융합 그리고 인간을 이해하고 그에 따라 전체 과정을 디자인하는 디자인적 사고는 공학교육에 꼭 필요한 비료이자 거름이다. 공학교육이 공학 지식을 가르치는 것에 그치지 않고 창의적 융합형 인재를 양성해 인간을 위한 기술로 세상을 바꾸며 인간을 이롭게 하는 행복디자이너를 키우려면 말이다.

오는 27일 열리는 '공학교육 페스티벌'은 공학인들의 사기와 자긍심을 고취하고 사회적 기여에 대한 공학인의 역할을 재조명하는 공학인들의 축제의 장이다. 또 우리의 공학교육이 나아가야 할 방향을 논의하는 토론의 장이기도 하며, 어린 학생들이 직접 공학교육을 체험할 수 있는 교육 현장이기도 하다. 이런 공학교육 페스티벌이 올해로 3회째를 맞아 디자인적 사고의 도입을 논의하는 등 다양한 변화를 시도하고 있다. 공학교육 페스티벌이 공학인들의 축제를 넘어 창의적 융합형 인재 양성의 비전을 제시하고 창조경제를 디자인하는 행복디자이너가 되길 바란다.

매년 열리는 공학교육페스티벌은 공학도들의 기를 살려주는 축제의 장이다. 학생들의 시선으로 본 문제 해결형 공학 디자인을 한 자리에서 볼 수 있기 때문에 참석하는 필자로서도 그 재기발랄함을 보면서 마음이 들뜬다. 또한 우리나라 공학교육의 실용적 변화 모습을 보여주는 자리이기도 하다. 앞으로도 이 행사가 번성했으면 좋겠다.

이공계 인재 많아져야 한국 경제 업그레이드

중앙일보 2015년 2월 11일 수요일

요즘 한 방송사의 예능 프로그램 덕에 20~30대 여성들 사이에 때아닌 아기 사랑 열풍이 불고 있다고 한다. 아빠가 아이와 1박2일을 지내며 보여주는 좌충우돌 육아일기가 인기를 모으자 출연중인 쌍둥이·삼둥이들도 연예인 못지않은 스타가 됐다.

필자가 이 프로그램에서 눈여겨 본 점은 아이들이 세상을 배워가는 방식이었다. 아이들은 집에 가만히 있지 않고 물감·딸기·밀가루 등으로 오감발달 놀이를 하거나 여행을 떠난다. 동물원·수족관·민속촌에서 동물과 교감하고 예절을 배우는가 하면, 테마파크에서 소방관·요리사가 돼 본다. 이를 통해 아이들이 세상을 보는 시각이 넓어지고 다양해졌을 거라는 생각이 들었다.

필자는 우리 사회의 이공계 기피 문화도 청소년에게 '경험'을 선사하는 데서 자연스럽게 해소되지 않을까 생각한다. 어렸을 때부터 공학과 기술을 경험할 기회가 별로 없고 언론·방송에서도 산업기술은 적게 다뤄지다 보니 많은 사람이 기술자·엔지니어·공학자라고 하면 막연하게 '어려운 것' '되기는 힘들지만 보상은 적은 직업'이라고 오해하는 것 같다.

KIAT는 지난해 강원도 삼척과 전라도 광주·목포에 방과후 기술체험 학교인 '생활 속 창의공작플라자'를 개소했다. 신기술을 직접 만나는 지식콘서트 테크플러스 포럼을 매년 개최하고, 여학생을 위한 기술체험 행사 K-Girls' Day도 진행한다.

매달 열리는 창의융합콘서트에선 한가지 주제로 기술과 인문 양쪽 시각에서 이야기하며 문제해결 능력을 키우게 한다. 우리 아이들이 다양한 체험을 통해 세상과 호흡하면서 엔지니어의 꿈을 키울 수 있게 돕자. 자연 현상과 기술적 원리에 대한 관심은 관찰로 이어지고 몰입과 열정을 통해 새로운 세상을 여는 혁신을 가져온다.

이제 기술친화적 문화를 확산시켜 이공계 기피를 극복하고 이공계에 희망을 불어넣어 보자. 세상에 대한 따뜻한 관심을 공학으로 풀어내는 기술인재가 많아질 때 우리 경제의 경쟁력과 사회적 통합능력은 한층 업그레이드될 것이다.

Comment

어릴 적 경험은 직업에 대한 인식이나 장래희망 결정에 지대한 영향을 미친다. 청소년을 위한 방과 후 기술체험 학교인 창의공작플라자를 전국 곳곳에 개소하고, 테크플러스 포럼 같은 행사를 열어 상상력을 자극하는 노력을 기울이는 이유가 여기에 있다. 이공계 인재 부족을 극복하기 위해서는 기술친화적 문화를 조성하는 것이 필요해 보인다.

기술인력 미스매치부터 뜯어고쳐야

서울신문 2015년 10월 13일 화요일

한국산업기술진흥원(KIAT)은 산업 분야별로 필요한 인재 현황을 파악하기 위해 매년 '산업기술 인력 수급동향 실태조사'를 한다. 최근 조사 결과를 들여다보자.

2010년 평균 4.3% 수준이던 기술인력 부족률은 2013년 2.4%로 떨어져 기술인력 부족 현상은 다소 완화되는 추세다. 하지만 특정 분야별로 살펴보면 상황이 조금 다르다. 바이오, 헬스 같은 미래 유망산업 분야는 오히려 갈수록 전문인력 확보가 어렵다는 응답이 많다. 특히 이러한 수급 불균형은 지방에 있는 중소업체일수록 심한 것으로 조사됐다.

이러한 문제점은 필자가 전국 곳곳에 있는 기업 현장을 돌아다니면서도 확인할 수 있었다. 기업 관계자들이 운영상의 어려움이나 고충을 들려줄 때 가장 '단골'로 꼽히는 애로사항 중 하나가 바로 인력 문제였다. 좋은 인재를 채용하는 것도, 잘 활용하는 것도, 또 고용을 오랫동안 유지하는 것도 힘들다는 얘기다. 그래서 정부는 이 같은 현상이 단일 기업의 역량만으로는 해결하기 어려운 구조적 문제임을 인식하고, 지역 내 유망 중소 · 중견 기업으로 인력이 자연스럽게 유입될 수 있는 여러 유인책을 마련해 왔다. 산학협력 확대를 통한 현장형 기술인재 양성, 지역 중소기업에 대한 인식개선 사업, 일자리 창출과 연계하는 연구개발(R&D) 인건비 지원 사업 등을 여러 부처와 기관들이 나눠 시행 중이다.

그중에서 산업통상자원부의 '기술혁신형 중소 · 중견 기업 인력지원사업'은 공공연구소에 있는 석 · 박사급 고급 연구인력을 중소 · 중견 기업에 파견하고, 인건비를 지원해 주는 사업이다. 실제로 2011년 경기도 안산에 있는 자동차 부품 제조 업체 ㈜대동에 파견된 한국전자통신연구원(ETRI)의 박사급 연구원은 차량용 무선충전기 개발 공로를 인정받아 3년간의 파견 기간이 끝난 뒤 아예 업체에 정착해 임원으로 일하고 있다고 한다. 파견 초기 3000억~4000억원이던 기업의 연매출이 어느덧 1조원을 바라보는 수준으로까지 성장했으며, 2014년 월드클래스300으로 선정된 것도 놀라운 변화다. 제품 기획부터 개발, 양산까지 함께하면서 기업의 R&D 역량 강화에 기여하는 것을 넘어 민간 분야 신규 일자리 창출 효과까지 거두고 있는 것이다.

미래창조과학부도 중소기업의 기술인력난 해소에 열심이다. 공공 연구소나 대기업 부설 연구소를 퇴직한 기술자 중 미취업자가 중소기업에 연구개발 인력으로 채용되면 인건비를 최대 3년까지 지원해 준다. 이 밖에도 중소기업청은 '초·중급 기술개발 인력 지원사업'이라는 이름을 내건다. 전문학사, 학사급 연구인력이 중소기업에 취업하면 인건비와 능력개발비를 지원하는 내용이다.

이 사업들의 수혜 대상은 각각 고급 연구인력, 퇴직 기술자들, 학사급 이하 연구 인력 등으로 나뉘어 있다. 그래서 '이공계 인력 미스매치 해소'라는 공통의 목적을 지향하면서도 혜택이 겹치지 않고 충분히 개별적으로 운영될 가치가 있었다. 그런데 부처마다 사업 시행 시기나 지원 방법 등에서 조금씩 다르게 운영되다 보니 그동안 정책의 수요자인 기업 입장에서는 복잡하게 느껴지고 딱 맞는 지원제도를 찾아내기가 막상 쉽지 않았다. 즉 연구인력이나 기업들 입장에서 보다 쉽게 찾고 지원받을 수 있도록 관련 제도를 통합 정비해 접근성을 높일 필요가 있다는 얘기다.

마침 기획재정부가 발표한 '2016년 예산안 편성'에는 사업 효율성 및 국민 편의를 제고하기 위해 산업인력 양성 업무를 총괄하는 역할을 산업부가 맡고 집행체계를 일원화하는 내용이 담겨 있다고 한다. 앞으로 유사한 성격의 사업 조정을 통해 수요자가 체감하는 혜택이 더욱 커질 것으로 기대되는 대목이다.

산발적으로 운영되던 정책이 수요자 중심으로 새로워지면서 동시에 예산 운용의 효율성은 높이는 제도적 틀이 만들어진 셈이기 때문이다. 각 부처가 '현장 수요에 맞게 제도를 개선하자'는 취지에 공감하고 서로 협력한다면 앞서 대동의 사례처럼 혜택을 받는 기업들이 더 많이 나오지 않을까. 기존 정책도 다시 뜯어보고 수요자 중심으로 새롭게 하려는 정부의 노력이 기술인력 유치에 목말라하는 기업들에 직접적 도움이 됐으면 하는 바람이다.

Comment

산발적으로 운영돼 오던 산업인력 양성사업의 집행체계가 2016년부터 산업부로 일원화됨에 따라 기업이 겪는 혼란을 줄일 수 있게 됐다. '미스매치 해소'라는 큰 목표 아래 지원 방식이나 예산 등을 보다 효율적으로 운영할 수 있게 됐다는 측면에서 다행스러운 일이다.

함께 만들어 나가는 혁신

서울신문 2015년 11월 16일 월요일

세상을 깜짝 놀라게 하는 혁신은 끊임없는 연구개발을 거쳐 나오기도 하지만 때로는 전혀 생각지도 않은 작은 경험이 계기가 되어 탄생하기도 한다. 미국 코네티컷 주에 사는 16살짜리 여학생 올리비아 할리제이의 이야기가 그렇다.

올리비아는 지난해 아프리카에서 시작된 에볼라가 수천명을 죽음으로 몰아넣으면서 졸지에 부모를 잃은 고아가 생겨나는 것을 목격하고는 슬픔에 잠겼다. 그녀는 에볼라로 인한 고통을 줄이기 위해 조기 진단 기기가 필요하다고 생각했다. 하지만 기존 시스템은 특수 시약을 사용해 1회 진단 비용이 약 1000달러에 달하고, 테스트부터 확진까지 최장 12시간 넘게 사용할 수 있는 저온 냉장 기능이 필수적이어서 여러모로 비효율적이었다. 그녀는 학교 선생님과 대학교수 등 주변의 도움을 받아 실험을 거듭한 끝에 '실크피브로인'이라는 단백질이 특정 성분에 색깔이 변하는 성질을 활용해 단 30분 만에 에볼라 확진이 가능한 카드를 만들어 냈다. 특히 상온에서도 유통 가능해 진단 비용도 기존의 40분의1까지 획기적으로 절감하는 데 성공했다.

이 어린 학생의 아이디어가 널리 알려지게 된 것은 인터넷 회사 구글 덕분이다. 구글은 2011년부터 매년 세계의 10대 청소년을 대상으로 '구글 사이언스 페어'(GSF)라는 행사를 개최한다. 올리비아의 아이디어는 지난 9월 열린 2015 GSF 최종 결선에서 최우수상을 차지했다. 그러나 구글은 청소년 참가자들의 아이디어에 대한 권리를 직접 행사하지는 않는다. 넓고 장기적인 안목으로 미래의 인재를 키워내고 있는 것이다.

젊은 인재들과 호흡하면서 작지만 세상에 긍정적 영향을 미치는 아이디어를 발굴하고 있는 기업은 구글만이 아니다. 인텔은 20년 가까이 과학경진대회를 후원하며, 영국 가전회사 다이슨은 창업자의 이름을 딴 산업디자인 대회를 매년 연다.

LG전자, 현대자동차 등 국내 여러 기업도 잠재력 있는 예비 공학 인재, 미래의 스타 엔지니어 찾기에 적극적으로 나서고 있다. 배경 지식 없이 시작한 연구는 실패할 확률이 높지만 여기에 노하우를 갖고 있는 기업의 지원이 더 해진다면 아이디어가 실현될 가능성은 그만큼 커진다.

한국산업기술진흥원(KIAT)은 전국 대학 70여 곳에 설치된 공학교육혁신센터와 함께 매년 공학도들의 축제인 '공학교육페스티벌'을 개최한다. 행사 기간 동안에는 우수 캡스톤디자인 작품 전시, 글로벌 공학교육 콘퍼런스, 청소년을 위한 주니어 공학 교실 등이 잇따라 열리는데, 우리나라 청년 공학 인재들의 신선하고 창의적인 아이디어를 접하다 보면 매번 흐뭇한 감탄을 하게 된다.

특히 올해는 기업과 연구소 등 산업계 주체들이 직접 행사에 참여하는 기업연계형 프로그램들이 신설되면서 보다 현실적 문제 해결에 집중했다. 기업이 제시한 문제를 풀어내는 '모여라! 공학 어벤저스', 개인적, 기업적, 사회적 문제를 해결하는 창업 아이디어를 발표하고 심사하는 '무한도전 아이스타'(아이디어 스타트업) 등이 그것이다. 아이디어 스타트업의 경우 예선에 통과한 팀은 각 지역 창조경제혁신센터의 멘토링을 받았으며, 최종 결선을 통과하면 창조경제혁신센터가 시제품 제작 및 창업까지 지원해준다. 공학 어벤저스를 통해 선정된 아이디어에 대해서도 기업이 최대 6개월간 사업화에 필요한 비용을 지원한다고 한다. 이 같은 프로그램이 일회성으로 끝나는 것이 아니라 공학도들의 현장 감각을 익히는 통로가 되고, 실제 청년 창업과 일자리 창출로도 연결될 것으로 기대된다.

그동안 우리 사회에는 이공계 대학의 연구가 현실과 일부 괴리돼 논문을 위한 학문적 연구만 한다는 지적이 제기돼 왔다. 그런 의미에서 주로 이공계 대학생을 위한 잔치였던 공학교육페스티벌이 올해는 한 단계 더 발전해 세상과 소통하고 산업계 수요를 반영한 '살아있는 공학교육, 산학협력 체험의 장(場)'으로 변모한 것은 의미가 깊다. 사회와 함께 발맞춰 걸으며 현장 중심 공학교육을 지향하겠다는 이공계 대학들의 노력을 보여주는 것이기 때문이다. 올해 행사는 오는 18일과 19일 이틀간 대구 엑스코에서 열린다. 산학연 모두가 함께 즐기는 축제의 장이 되었으면 좋겠다.

Comment

2015년 공학교육페스티벌의 가장 큰 특징은 바로 기업연계형 프로그램의 추가로 기업 참여가 늘었다는 것이었다. 덕분에 학생들은 자신의 캡스톤 디자인에 실용적 특성을 더 잘 반영할 수 있게 됐다. 공학교육에 실용적 요소가 더해진다는 것은 매우 긍정적인 변화다. 본문에서도 언급했듯이 글로벌 기업들이 청소년과 청년 인재 육성에 각별하게 공을 들이고 있는 점은 인상적이다.

산업기술인이 미래혁신의 주역이다

매일경제 2015년 12월 29일 화요일

조선시대 세종대왕 연구의 권위자인 박현모 세종리더십연구소 소장이 강연을 통해 들려준 이야기다. 세종 재위 기간인 1418년부터 1450년 사이에는 세계 최초 우량계인 측우기 등을 비롯해 수많은 기술적 업적이 탄생했다. 박 소장이 연구한 바에 따르면, 그중에는 요즘의 노벨상에 견줄 만한 수준의 발명품이 21건에 달했다고 한다. 같은 기간 중국이 4건, 유럽과 아랍지역을 통틀어도 19건에 그치는 것을 감안하면 세종 재위 당시 기술혁신 성과는 가히 기적 같은 일이라 하겠다.

그 원동력은 여러 가지가 있겠지만 추측건대 철저한 능력 중심의 인재 등용 정책이 한몫하지 않았을까 싶다. 세종이 신료들의 격렬한 반대에도 불구하고 부산 지역 관노(官奴) 출신인 장영실을 궁중 기술자로 파격 발탁하지 않았더라면 천문기구, 물시계, 해시계 등 세계를 놀라게 할 물건들이 대거 만들어지기는 아마도 어려웠을 것이기 때문이다. 장영실은 공로를 인정받아 나중에 오늘날 2급 고위공무원 격인 상호군이라는 직위까지 올랐다고 한다. 기술로 백성을 널리 이롭게 하려는 세종의 의지와 뛰어난 기술인을 우대해주는 문화 덕분에 초기 조선은 이공학 분야에서도 눈부신 학문적 성과를 거둘 수 있었던 것이다.

그로부터 600년이 지난 지금은 어떨까. 급격한 경제 성장을 거듭하던 1970~1980년대까지만 하더라도 국내에서는 국제기능올림픽 선수단이 해마다 언론에 조명되며 국민적 관심을 받았고, 종합우승을 했을 때는 이를 기념한 카퍼레이드를 성대하게 열어주었다. 지금도 숙련기술인에게는 명장이라는 칭호까지 부여해 수출역군으로 대접해 주기도 한다. 하지만 우리 사회는 아직도 개인이 가진 능력과 콘텐츠보다는 겉모습, 이를테면 어느 대학 출신인지에 더 주목하는 경향이 있다. 그래서인지 이공계의 중요성이나 기술혁신에 기여한 연구자들의 공로에 대해서는 상대적으로 저평가하기도 한다. 참으로 안타까운 일이다.

제조업 강국의 이면을 들여다보면 어김없이 기술인을 예우하고 대접해주는 문화가 자리 잡고 있다는 점을 알 수 있다. 독일이 대표적이다. 마이스터는 현장에서 직접 몸으로 익히면서 배운 풍부한 실무 경험, 그리고 엄격한 자격시험을 거쳐 선발되는 국가 공인 기술 장인이다. 마이스터를 통한 철저한 도제식 전문 교육은 독일을 기술강국 자리에 올려놓은 주요 원동력이다.

직업교육 시스템을 체계화하여 숙련기술인을 양성하는 것은 스위스도 비슷하다. 중학교 졸업 후 직업학교에 입학하면 연계돼 있는 근처 중소·중견기업에 취업해 회사 근무와 학교 수업을 병행하며 실무를 배운다. 살아 있는 현장 지식을 배우는 과정에서 기술직에 대한 존경심은 자연스럽게 생기게 된다.

그동안 셀 수 없는 기술혁신이 우리 삶을 창조적으로 변화시켜 온 데에는 보이지 않는 곳에서 묵묵히 기술개발에 매진해 왔던 산업기술인들의 공이 크다. 그런 면에서 우리 산업기술인의 기를 살려주는 일은 아무리 더해도 모자람이 없을 것이다.

마침 12월 초에 산학연 기술혁신 주간이 있었다. 대한민국 기술 경쟁력을 한 차원 업그레이드하는 데 기여한 산업기술인들을 격려하는 한편 산학연 관계자들이 모여 개방형 혁신의 중요성을 공유하는, 그야말로 산업기술인 축제 같은 행사였다. 세계적인 석학을 초대해 기술이 바꿔 갈 미래를 조망해 보는 지식콘서트, 민관 합동으로 우리 산업기술 정책의 나아갈 길을 제시하는 전문가 포럼, 연구개발

(R&D) 연구인력 채용박람회, 대한민국 기술대상 등 뜻깊은 행사들이 잇따라 열려 참석자들의 호평을 받았다.

어느덧 연말이다. 한 해 동안 수고한 이들에게 격려와 축하, 감사의 마음을 표현하기 좋은 시기다. 이 기회를 빌려 그동안 경제 상황이 좋을 때나 나쁠 때나 한결같이 기술강국이라는 목표를 달성하기 위해 연구실과 현장에서 땀 흘려 온 우리 산업기술인을 향해 따뜻한 격려와 응원의 목소리를 보내준다면 좋을 것 같다.

Comment

대한민국의 삶이 오늘과 같은 반열에 오르는 데에는 밤낮으로 혁신을 고민한 많은 기술인들의 노고가 있었다. 그럼에도 불구하고 기술 장인에게 존경의 마음을 표하고 우대하는 문화가 확산되지 못한 점은 참으로 아쉽다. 매년 개최하는 대한민국 기술대상을 계기로 그들이 오늘의 대한민국을 만들기 위해 기울인 노력에 대해 조명하고 싶었다.

고급인력 난 해소할 産學의 스킨십

서울경제 2016년 3월 1일 화요일

세계 경제 침체와 수출 부진이 계속되면서 청년 일자리 창출 동력이 없어지고 있다는 우려의 복소리가 많다. 한편 중소·중견기업들은 인력난을 호소하고 있다. 글로벌 기술경쟁에 뒤처지지 않으려면 대학 학부생 수준이 아닌 석박사급 학위를 보유한 우수한 기술인력이 충원돼야 하지만 정작 이런 고급 인력들은 기업에 대한 정보가 부족해 중소·중견기업보다는 대기업만 바라보는 문제를 안고 있다.

만약 중소·중견기업이 기술개발 프로젝트를 구상하는 단계에서부터 아예 대학원 학생들을 직접 참여시킨다면 어떨까. 기업은 손쉽게 외부 연구인력을 충원해 프로젝트의 질을 올리고 학생 입장에서는 실무 경험을 쌓으면서 해당 기업에 대해 자세히 알 수 있는 기회가 되지 않을까. 이처럼 구상된 정책이 바로 산업통상자원부와 한국산업기술진흥원이 시행하는 '기업연계형 연구개발인력 양성사업'이다. 이는 기업이 실제 연구개발 및 제품 제작 과정에 필요한 프로젝트를 수행하는데 있어서 석박사 과정에 있는 대학원생들이 실제 연구원으로 참여하게 하는 사업이다. 기업은 대학원과 함께 컨소시엄을 구성해 프로젝트를 진행할 대학원생을 공동으로 선발한다. 따라서 연구 프로젝트를 선정할 때나 참여 연구원을 선발하는 데 기업이 주도적으로 나설 수밖에 없다. 기존에 비해 기업의 적극적인 역할이 많이 강조되는 보다 진화된 형태의 산학협력 프로젝트라 할 만하다.

지난 2014년부터 시작된 이 사업에는 현재 연세대·산업기술대 등 12개 대학 대학원과 57개 중소·중견기업이 참여하고 있다. 프로젝트에 참여하는 학생들은 마치 해당 기업에 입사한 것처럼 연구 실무자가 돼 기술개발을 진행하는 경험을 하게 된다. 그 과정에서 학생들은 중소 · 중견기업에 대한 거부감을 지우고 자기 진로에 대한 선택지를 넓혀갈 수도 있다. 실제로 사업에 참여한 대학원생 중 70% 이상이 졸업 후 해당 기업 혹은 동종 업계의 중소 · 중견기업에 취업한 것으로 나타난다. 특히 참여 전문대학원의 경우 기업과의 산학협력 프로젝트 수행 성과 및 졸업논문 대체 설계프로그램(캡스톤디자인)을 제시하면 별도의 학위 논문을 따로 쓰지 않고도 학위 인정을 받을 수 있도록 한다는 점이 학생들에게는 매력적이다. 논문에 대한 부담을 없애 실무에 강한 기술인재로 유도하기 위한 것이다. 참여하는 기업 역시 손해 보는 장사가 아니다. 회사의 실제 기술개발 수요를 반영한 연구과제를 제시해 실용적 산학협력 추구가 가능해진다. 더욱이 프로젝트 수행 기간 동안 학생의 역량을 들여다봄으로써 자연스럽게 실무형 심층면접을 진행하고 숨은 실력자들을 미리 모셔갈 수도 있다.

이제는 중소 · 중견기업들도 빠르게 변하는 기술 트렌드에 대응하기 위해 인재 발굴 및 인력 양성에 과감한 선행 투자를 집행할 필요가 있다. 지금까지 채용한 인력에 대한 교육 위주였다면 앞으로는 필요한 고급 인력 수요를 사전에 계획하고 양성하는 데도 관심을 기울여야 한다는 뜻이다. 기업이 필요한 인재를 직접 주도해 키워낼 수 있는 기업연계형 연구개발인력 양성사업은 불필요한 사회적 낭비를 줄이고 빠른 시간 안에 인력의 질을 업그레이드할 수 있는 방법 중 하나다. 보다 많은 기업들이 관심 갖기를 기대해본다.

Comment

산학협력이 시작된 지는 오래됐지만 기업이 실습 현장만 제공해주고 발만 담그는 식의 형태로는 이름뿐인 산학협력에 그칠 것이다. 무엇보다 기업이 산학협력에 참여하는 것을 비용이 아닌 투자로 인식하는 것이 중요하다. 기업주도의 인력양성이 산학협력의 효과를 극대화하고 공학교육 혁신의 지름길이 될 수 있음을 강조한 글이다.

미래산업 밝힐 창의융합형 엔지니어

서울경제 2016년 11월 8일 화요일

모바일 등 통신기술의 발달로 모든 것이 연결되는 사물인터넷(IoT) 시대가 열리고 있다. 올 초 미국 라스베이거스에서 열린 '소비자가전쇼(CES) 2016'에서는 증강현실(AR) 기술이 많이 소개됐으며 이 중 스마트폰을 활용해 실내공간을 터치하면 로봇 청소기가 해당 구역을 청소하는 기술이 관심을 끌기도 했다. 이렇듯 정보통신기술(ICT)을 활용한 기술들이 인간의 생활을 편리하게 바꾸고 있다.

ICT는 인간의 생활뿐 아니라 산업 분야에도 많은 영향을 미치고 있다. 미국 제너럴일렉트릭(GE)사의 경우 제조업과 ICT를 융합해 인도 뭄바이 지역에 스마트 공장인 '브릴리언트 팩토리'를 세워 항공·파워플랜트·운송 등 전 사업 영역의 제품을 하나의 공장에서 생산 가능하도록 하고 있다.

이러한 디지털 경제 시대가 도래함에 따라 해운·조선·자동차 같은 주력 전통산업도 신산업으로의 전환이 필요하다. 우리나라도 과거 50년·100년을 주도하던 주력산업들을 새로운 산업으로 재탄생시켜야 하는 절박한 상황에 놓여 있다.

독일·미국·일본 등 세계 각국은 저성장 돌파구를 마련하고 인공지능(AI), ICT, 로봇 등을 활용한 새로운 산업 패러다임에 대비하기 위해 각종 인재정책을 수립하고 있다. 우리 정부도 창의적 공학인재 양성을 위해 공학교육혁신센터를 지난 2007년부터 운영해왔다.

정부는 전국 70여개 대학에 공학교육혁신센터를 설치하고 공과대학생을 대상으로 하는 다양한 교육 프로그램을 개발하고 있다. 4차 산업혁명의 흐름을 선도하기 위한 열쇠가 공학인재에게 있음을 인지하고 공학교육 역량 강화에 힘쓰고 있는 것이다.

우리나라의 공학교육은 산업계의 빠른 패러다임 변화에 발맞춰 계속 진보하고 있다. 캡스톤디자인 등 다양한 교육방법을 도입해 이론과 실제의 격차를 좁히고 종합적 문제 해결 능력을 지닌 창의적 공학인재를 양성하고 있다.

기업과의 교류로 산업계에서 요구하는 인력이 배출될 수 있도록 프로그램도 진행하고 있다. 기업에서 과제를 내고 학생들이 팀을 짜 스스로 문제를 해결하는 '에스스쿨 프로젝트'가 그것이다. 이를 통해 산학 간의 네트워크 강화는 물론 공학계 발전을 위한 협력도 공고히 하고 있다.

오는 10일부터 이틀간 경기 일산 킨텍스에서 '2016 공학교육 페스티벌 E²페스타'가 열린다. 올해로 5회를 맞은 이 축제는 수많은 공학인의 관심을 받고 있다. 이번 축제에서는 캡스톤 작품과 에스스쿨 프로젝트 제품 등 다양한 성과들이 전시되며 산학 협력을 위한 컨퍼런스와 공학도를 위한 참여 프로그램도 진행될 예정이다.

과학기술이 점차 발전하면서 전 세계의 산업지형도 급속도로 변화하고 있다. 빠르게 변화하는 산업지형에서 흔들리지 않는 국가 경쟁력의 핵심은 공학인재에게서 나온다는 것을 잊어서는 안 된다. 이번 공학교육 페스티벌로 공학인재의 중요성을 다시 한 번 되새기고 국가 산업 발전을 위한 새로운 공학생태계 활성화의 계기가 마련되기를 기대한다.

이맘때면 어김없이 열리는 공학 인재들의 축제 한마당인 2016 공학교육 페스티벌 행사를 앞두고 쓴 글이다. 4차 산업혁명 시대의 주도권을 잡기 위해서는 선제적인 인력확보가 우선시 되어야 함을 인지하고, 정부는 공과대학생을 대상으로 하는 다양한 프로그램을 개발하는데 힘쓰고 있다. 이에 발맞춰 KIAT는 인재들의 창의적인 도전을 격려하는 장을 마련하고 공학생태계를 활성화 하는 노력을 아끼지 않고 있다. 공학교육 페스티벌은 공학 인재들을 위한 축제 한마당인 동시에 저성장 시대에 공학과 시장과의 접점을 체험하는 희망의 돌파구인 셈이다.

공학 인재가 그려갈 미래

이투데이 2016년 11월 14일 월요일

4차 산업혁명이 이슈로 대두하면서 공학인재 육성에 대한 관심은 더욱 뜨겁다. 인공지능, 빅데이터, 사물인터넷(IoT), 클라우드, 3D 프린팅, 자율주행 자동차 등 새로운 산업 패러다임에 대비하기 위해서는 선제적으로 인력 확보가 우선돼야 함은 자명하기 때문이다. 획기적으로 기술 패러다임의 변화가 있었던 시기의 역사를 살펴보아도 그렇다. 과거 영국에서는 양초 기술 연구가 바람을 일으켰으나, 결국 세상을 바꾼 것은 양초가 아닌 전기의 발명이었다. 마차는 또 어떠한가. 마차의 개량에 열중했던 당시 사업가들은 자동차 시대라는 뉴 패러다임에 적응하지 못했다. 세상을 바꾸는 것은 점진적 변화가 아니라 파괴적 혁신이다. 혁신의 주체인 사람에 대한 투자가 중요한 이유다.

이와 같이 공학인재 육성의 중요성은 점점 커져가는 가운데, 필자가 몸담고 있는 한국산업기술진흥원(KIAT)에서는 창의적 공학인재 육성을 위한 노력을 꾸준히 해왔다. 매년 전국 대학 70여 곳에 설치한 공학교육혁신센터와 공학도들의 축제인 '공학교육페스티벌'을 개최하고 있다. 행사를 개최한 지 벌써 5년째에 접어든다. 행사 기간에는 우수 캡스톤 디자인 작품 전시, 글로벌 공학교육 콘퍼런스, 창업투자 아이디어 경진대회, 청소년 미래상상 아이디어 경진대회 등이 잇따라 열리는데, 필자는 우리 공학 인재들의 새로운 아이디어에 매번 감탄을 금치 못한다.

올해도 지난 10일과 11일 양일간 전국 93개 공대가 참여하고 학생들이 직접 만든 우수 캡스톤 디자인 작품 218점을 전시하여 성황리에 행사를 마쳤다. 특히 이번 공학교육페스티벌에서는 기업연계형 프로그램인 'S-School 프로젝트' 결과물이

전시돼 눈길을 끌었다. 'S-School 프로젝트'는 기업에서 낸 과제를 공대 학생들이 팀을 짜서 함께 해결해 보는 방식이다. LG전자의 '모바일 기기 및 스마트 TV 등에 운영될 수 있는 애플리케이션 개발'을 고려대학교 'Travel Maker' 팀에서 수행하고 결과물을 선보이는 등 총 7개 팀의 성과가 빛났다. 이러한 프로젝트를 통해 산업현장의 경험을 지닌 전문가들은 학생들에게 생생한 조언과 지원을 해주고, 공대학생들은 미리 기업 프로젝트를 수행해보는 좋은 경험을 쌓는 기회를 얻게 된다. 산업계에서 요구하는 인력이 바로 배출될 수 있는 선순환적 구조를 보여주는 일례이다.

주니어 엔지니어링 클래스, 주니어 플러스 아이디어 경진대회 등 공과대학 진학에 관심 있는 중·고등학생들이 참여할 수 있는 프로그램을 늘린 것도 올해 공학교육페스티벌의 차별점이다. 특히, 주니어 플러스 아이디어 경진대회는 행사 기간 전시되는 공대생들의 캡스톤 디자인 작품을 대상으로, 중·고등학생들이 새로운 아이디어를 추가해 또 다른 새로운 제품을 설계하는 경진대회로 종합적인 문제해결능력을 지닌 차세대 창의공학인재를 양성하는 데 기여할 것으로 기대된다.

그간 공학교육페스티벌이 이공계 대학생들을 위한 축제였다면 올해는 한 단계 발전해 미래의 공학 꿈나무와 일반인들도 체험할 수 있도록 잔치의 장을 더 넓힌 느낌이다. 특히, 산업통상자원부와 한국산업기술진흥원(KIAT)은 이번 행사에서 열린 콘퍼런스나 모임을 통해 논의된 4차 산업혁명 시대를 선도할 공학인재 육성에 대한 각계의 다양한 의견을 수렴, 향후 인재양성 정책에 적극 반영해 나갈 계획이다. 이번 공학교육페스티벌에서 공학 인재들이 보여준 열정과 꿈을 향한 도전정신에 큰 박수를 보내며, 미래 신산업을 빛낼 공학 인재들의 밝은 앞날을 그려본다.

Comment

2016 공학교육페스티벌 행사를 마치고 그 소회에 대해 쓴 글이다. 2015년 공학교육페스티벌은 기업 연계형 프로그램의 추가로 기업 참여를 늘렸다면, 2016 공학교육페스티벌은 기업 연계형 프로그램인 'S-School 프로젝트'의 결과물을 직접 볼 수 있도록 하였다. 공학교육의 질적 변화를 눈으로 확인한 셈이다. 더불어 그간 공학교육 페스티벌이 이공계 대학생들을 위한 축제였다면, 2016 공학교육 페스티벌은 한 단계 발전해 미래의 공학꿈나무와 일반인들도 체험할 수 있도록 잔치의 장을 더 넓힌 것이 가시적인 성과라 할 수 있겠다. 앞으로도 4차 산업혁명 시대를 선도할 공학인재 육성에 대한 의견을 수렴하여 인재 양성 정책에 적극 반영해 나가길 기대해본다.

걸스데이

서울경제 2013년 12월 19일 목요일

"우리나라 대통령도 이제 여자분이신데 뭐가 그렇게 심각해. 왜 안 돼. 여자가 먼저 키스하면 잡혀가는 건가?" 올 한해를 뜨겁게 달군 여성그룹 걸스데이의 '여자대통령' 가사다.

사랑에 당당하게 나서라며 여성들을 응원하는 메시지와 함께 선보인 '구미호춤'은 남녀노소를 불문하고 많은 사랑을 받았다. 노래가 인기를 끌면서 걸스데이는 국제아동 후원단체의 홍보대사로 위촉돼 개발도상국 여자아이들을 위한 '여자대통령'으로서 활동하기도 했다. 뽀로로가 어린이들을 대상으로 '어린이 대통령'으로 활약하는 모습을 연상하게 만드는 장면이기도 하다.

독일에도 '걸스데이(Girls Day)'의 인기가 대단하다. 독일의 걸스데이는 초중고·대학교 여학생들을 기업·대학·연구소 등에 초대해서 실제 작업장을 보여주고 함께 일하면서 기술과 연구과정을 체험케 하는 행사다. 한국의 걸스데이가 해외 봉사활동을 통해 'K팝'의 위상을 더욱 높이고 있다면 독일의 걸스데이는 여학생들을 '기술'과 '연구소'의 매력에 빠지게 한다는 점이 다르다. 독일의 기업·대학·연구소 등 현장은 매년 4월 넷째주 목요일이 되면 여학생들의 재잘거림과 탄성·환호로 북적인다. 독일의 걸스데이는 여학생들에게 기술 분야 직업에 대한 긍정적 인식을 심어줄 뿐만 아니라 이들이 기업이 원하는 인력으로 자라는 데 크게 기여하고 있다. 실제로 걸스데이에 참여한 여학생중에는 본인이 직접 체험한 기업이나 연구소의 인턴십 등에 큰 관심을 보이고 있으며 걸스데이 2회 이상 참여 기관의 60%가 걸스데이 참여경험이 있는 여학생을 인턴이나 견습생으로 채용했

다. 2001년 첫해 40개 기업에 2,000여명의 여학생이 참여하던 걸스데이는 2013
년 현재 9,500여 기업·기관에 10만 8,000여명의 여학생이 참여할 만큼 큰 성과
를 보이고 있다. 또 이와 유사한 활동들이 유럽뿐만 아니라 전세계 16개 국가들
에서 열리고 있다.

최근 우리나라에서도 여성의 산업현장 연구개발 (R&D) 참여를 본격화하기 위해
정부 관계부처 합동으로 이공계 여성을 산업현장의 핵심 R&D 인력으로 확충하는
방안을 마련하고 지원에 나서고 있다. 그러나 현실을 돌아보면 여학생의 공학계
열 진학은 여전히 저조하며 여성의 R&D 참여 비중도 독일 등 주요 선진국에 비해
낮은 상황이다. 특히 기업의 여성연구원 비중은 대학·공공연구소에 비해 현저히
낮다. 업종별로도 차이가 심해 섬유·반도체·가전제품 등의 여성 R&D 인력 비
중은 높은 반면 자동차·기계·철강 등은 드물다.

아직 늦지 않았다. 이제라도 여학생들이 기술에 매력을 느끼고 직업을 선택할 수
있도록 응원해야 한다. 마침 내년 5월 초 한국형 걸스데이가 열릴 예정이다. 정부
의 지원도 중요하지만 우리의 기업·대학·연구소의 적극적인 참여가 반드시 필
요하다. 가까운 미래 '기술강국' 한국을 주도할 여학생들의 당찬 도전과 아름다운
열정이 벌써부터 기대된다.

Comment

독일의 여학생 기술체험 행사인 걸스데이의 한국판 'K-Girls' Day'를 준비하면서 행사
의 의미를 알리기 위해 쓴 글이다. 마침 국내 걸그룹 걸스데이가 '여자대통령'이라는 제
목의 노래를 발표해 이를 인용해 봤다. 사실 이공계 출신 여성 대통령이 탄생한 우리나
라에서 이같은 여학생 대상의 행사 개최는 어찌 보면 다소 늦은 감도 있는 듯하다.

'겨울왕국' 엘사와 여성 R&D

디지털타임스 2014년 3월 17일 월요일

지난 겨울, 여제들의 뛰어난 활약으로 우리들의 가슴은 뜨거웠고 행복했다. 극장가는 겨울왕국이 한국 애니메이션 개봉 사상 첫 1000만 관객을 넘어섰고, 주인공 엘사가 부른 노래 '렛잇고'(Let it go)는 각종 음원차트 상위권에 오르는 등 신드롬을 낳았다. 특히 애니메이션 속 엘사가 '렛잇고'를 부르며 스케이팅을 하는 모습은 마치 피겨 여왕 김연아를 연상케 했다.

여풍(女風)은 이제 스포츠 분야뿐 아니라 사회 각 분야로 확산되고 있다. 여성 첫 은행장이 나온 것을 비롯해 기업·법조·문화·예술계에도 유리천장을 깬 여성 인력들이 맹활약중이다. 여성친화도시를 표방한 일부 지자체에는 이를 배우려는 국내외 단체의 발길이 끊임없이 이어지고 있다.

현재 우리나라 여성의 대학 진학률은 80.5%로 OECD 국가 중에서도 최고 수준이다. 이공계 여성 졸업생 숫자는 점진적으로 증가하고 있으며, 여성인력의 R&D 참여도도 전반적으로 증가 추세다. 그러나 주요 선진국 수준에는 아직 미치지 못한다. 특히 기업의 여성연구원 비중은 대학과 공공연구소에 비해 현저히 낮다. 우수한 인적 자원이 일선 현장에서 제대로 활용되지 못하는 것은 국가적으로도 큰 손실이다.

가장 큰 원인은 육아부담 등으로 인한 여성의 경력단절에 있다. 아무리 똑똑하고 유능하며 성실해도 임신, 출산, 육아라는 문제에 봉착하면 직장을 잠시라도 떠나야 한다. 기업에서도 업무가 단절된 여성연구원 채용을 주저하는 것이 현실이다.

여성연구원에게 주어진 업무가 제한적이고, 조직에서 다양한 업무를 익히고 성장해 나가는 데 애로가 많은 것도 사실이다. 한 조사에 의하면 우수 이공계 여성인력의 약 30%가 채용과 승진에서 어려움을 겪고 있으며, 절반 이상이 남성 중심의 직장 분위기에서 일과 육아를 병행하기 힘들다고 말하고 있다. 이 문제를 해결하기 위해서는 여성 R&D 인력 스스로의 적극적 노력이 우선되어야 하지만 사회 전반적 인식개선과 이를 지원해주는 정부의 정책도 뒷받침돼야 한다.

최근 정부는 여성의 산업현장 연구개발(R&D) 참여를 본격화하기 위해 이공계 여성을 산업현장의 핵심 R&D 인력으로 확충하는 방안을 마련하고 민관협의체를 구성하는 등 문제해결에 적극 나서고 있다. 여성과학기술인이나 기업 CTO 등을 홍보대사로 위촉하고 여성공학인 고용포럼 등을 통해 여성연구원이 산업현장에서 적극 고용될 수 있는 사회적 분위기를 조성해 나가고 있다.

5월 전국에서 개최되는 'K-GIRLS' DAY(케이-걸스데이)'도 주목할 만하다. 이 행사는 여학생들에게 기업, 대학, 연구소의 실제 작업장을 보여주고 연구과정을 체험케 하는 것으로 이공계 분야에 대한 긍정적 인식을 심어주는 것이 목적이다. 또한 여학생들이 기술에 매력을 느끼고 기업이 원하는 인재로 자라도록 응원하는 역할도 한다.

한국의 지속가능한 성장 여부는 여성 인력에 달려있다고 해도 과언이 아니다. 지금까지는 반도체, 자동차, 선박, 철강, 건설 등이 산업 발전을 이끌어왔지만 이제는 제조업과 인간미를 결합하는 감성산업이나 서비스 산업 등으로 재편되고 있다. 이런 시대에는 여성연구원들의 감각이 더 잘 발휘될 수 있다. 또 여성의 DNA는 창조경제에도 잘 맞는다. 타인을 배려하고 희생을 감수하는 엄마 리더십을 지닌 것도 장점이다.

우리의 국가경쟁력을 한 차원 더 높이기 위해서는 유연하고 창의적인 여성의 능력이 적극 발휘되도록 민관 모두가 힘을 합쳐야 한다.

봄이다. 사랑이 자신의 능력을 조절할 수 있는 열쇠라는 것을 깨달은 엘사가 겨울왕국을 녹였듯, 이제는 대한민국의 여성 R&D 인력들이 정부와 기업의 지원에 힘입어 산업현장의 엘사가 되기를 기대해본다.

Comment

몇 년 전, 아이들의 겨울을 들썩이게 했던 애니메이션 '겨울왕국'은 이 시대 변화된 여성상을 잘 보여준다. 주인공 엘사는 더 이상 왕자를 기다리지 않고 직접 문제를 해결하러 나선다. 엘사처럼 자기 주도적이고 진취적인 여성 인재들이 이공계로 많이 진출했으면 좋겠다.

여학생들의 기술 놀이터, K-걸스데이

서울신문 2014년 9월 29일 월요일

미국 오바마 대통령은 얼마 전 백악관의 최고기술책임자(CTO)로 메건 스미스 전 구글 부회장을 임명했다. 스미스는 매사추세츠 공과대학(MIT) 출신의 여성 엔지 니어다. 구글의 차세대 사업을 구상하고 개발하는 '구글X'를 이끌며 혁신을 주도 한 인물로 알려져 있다. 특히 많은 여성 인재들이 컴퓨터 분야에서 활발하게 일할 수 있도록 하기 위해 구글 내 여성 엔지니어 모임을 주도하기도 했다.

그의 영향 때문인지 모르겠지만 지난해 8%에 그쳤던 구글 개발자대회의 여성 참 가자 비율은 올해 20%로 훌쩍 증가했다고 한다. 또한 구글은 최근 여학생들을 위 한 코딩 교육에 5000만 달러를 지원하겠다고 약속하고 코딩 교육 웹사이트를 개 설하는 등 여성 엔지니어 육성에 적극적인 행보를 보이고 있다.

공학을 공부한 여성 인재들의 활약이 돋보이는 시대다.
올해 1월 제너럴모터스(GM)의 최고경영자(CEO) 자리에 오른 메리 바라는 미국 자동차 업계 최초의 여성 CEO다. 그는 1981년 GM이 만든 자동차대학(지금의 케 터링대학)에서 산학인턴십 과정을 이수하며 전기공학을 공부한 엔지니어다. 야후 의 마리사 메이어 CEO는 명문 스탠퍼드 대학에서 컴퓨터공학을 전공하고 구글 엔지니어로 일한 인재다. 1981년 입사해 2012년 IBM의 첫 여성 CEO가 된 버지니 아 로메티 역시 시스템 엔지니어 출신이다.

이공계 여성 리더들의 이야기가 이처럼 사람들의 주목을 받는 것은 역설적이게도 여성 인재들이 그만큼 이공계에서 활발하게 활동하지 못하고 있기 때문일 것이다.

우리나라만 하더라도 매년 10만명 이상의 이공계 인재를 대학에서 배출하고 있지만 이 중 여학생 비율은 약 31% 수준이다. 게다가 이들이 사회에 진출해서 실제 연구개발(R&D) 분야에 얼마나 종사하고 있는지를 들여다보면 그 수치는 18%로 뚝 떨어진다.

해외에서는 여성 이공계 인재가 많이 유입될 수 있도록 하기 위해 체험 프로그램을 마련해 여학생들이 어릴 때부터 기술에 대한 흥미를 갖게 유도하고, 공학에 대한 긍정적인 인식을 심어주고 있다.

독일은 '걸스데이'(Girls' day)라는 이름의 행사를 매년 실시한다. 기업 연구소나 생산 시설, 대학과 같은 산업기술 현장에 여학생들을 대거 초청해 이공계 진로 탐색도 하고 기술도 체험할 수 있는 프로그램이다.

2001년 처음 열린 행사에는 40개 기업에 2000명의 여학생이 다녀갔는데 지난해에는 10만명 넘는 학생이 9500여개 기업과 기관을 방문하는 등 비약적인 성과를 이뤘다. 지금은 독일뿐만 아니라 프랑스, 네덜란드, 스위스 등 16개국에서 이 같은 산업기술현장 체험 행사가 운영되고 있다.

오는 10월 29일이면 우리나라에서도 처음으로 한국형 걸스데이(K-Girls' day) 행사가 열린다. 중고생과 대학생 2000여명은 서울부터 제주에 이르기까지 전국 100여곳이 넘는 산업기술 현장을 찾아가 하루 동안 즐거운 기술 체험을 하게 된다. 앞서 취업한 이공계 선배와 만나 대화하며 공학 공부에 대한 팁이나 이공계 진로 정보를 생생하게 얻을 수 있는 시간도 준비돼 있다.

현재 다양한 분야의 기업과 대학, 연구소에서 생산시설 견학, 실험실습, 제조 공정 체험, 공학 특강 등의 풍성한 프로그램을 준비해 놓고 전국의 여학생들을 기다리고 있다.

경기도 용인에 있는 A기업은 연구시설 견학과 화장품 만들기 실습 프로그램을 운영하며, 자동차 부품을 만드는 B기업은 실험실에서 각종 부품성능 실험 및 장비 실습을 해보도록 체험 시간을 마련했다. C연구소는 3D 가상 의류를 제작해보는 시연과 태양광 자동차 만들기 실습, 로봇 분야 특강 등을 실시할 예정이다. 또한 부산에 있는 D대학에서는 향수 제작과정 실습을 통해 화학반응공학에 대한 기초지식을 알려준다.

이번 행사는 여성 엔지니어가 되고 싶은 여학생들만을 위한 신나는 기술 놀이터이자 축제의 현장이 될 전망이다. K-걸스데이는 다음달 6일까지 여학생들의 참가 신청을 선착순으로 받는다. 오는 10월 29일, 전국 곳곳에서 펼쳐질 즐거운 행사에서 이공계 리더를 꿈꾸는 여학생들의 진지한 눈빛과 많이 만나볼 수 있기를 필자도 기대해본다.

Comment

지난 2014년 제1회 K-Girls' Day 행사 개최를 앞두고 기대감에 가득 차서 쓴 글이다. 1회 행사에서는 약 2,000여명의 중고생과 대학생들이 전국 100여 곳의 산업기술 현장을 방문해 각종 기술과 장비 등을 체험하는 귀한 시간을 가졌다.

기술 현장서 빛난 여학생들

중앙일보 2014년 10월 31일 금요일

'기술자' 혹은 '엔지니어'라는 단어를 들으면 어떤 이미지가 머릿속에 그려지는가. 아마도 많은 사람이 기름때 묻은 손으로 공구를 만지고 있거나 밤낮으로 소프트웨어 코딩 작업에 열중하느라 눈이 퀭해진 남성을 떠올릴 지 모른다. 이처럼 기술과 공학이라 하면 흔히 '힘들고 어렵고 복잡한 것', '남자들의 전유물'이라는 일종의 통념을 갖고 있는 사람이 많다.

하지만 지난 29일만큼은 여학생들이 기술 현장의 당당한 주인공이 되었다. 2000여명에 이르는 중고생과 대학생들이 여학생 대상 기술체험 프로그램인 '케이걸스데이(K-Girls' day)에 참가해, 전국 기업과 대학, 연구소 등 100곳의 산업 현장을 일제히 방문했다. K-Girls' day는 독일의 걸스데이 행사를 참고해 만든 것이다. 걸스데이는 여학생들이 이공계 진로를 탐색하는 데 도움이 되도록 산업기술 현장에 초청해 기술 체험 기회를 제공하는 프로그램이다. 기술이 생각보다 어렵지 않고 재미있음을 일깨워주는 것이 가장 큰 목표다. 독일서는 지난 2001년 처음 시작됐고, 지난해에는 11만여명의 10대 청소년이 9200여개 기업과 기관을 방문했다.

우리나라에서는 이번에 처음 치러지는 행사라 걱정이 많았지만, 호응은 기대 이상이었다. 학교에서의 기술 수업이 이론 중심으로 이뤄지다보니 체험과 실습 위주의 현장 교육이 학생들에게 흥미로웠던 것 같다. 참가자들은 회로 설계나 컴퓨터 프로그래밍, 납땜 같은 실험실습을 직접 해보고, 막히는 게 있으면 전문가 도우미에게 물어보며 궁금증을 해결했다. 또 화장품, 향수 제조 공정을 따라하며 화학성분에 대한 지식을 익히고, 평소 입는 옷 속에 숨어있는 첨단 소재의 역할을 자연스럽게 체득했다. 특히 회사에 먼저 입사해 여성 공학도로서의 길을 걷고 있는 선배들과의 대화는 체험 실습만큼이나 소중한 시간이었다. 아직 진로와 적성에 대한 고민이 많은 여학생들에게 선배들이 직접 들려준 기술에 관심을 갖게 된 계기, 이공계 직업인으로서의 힘든 점 등에 대한 얘기는 실질적인 도움이 됐다.

기업 입장에서도 꽤 신선한 경험이었던 모양이다. 경동 나비엔에서 학생들을 맞았던 관계자는 "여학생들이 회사로 찾아와 공장을 함께 둘러본 건 처음"이라며 "조직문화와 기술을 자연스럽게 홍보하는 좋은 기회였다"고 평가했다. 물론 K-Girls' day 참가자들이 모두 이공계 관련 직업을 선택할 것이라 기대하지는 않는다. 다만, 기술 분야 진로는 생각지도 않았던 여학생들이 다양한 체험을 해보고, 기술과 공학에 대한 이미지가 조금이라도 긍정적으로 바뀌었다면 행사의 취지는 충분히 달성된 것이나 마찬가지다. 경동 나비엔의 여성 R&D인력(12명) 규모가 전체 R&D인력(150명) 중 8% 수준이라는데, 기술친화적 태도를 갖게 된 여학생들이 이공계로 점차 유입되어 이 8%라는 수치가 나중에 18%, 28%로 늘어나기를 기대해 본다. K-Girls' day가 그 마중물 역할을 할 것이다.

Comment

제1회 K-Girls' Day 행사에서는 기대 이상의 호응이 이어졌다. 여학생들은 학교에서 제대로 접하지 못한 날 것의 기술체험에 즐거워했고, 자연스레 홍보 기회를 얻은 기업들도 만족스러워했다. 이날의 경험이 훗날 기술현장에서의 여성 인재 확대로 이어진다면 정말 기쁠 것 같다.

다양성이 능력을 이긴다

한국경제 2015년 5월 23일 토요일

얼마 전 국내 개봉한 영화 '이미테이션 게임'은 영국의 천재 수학자이자 초기 컴퓨터 학자인 앨런 튜링에 관한 이야기다. 영국은 독일군의 암호를 풀어내지 못해 수세에 몰리자 '블레츨리파크'에 암호해독기관을 설립했다. 수학자, 체스챔피언, 언어학자 등 각 분야 엘리트뿐만 아니라 백화점 간부, 체스게임 중독자까지 총 9000여명에 이르는 각양각색의 사람이 비밀리에 이 암호해독 프로젝트에 참여했다. 다양한 직업과 학문적 배경을 가진 사람들이 힘을 보탠 덕분에 연합군은 세계 최초의 연산컴퓨터인 콜로서스를 개발해 독일군의 암호를 풀어냈다.

스콧 페이지 미국 미시간대 교수는 블레츨리파크의 성공 요인을 "다양한 사람들이 다양한 능력을 제대로 발휘할 수 있었기 때문"이라고 분석했다. 페이지 교수는 블레츨리의 사례뿐 아니라 20여년간 수많은 사례 연구와 실험을 거쳐 '다양성이 능력을 이긴다'는 이론을 발표했다. 비슷한 배경을 가진 사람들로 구성된 조직보다는 개별 역량이 다소 부족해도 학문, 성별 등이 다양한 사람으로 구성된 조직이 더 나은 성과를 낸다는 것이다.

페이지 교수의 이론에 비춰볼 때 한국 산업현장의 다양성 확보 문제는 심각하다. 현재 국내 공학계열 여학생 비율은 15.4%에 그치며, 과학기술인력 중 여성 비율도 19%에 불과하다.

이 중 공학계열을 전공한 여성 과학기술 인력은 7.7%뿐이다. 여성의 산업현장 진출을 위해 여학생에게 공학계열에 대한 긍정적 인식을 심어주는 것이 시급한 시점이다. 이런 필요성과 공감대를 바탕으로 한국에서는 'K-걸스데이(K-Girls' Day)'라는 여학생들의 기술체험 행사를 지난해부터 진행하고 있다. 전국의 기업, 대학, 연구소 등 치열한 산업기술 연구개발 현장이 이날 하루만큼은 미래 이공계 여성인재를 위해 문을 활짝 개방한다. 여학생들은 막연하고 멀게만 느꼈던 산업기술 현장의 최전선에서 직접 체험해봄으로써 이공계에 대한 편견을 조금이라도 깰 수 있는 기회를 갖게 되는 것이다.

페이지 교수가 말한 다양성이라는 렌즈를 통해 볼 때 글로벌 경쟁력 확보의 중요한 축은 '여성'에 있다. 남녀가 어우러져 다양한 사람이 다양한 목소리를 내는 기업이 더 높은 성과를 내고, 장기적으로 살아남게 될 것이다. 다양성에 창조와 혁신의 원동력이 있다. K-걸스데이를 통해 열린 마음으로 이공계에 도전하는 여학생과 다양성에 기반한 혁신을 기대하는 기업의 만남이 계속되길 바란다.

Comment

조직의 다양성은 열린 사고, 유연한 사고를 의미한다. 기술현장에 여성 인력이 지금보다 많이 유입되어 잠재적 능력을 발휘한다면 그 조직의 유연함과 혁신 역량은 늘어날 것이다.

미래기술 '여성'에 달렸다

이데일리 2015년 5월 29일 금요일

미국의 미래학자 대니얼 핑크는 그의 저서 '새로운 미래가 온다'(A Whole New Mind) 머리말에서 "우리가 직면한 '하이터치 · 하이콘셉트' 시대에는 분석을 통해 만들어가는 지식만으로는 인류에 새로운 부가가치를 더 이상 생산할 수 없다"고 단언했다. 그는 "논리와 이성에 능한 좌뇌보다는 감성 · 창조 · 통합적 기능을 담당하는 우뇌 능력이 중요한 시대가 온다"고 봤다. 사회의 잠재력을 키우려면 남성에 비해 우뇌 능력이 앞서는 여성 인재들이 충분히 실력을 발휘할 수 있어야 한다는 뜻일 것이다.

바야흐로 여성의 경제활동 참여 비율이 높고 경력 단절이 낮을수록 국가경제가 성장한다는 '위미노믹스'(Womenomics · 여성의 경제활동) 시대다. 사회적으로나 경제적으로 여성의 영향력이 커지면서 남성 위주 영역으로 여겨지던 산업기술 분야도 여성 인력 활용이 이제는 선택이 아닌 필수가 돼가고 있다. 그러나 아직까지 우리나라 여성들 가운데 이공계를 남성의 영역으로 여기고 기술 분야의 유리천장에 지레 겁먹고 포기하는 사람들이 많다.

이와 관련해 2001년부터 매년 독일 전역에서 진행되는 '걸스데이'(Girls' Day)는 주목할 만한 행사다. 걸스데이는 매년 4월 넷째 주 목요일에 여학생들을 기업, 대학, 연구소 등 산업기술 현장으로 초대해 다양한 기술체험 기회를 제공한다.

독일에서는 이런 행사를 통해 여학생들에게 기술 분야 직업에 대한 긍정적인 인식을 심어주고 이들이 기업에서 원하는 기술인력으로 자랄 수 있도록 유도한다.

독일 걸스데이는 세계 각국이 벤치마킹해 현재 16개국이 유사한 취지의 행사를 개최하고 있다.

우리나라도 지난해 처음으로 한국형 걸스데이 프로그램 '케이-걸스데이'(K-Girls' day)가 열렸다.

1회 행사 때 1800여명에 이르는 중·고생과 대학생들이 95개 기업·대학·연구소를 방문했으며 지난 22일 치러진 2회 행사에서도 110개 기업 2000여명의 여학생들이 참여하는 성과를 거뒀다. 학생들은 2회 행사 때 기술 현장의 주인공이 돼 공작 견학부터 실험, 실습 등 다양한 기술체험에 흠뻑 빠졌다.

대전에 있는 광학 설계 및 제조기업 실리콘윅스는 발광다이오드(LED) 조명기구를 직접 설계하고 디자인해볼 수 있도록 했고 자동차부품연구원은 요즘 뜨거운 이슈가 되고 있는 3차원(3D)프린팅 체험 기회를 제공했다. 제주 지역에 있는 화장품 제조업체 유씨엘은 학생들이 화장품을 직접 만들어볼 수 있도록 해 큰 호응을 얻었다.

기술체험 후에는 이공계에 진출한 선배들과 이야기를 나누면서 진로에 대한 고민을 나누기도 했다. 한창 진로탐색과 진로설계를 해야 하는 학생들에게 매우 소중한 기회였다.

실제로 지난해 케이-걸스데이에 참여한 학생들을 대상으로 실시한 설문조사 결과 자신이 기술체험을 했던 기업이 추후 인턴이나 신입직원을 채용하면 지원할 의사가 있다고 답한 학생이 전체의 76.1%에 달했다. 또한 87.1%가 "주변에 케이-걸스데이를 추천할 의사가 있다"고 답했다.

산업 현장에서 성별의 균형이 이뤄지지 않는다면 창의와 융합이 강조되는 창조 경제 시대에 우리 경제 경쟁력은 그만큼 약화될 수밖에 없다. 우리 국가 경쟁력을 한 차원 더 높이기 위해서라도 기술 현장에 여풍(女風)이 더욱 세게 불길 바란다. 케이-걸스데이는 가까운 미래 '기술강국' 한국을 이끌게 될 여학생을 응원할 것이다.

Comment

여성의 일터 복귀를 위한 대책들이 많이 제안되고 있지만 중요한 것은 제대로 추진되는지에 대한 확인과 점검이 필요하다는 점이다. 또 남성도 육아에 대해 공동으로 책임을 나누는 문화 확산이 중요하다고 본다. 고용률 70%를 달성하려면 여성의 경제활동 참가가 늘어야 하고 그중에서도 이공계 인력과 같이 전문 분야에서 여성의 역할이 강화돼야 한다. (14.10.29. 페이스북)

구글 · GE · IBM 경쟁력은 여성인재 활용

중앙일보 2016년 5월 13일 금요일

최근 미국 화폐 역사 100여년 최초로 도안에 여성이 선정돼 화제가 됐다. 노예폐지 운동가였던 해리엇 터브먼이 그 주인공인데, 여성 투표권 획득 100주년을 기념해 기존 7대 대통령 대신 20달러 모델로 채택된 것이다. 스코틀랜드 역시 5파운드에 여성 소설가인 낸 셰퍼드를 넣기로 했다.

굳이 화폐 도안이 아니더라도 여성 인력에 대한 중요성은 20여 년간 끊임없이 강조돼 왔다. 고령화, 저출산 및 인력부족 같은 사회문제 해결 뿐 아니라 기업경쟁력 강화 측면에서도 중요하다. 특히 산업 부문에서 생산되는 제품의 최종 소비자 중 절반 이상이 여성이라는 점은, 기업이 여성을 적극 활용해 혁신적 아이디어를 도출하는 것이 얼마나 경쟁력 제고에 도움이 될 수 있는지를 간접적으로 보여준다.

해외 기업들은 오래 전부터 여성 인재의 중요성에 대한 인식을 높이고, 여성 인재 확보 및 유지 전략을 활용해왔는데, 특히 최고경영자(CEO)가 솔선수범하고 있는 것이 특징이다.

예를 들어 구글 공동 창업주인 래리 페이지는 창업 초기에 엔지니어링 부문에 남자만 16명이 채용되자, 성비를 맞추지 않으면 고용계약서에 서명하지 않겠다고 으름장을 놓았다고 한다. 결국 여성 인력을 잘 활용한 구글은 참신한 아이디어를 많이 발굴해 글로벌 리딩 기업으로 성장할 수 있었다. 그 외에도 GE · IBM · P&G 같은 기업들 역시 여성인력을 잘 활용하는 것을 인재운용 전략의 최우선 가치로 삼아왔기 때문에 오랫동안 승승장구할 수 있었다.

반면 한국 기업들은 사회적 인식, 열악한 근무환경, 제도적 미비점들로 인해 상대적으로 소극적인 것이 현실인데, 최근까지도 여성의 경제활동 참가율이 60%를 채 넘지 못한다는 것이 이를 반증하고 있다. 이런 문제점을 해결하고 중소기업의 인력 구인난에 대처하는데도 여성 인력을 활용하는 것이 효과적이라는 인식 하에 정부는 산업 현장의 여성 참여 활성화를 위해 제도개선 및 환경 조성, 지원에 노력해왔다. 그 결과, 최근 기업연구소 내 여성연구원 비중이 증가하고 있다. 하지만 여전히 지역 편차가 심하다는 인식 하에, 올해는 지역 여성인력을 지역 기업에서 활용할 수 있도록 중점 지원할 예정이다. 또 여학생들이 산업 현장의 기술을 체험할 수 있는 기회를 제공해 향후 공학계열 진학과 산업 현장으로 취업을 확산할 수 있는 '케이 걸스데이(K-Girls' Day)' 프로그램도 지속적으로 추진할 예정이다.

한국에선 여성이 일과 가정 중 하나를 선택하도록 강요받고 있어 여성이 중간관리자 이상으로 성장하기 어려운 현실이다. 해외사례에서 보듯이 여성을 적극 활용해, 새롭고 다양한 시각을 경영에 접목시켜 혁신을 주도하는 것이 중요하다. 특히 창의성이 더 많이 요구되는 연구개발(R&D) 분야에 많은 여성들이 참여할 수 있도록 지원하는 것이 앞으로 국가 경쟁력 확보에 중요한 초석이 될 것이라 생각한다.

Comment

중국의 대표적 혁신 기업으로 알려진 알리바바는 여직원 비율이 40%가 넘는다. 또한 이사 지명권을 가진 핵심 경영진 '파트너' 27명 중 3분의 1이 여성이다. 조직의 혁신 역량을 키우기 위해서라도 여성 인재 활용은 더 이상 선택이 아닌 필수다. 정부가 최근 노력을 기울인 덕분에 기업연구소 내 여성 연구원 비중이 늘어나고 있는 것은 다행스럽다.

남아 있는
숙제

향기 파는 자동차, 열쇠는 소재

동아일보 2013년 11월 4일 월요일

자동차 회사에서 향수를 만든다면 사람들은 어떻게 생각할까? 많은 사람들이 의아한 눈길을 보낼 것이다. 그런데 그런 일이 실제로 일어나고 있다. 지난달 28일 기아자동차가 '기아 향(KIA Fragrance)'이란 향수를 발표하면서 세간의 이목을 집중시킨 것이다.

최근 소비자들은 자동차를 선택할 때도 성능, 안전성, 가격 등과 같은 기능적, 경제적 요소뿐 아니라, 차를 탈 때마다 느끼는 냄새, 소리, 촉감 등 감성적인 요소에 큰 가치를 부여한다고 한다. 기아자동차의 향수 제작은 바로 이러한 감성적인 가치를 소비자에게 전하고자 하는 마케팅의 일환으로 이뤄지는 것이었다.

이러한 감성 트렌드의 부상은 소재부품 기업인들에게 시사하는 바가 크다. 완제품의 시각적 가치는 '디자인'을 통해 제시되지만, 다양한 '감성'을 실제로 구현하고 완성시키는 것은 결국 감성을 반영한 특별한 소재부품이기 때문이다.

세계 소재부품 시장에서 우리나라는 전통의 제조업 강국인 프랑스, 이탈리아 등을 뒤로하고 세계 5위를 차지하고 있는 명실상부한 소재부품 강국이다. 하지만 고부가가치 첨단소재부품의 기술 경쟁력은 아직도 독일, 일본과 같은 선진국의 60% 수준에 그치고 있고, 가격 경쟁력에서는 중국과 같은 후발국들의 거센 추격을 받는 등 우리 소재부품산업은 아직도 자갈밭을 한참 달려가야 할 형편이다.

이러한 기술 · 가격 중심의 기존 소재부품 경쟁 패러다임을 전환시킬 수 있는 핵심

요인 중 하나가 바로 감성이다. 일부 선진국과 글로벌 기업 중심으로 이제 막 시작되고 있는 감성 소재부품 분야는 무궁한 성장 가능성을 가지고 있는 신시장이다. 또한 감성 소재부품이 가장 많이 활용되고 있는 정보통신기술(ICT) 분야는 우리가 이미 세계 최고 수준의 노하우와 기술력을 확보하고 있기 때문에 글로벌 시장을 선도할 수 있는 가능성은 충분하다고 본다.

감성 소재부품의 특성상 공학, 인문학, 예술 등 다양한 학제 및 산업 간의 융합 연구가 필수적이다. 이를 위해 한국산업기술진흥원은 '기술인문융합창작소'를 설치하여 기술과 인문 간 네트워크 촉진 및 창의적 융합연구의 허브 역할을 수행하고 있으며, 산업부는 감성 소재부품 개발 촉진을 지원하는 '감성 소재부품 연구센터'도 설립할 예정이다.

지난달 30일부터 사흘간 경기 고양시 일산 킨텍스에서 열린 '2013 글로벌소재부품산업대전'이 성황리에 막을 내렸다. 780여 개 국내외 소재부품 기업, 연구소, 기관 등이 참가하고 3만5000여 명이 행사장을 다녀가는 등 감성 소재부품을 비롯한 소재부품산업의 새로운 이슈와 첨단 기술에 대한 뜨거운 관심을 느낄 수 있었다. 아무쪼록 이러한 관심이 향후 우리 소재부품산업을 비롯한 산업 전체의 큰 열매로 맺어질 수 있도록 현장 일선으로 돌아간 소재부품산업인들의 건투를 빈다.

Comment

소재부품 산업의 차세대 먹거리라 할 수 있는 감성 소재부품에 대한 이야기를 다뤘다. 아울러 소재부품으로 오감을 자극하기 위해서는 다양한 학제 및 산업간의 융합형 R&D가 필요함을 강조했다.

느낌이 다른 제품의 비밀

서울신문 2014년 8월 23일 토요일

미국에서 은퇴자들의 꿈은 할리 데이비슨 바이크를 타고 전국 일주를 하는 것이라고 한다. 미국을 배경으로 한 영화나 TV 드라마를 보면 나이 드신 분들이 할리 데이비슨 바이크를 타고 줄지어 프리웨이를 횡단하는 모습을 어렵지 않게 볼 수 있다. 할리 데이비슨 바이크는 말달리는 소리와 비슷한 '두둥, 두둥'하는 고유한 엔진음으로 유명하다. 멀리서 들어도 확실히 느낌이 다르다.

할리 데이비슨은 1903년 미국 위스콘신주에서 윌리엄 할리와 아더 데이비슨이 설립한 회사인데, 1920년대에 세계적 기업으로 성장하면서 세계 최고의 모터사이클 회사의 전성기를 누렸다. 그런데 일본 혼다, 야마하가 날렵한 경량급 모터 사이클을 들고 미국에 진출한 1960년대 말 이후로는 경쟁에서 밀리기 시작했다. 할리 데이비슨 역시 이에 맞서 경량화, 슬림화 전략을 선택했지만 오히려 시장에서 외면을 받고 만다.

할리 데이비슨의 극적 부활 계기는 1980년대 초에 찾아온다. 새로운 경영진이 바이크의 심장소리인 '엔진음'을 고유의 정체성으로 인식하고 전략적으로 활용하기 시작한 것이다. 사실 할리 데이비슨의 엔진음은 1909년에 2실린더 V-트윈 엔진을 사용하면서부터 엔진이 서로 엇박자로 소리를 내 생긴 자연스러운 현상이다.

그로부터 100년이 넘는 시간 동안 엔진 기술은 눈부시게 발전했지만, 여전히 고유의 엔진음을 낼 수 있도록 엔진부품과 머플러를 정교하게 설치해 소비자의 감성을 충족시키고 있다.

2007년 아이폰이 처음 출시됐을 때, 손에 착 감기면서 달라붙는 듯한 촉감과 광택은 소비자에게 색다른 느낌으로 다가왔다. 성공의 배경은 소재에 있었다. 애플은 고심 끝에 몽블랑 만년필에 사용하는 고가의 엔지니어링 플라스틱을 아이폰의 외장재로 사용해 기존의 제품과 차원이 다른 느낌을 제공할 수 있었던 것이다.

이후에도 애플은 2010년에 나온 아이폰4에 스테인리스 스틸 프레임을 채택했고, 2012년의 아이폰5에는 산화 알루미늄 유니보디를 채택하는 등 지속적으로 고급스러운 느낌의 신소재를 시도하며 소비자들의 감성적 욕구를 충족시키고 있다.

기업 간 경쟁으로 기술이 상향 평준화되면서 소비자는 제품이 주는 기본 기능 외에 보다 높은 만족감이나 우월감을 줄 수 있는 제품을 찾게 된다. 즉, 느낌이 다른 제품을 원하게 된다.

이러한 소비자의 선호를 자극하고 만족시키기 위해 기업은 고유의 소리(청각), 느낌(촉각), 디자인(시각)을 표현하려는 노력을 기울이게 된다. 제품의 명품화와 고급화를 위한 소위 오감 만족 감성전략이 경쟁우위의 핵심요소로 본격화되고 있는 것이다. 이러한 감성전략이 성공을 거두려면 소비자에게 오감 만족을 줄 수 있는 완성도 높은 감성 소재부품을 필요로 하게 된다.

만성적 적자 산업이던 국내 소재부품 산업은 1997년 처음으로 무역수지 흑자를 기록한 이후, 지난 상반기에 무역수지 흑자 503억 달러를 달성했다. 금년 말에는 처음으로 무역수지 흑자 1000억 달러 달성이 기대된다. 그러나 핵심부품의 대일 무역적자는 여전하고, 중국 기업의 급격한 추격은 우리의 입지를 점차 어렵게 만들고 있다. 이러한 어려움을 극복하고 우리는 다시 소재부품 무역수지 2000억 달러를 향해 힘찬 발걸음을 내디뎌야 한다.

소재부품 무역수지 2000억 달러를 달성하기 위해서는 기존의 양적 성장과는 달리 질적 성장을 이루어야 한다.

질적 성장의 핵심은 고부가가치화, 그리고 감성화에 있다고 본다. 기존 소재부품은 신뢰성을 향상시켜 업그레이드하고, 부가가치가 높은 핵심 신소재 개발과 상용화, 글로벌화에 힘쓰는 한편, 소비자 감성을 자극할 수 있는 느낌이 다른 소재부품을 확실하게 제시할 수 있어야 한다. 이러한 추세에 맞춰 KIAT는 감성 소재부품을 육성하기 위한 새로운 감성 소재부품 프로그램을 준비하고 있으며, 이는 국내 소재부품 산업의 도약을 이끌 것으로 기대되고 있다. 우리의 소재부품을 사용한 제품을 만난 소비자가 "와, 느낌이 다르다!"라고 할 수 있을 때 비로소 소재부품 강국의 꿈은 실현되지 않을까.

Comment

이제는 소비자의 선택을 받으려면 성능 경쟁을 넘어 가치 경쟁에서도 이겨야 하는 시대다. 이 플러스 알파(+α)의 가치를 안겨줄 수 있는 승부처가 바로 감성소재부품이라고 생각한다. 어찌 보면 소홀할 수 있는 디테일이지만 뒤집어 보면 한끝 차이로 많은 부가가치를 발굴할 수 있는 틈새 시장이기도 하다. 앞으로도 플러스 알파의 가치를 위해 감성소재부품을 연구하고 개발하는 업체들을 응원할 것이다.

소재 · 부품 무역흑자 1000억달러 시대

경향신문 2014년 10월 20일 월요일

에디슨의 필라멘트 전구 발명의 숨은 일화다. 90가지 재료로 실험을 했지만 실패하자 조수는 실험을 중지하자고 했다. 그러자 에디슨은 얘기한다. "무슨 소리야. 안되는 재료를 90가지나 알아낸 아주 성공적인 실험이었네!" 에디슨은 그 후 2399번의 '보이지 않는 성공' 끝에 2400번째 실험에서 필라멘트를 발명했다. 물리학 용어 '퀀텀 점프(Quantum Jump)'는 대약진을 뜻하는 말로 양자가 어떤 단계에서 다음 단계로 갈 때 점프를 하듯 급속도로 뛰어오르는 것을 말한다. 필라멘트 발명을 위한 2399번째와 2400번째 실험 사이에도 바로 이 퀀텀 점프가 작용한 것이다.

지난해 12월27일 경제장관회의에서 대통령은 "보통 점프가 아닌 퀀텀 점프의 기적을 만들어 보자"고 제안한 바 있다. 이에 산업통상자원부는 올해 6월 소재 · 부품 등 핵심 산업을 중심으로 제조업 대도약을 위한 '제조업 혁신 3.0전략'을 수립했다.

우리의 소재 · 부품 분야는 2001년 특별법 시행 이후 2013년까지 약 3조7000억원의 예산 투입 등 정책지원이 본격화되면서 전체 제조업 생산의 약 45%, 부가가치의 약 62%를 차지할 만큼 괄목할 만한 발전을 가져왔다. 수출 규모 역시 2010년 이미 2000억달러를 훌쩍 넘어섰고 올해는 상반기에만 1339억달러를 이뤄 반기별 사상 최고치를 기록했다. 같은 기간 무역흑자 또한 사상 최대인 506억달러로, 연말 기준으로는 건국 이래 최초로 소재 · 부품 무역흑자 1000억달러 시대가 열릴 것으로 전망된다.

이 같은 성과는 교역구조의 안정적인 개선 및 중소기업 기술경쟁력 제고 등 정부의 다각적인 정책추진과 함께, 기술 개발 · 공정 개선 · 경영 혁신 등 소재 · 부품 기업들의 끊임없는 노력의 산물이다. 이러한 범국가적 역량의 결집과 발휘로 달성한 성과는 소재 · 부품 산업 세계 4대 강국으로 도약하기 위한 기반이 될 것이다.

무역흑자 1000억달러라는 도약의 기반을 바탕으로 실질적인 퀀텀 점프를 이루기 위해서는 핵심 소재 · 부품의 글로벌 기술경쟁력을 확보해야 하고, 중국 등 후발 국가들의 추격도 막아내야 한다.

보스턴컨설팅그룹(BCG)이 발표한 '글로벌 제조업 전망' 보고서에 따르면 "한국은 10년 전인 2004년에 비해 제조원가가 꾸준히 상승했고, 2018년에는 제조원가가 더 올라 제조업 경쟁력이 약화될 것으로 보인다"고 전망했다. 이는 향후 제조업의 혁신에서 부가가치 창출의 핵심요소인 소재 · 부품의 중요성이 더욱 강조되어야 함을 의미한다.

제조업 강국인 독일이나 일본의 경우, 소재 · 부품 산업은 장기 불황 속에서도 국가 경제를 떠받치는 핵심 산업으로 자리 잡았다. 독일의 중소 · 중견기업을 뜻하는 미텔슈탄트(Mittelstand)엔 세계적 소재 · 부품 기업들의 성공 스토리가 넘친다. 점화장치 등 자동차 핵심부품의 강자 '보쉬', 플라스틱 고정용 나사 등으로 신시장을 개척한 '피셔' 등은 경쟁사를 압도하는 독점적 기술력을 바탕으로 세계시장을 호령하게 되었다. 일본의 경우 스미토모정밀 · 도레이 등 소재기업의 기술력을 통해 완성된 미국 보잉사의 'B-787'을 그들의 '준(準)국산기'로 부르며 기술력과 자긍심을 자랑하고 있다.

독일, 일본 등 제조업 강국의 사례에서 보듯이 우리 제조업의 퀀텀 점프를 위해서는 미래시장 선점을 위한 첨단 신소재 개발과 소프트웨어 융복합화를 통한 부품 명품화, 성장견인형 소재·부품 생태계 구축, 글로벌 공급 네트워크 강화 등 소재·부품 분야의 도약이 선행되어야 할 것이다.

우리 소재·부품 산업의 무역흑자 1000억달러 시대 개막이 카운트다운에 들어간 가운데 도약의 주체와 그간의 성과 및 비전이 한자리에 모인다. 관련 기업·기관·대학·연구소가 '세계 4대 강국 도약'을 위한 전시회, 기술협력 상담, 세미나 등을 통해 실천과제를 공유하고 최신 정보를 나눌 예정이다. 오는 22일 '2014 소재·부품산업주간'을 통해 퀀텀 점프가 일어나는 기회의 창(window of opportunity)이 열리길 기대해 본다.

Comment

소재부품 무역흑자 1,000억 달러 돌파는 물론 자랑할 만한 대기록이지만, 아직도 우리의 소재부품 산업은 가야 할 길이 멀다. 반도체, 디스플레이 등 특정 분야에 집중돼 있는 구조, 영세업체 중심의 구조를 극복해야 하고, 중국의 거센 추격도 주목해야 할 부분이다. 성취감에 취해 있을 것이 아니라 새로운 과제가 놓여 있음을 강조하고 싶었다.

'소재부품' 특별법의 의미

이투데이 2015년 4월 29일 수요일

군침을 돌게 하는 각종 진수성찬들이 많으면 어느새 쌀밥은 '찬밥' 취급을 받기 일쑤다. 그럼에도 불구하고 우리는 어느샌가 따뜻한 밥 한 공기와 김치가 그리워지는 한국인이다. 이처럼 쌀은 '밥심'의 원동력이자 한국적 식문화를 이루는 근간이다.

우리의 산업에도 이런 '쌀' 같은 존재가 있다. 바로 소재부품 분야다. 모든 산업의 기초를 이루기 때문이다. 소재부품은 최종재인 완제품의 생산을 위해 사용되는 중간재의 일종이다. 소재부품은 그 제품의 본질적인 경쟁력과 직결되는 요소이기 때문에 좋은 소재부품을 개발하면 산업 전반에 미치는 파급효과가 매우 크다고 할 수 있다.

세계 각국은 미래산업의 경쟁력이 소재부품에 달려 있다고 보고, 소재부품의 경쟁력 강화에 나서고 있다. 개별 기업이 아니라 정부 차원에서 국가 미래 전략의 일환으로 소재부품 산업을 육성하는 것이다.
우리나라도 예외는 아니다. 1970년대 경제발전 초기에는 주로 조립가공 방식의 수출에 의존해 성장했지만, 2001년 '부품소재 전문기업 등의 육성에 관한 특별조치법(이하 부품소재특별법)'을 제정하면서부터 소재부품 산업을 본격적으로 육성하기 시작했다.

소재부품 산업의 발전 기반을 조성하고 관련 기업을 육성하기 위해 만들어진 이 법은 효력 10년의 한시적 특별법으로 제정됐다가 다시 2021년까지 연장됐다. 특히 지난 1월에는 '부품소재특별법'에서 '소재부품특별법'으로 이름을 바꾸는 내용의 개정안이 공포됐으며, 오늘(29일) 발효된다.

개정안의 주요 내용은 일견 '소재'와 '부품'이라는 단어가 서로 자리바꿈을 한 것에 지나지 않아 보인다. 하지만 그 속에 담긴 의도는 단순하지 않다. 우리의 산업 밸류체인을 소재 중심으로 재편하겠다는 의지를 드러낸 것이라고 볼 수 있기 때문이다.

오랜 노력 끝에 우리의 소재부품 산업은 지난해 연간 무역흑자 1078억 달러를 기록, 사상 최초 1000억 달러를 돌파했다. 흑자로 전환된 지 17년 만에 달성한 소중한 성과다. 반도체, 디스플레이 등의 전자부품, 정밀부품 분야가 무역흑자를 이끈 덕분이다. 반면 전체 무역흑자에서 소재 분야가 차지하는 비중은 20%에 그친다. 제품의 경쟁력을 결정하는 원천이 하드웨어에서 소프트 파워로 이동하면서 첨단 소재가 더욱 중요해지는 상황을 감안한다면, 소재 분야 경쟁력은 부품에 비해 아직 만족할 만한 수준이라고 보기 어렵다.

이번에 특별법의 이름과 법률상 용어를 변경한 것은 정책의 무게중심을 소재로 옮김으로써, 미래에 대응하는 우리의 역량을 보다 강화하겠다는 뜻이다. 소관 부처인 산업통상자원부도 지난 2013년부터 부품소재총괄과의 명칭을 소재부품정책과로 바꾸고 소재부품산업정책관을 신설하여 '소재'를 정책의 우선 순위에 올렸다.

오늘 발효되는 특별법에는 명칭 변경 외에 신뢰성 인증제도를 정부 주도에서 민간 자율로 전환하는 내용도 포함돼 있다. 신뢰성은 제품을 고장이나 성능 저하 없이 오래 쓸 수 있는 정도를 말한다. 지금까지는 제품의 브랜드 가치를 높이기 위해 국가가 직접 신뢰성 인증제도를 운영해 왔는데, 앞으로는 민간에서 자율적으로 신뢰성을 평가하고 인증하는 방식으로 바뀌는 것이다. 기업이 인증에 들이는 비용이나 시간에 대한 부담이 줄어들 것으로 기대된다.

소재부품 산업은 선진국형 산업구조를 구축하는 데 반드시 필요한 미래성장 동력이자 기간산업이다. 하지만, 연구개발(R&D)에 대규모 투자금과 시간이 필요하기 때문에 단기간에 기업이 혼자서 경쟁력을 끌어올리기 어려운 분야이기도 하다. 정부가 특별법을 통해 집중 육성에 나서는 이유가 여기에 있다. 국가간·기업간 치열한 경쟁 속에서 미래를 무작정 낙관할 수는 없지만, 정보통신기술(ICT)을 접목해 감성을 자극하는 소재부품, 신뢰성을 한층 높인 소재부품 등으로 차별화한다면 우리 소재부품 산업도 지금보다 한 단계 도약할 수 있을 것이다. 오늘 발효되는 특별법이 국내 소재부품 기업들의 체질 개선과 글로벌 경쟁력 강화에 도움이 되길 기대해 본다.

Comment

소재부품 산업이 대한민국 수출의 견인차 역할을 하는 데까지 성장할 수 있었던 데에는 특별법을 통해 국가 차원에서 산업 육성을 전폭적으로 지원한 것도 일조했다. 특별법의 개정은 우리 소재부품 산업이 양적 성장기를 지나 질적 성장을 추구하는 시기로 진입했음을 의미한다. 개정된 특별법은 대한민국 소재부품 산업을 세계 4강으로 올려놓는 밑거름이 될 것이다.

소재부품 산업, 희망의 노래를 부르다

이투데이 2015년 12월 10일 목요일

올 한 해 대한민국 경제성장의 원동력인 수출이 휘청거리면서 구조적 경쟁력 약화에 대해 걱정하는 목소리가 흘러나오고 있다. 우리나라를 대표하는 산업 중 하나인 조선산업은 수조 원 규모의 누적 적자로 고강도 경영 혁신이 불가피해졌고, 자동차도 환율 조건 악화로 인해 수출에 타격을 입었다. 뿐만 아니다. 우리의 최대 수출국인 중국의 경제 성장세 둔화, 미국발 금리인상 예고, 일본의 지속적 엔저 전략 등도 우리 수출에 불리한 조건으로 작용한다.

그러나 이런 어려운 상황에도 우리나라 수출의 든든한 버팀목 역할을 해주는 부문이 있으니, 바로 소재부품이다. 소재부품은 말 그대로 제품을 만들어 내는 데 필요한 재료다.

자동차나 스마트폰 같은 소비재, 기계나 중장비 등의 자본재를 위해 들어가는 중간재를 말한다. 일반소비자 눈에는 직접적으로 보이지 않기 때문에 평소에 그 중요성이나 필요성을 인식하기란 쉽지 않다. 그래서인지 소재부품 산업이 우리나라 수출의 실질적 주역이라는 점을 알고 있는 사람은 많지 않다.

국내 소재부품 산업은 2014년 수출 2759억 달러(약 321조8097억6000만 원 · 전체 수출의 48%), 수입 1682억 달러(전체 수입의 32%), 무역수지 1078억 달러(전체 무역수지의 229%)를 달성했다. 소재부품 분야의 무역수지가 사상 최초로 1000억 달러를 넘어섰다는 것은 우리 경제의 성장 패러다임이 과거 조립 중심에서 중간재 생산 위주로 전환하는 체질 개선에 성공했음을 보여주는 것이다. 특히 2008

년 글로벌 금융위기 이후 무역 흑자가 빠르게 증가한 점이 눈에 띈다. 올해도 전체 수출액은 감소가 예상되지만, 소재부품 산업은 2년 연속 무역 흑자 1000억 달러 초과 달성이 가능할 것으로 기대된다.

산업통상자원부와 한국산업기술진흥원(KIAT)은 국내 소재부품 산업의 주요 성과를 공유하고 그 중요성을 널리 알리기 위해 매년 '소재부품 산업주간'이라는 행사를 개최한다.

지난달에 개최된 올해 행사에서는 국내 소재부품 산업 발전을 위해 기술개발 및 수출에서 뚜렷한 성과를 보여준 유공자에게 산업훈장을 시상했으며, 기술적 발전상을 한눈에 보여주는 일반인 대상의 전시회도 마련했다. 전시회에서는 합성섬유, 자동차 엔진, 반도체 웨이퍼, 곡면형 디스플레이 등 1950년대부터 지금까지 우리나라를 대표하는 소재부품을 소개했다. '생활 속 소재부품'을 주제로 한 별도 전시공간에서는 캡슐형 커피추출기, 냉장고 열 차단용 필름, 반대편을 볼 수 있는 투명 디스플레이 등을 전시해 일반 관람객들의 눈길을 끌었다. 초등학생을 위한 소재부품 과학교실, 마이스터고등학교 학생을 위한 '한일 장인과의 대화' 시간 등 미래 세대를 위한 인재 육성 프로그램의 반응도 좋았다.

또한 중소 소재부품 기업을 위해 기술 상담 및 새로운 수요처 발굴을 주선해주는 뜻 깊은 자리도 마련됐다. 행사 기간 220여 건의 기술 상담이 진행됐으며, 해외 산학연이 참가하는 '글로벌 파트너십' 행사에서는 680여 건에 이르는 수출·기술 협력 상담이 진행됐다.

'경제는 심리다'라는 말이 있다. 우리의 마음속에서 경제가 살아난다는 긍정적 심리가 자리 잡고 있어야 실제로 경제가 살아날 수 있다는 의미다. 비록 경제 성적

표에 적힌 수치는 그리 낙관적이지 않지만, 보이는 것에만 연연하지 말고 긍정적 태도로 임해야 한다. 그동안 안 보이는 곳에서 꾸준히 우리 경제 성장을 주도해 온 소재부품 산업처럼 말이다.

필자는 이번 '2015 소재부품 산업주간' 행사를 통해 과거에서 현재, 미래로 이어지는 국내 소재부품 산업의 발전상을 보면서 우리 경제가 지속적으로 성장할 수 있다는 새로운 희망의 단초를 발견할 수 있었다. 다 함께 부르는 새로운 희망의 노래가 우리 경제의 새로운 도약과 성장의 불씨가 되길 기대해 본다.

Comment

컴퓨터 중앙처리장치(CPU) 제조업체인 인텔은 자사 부품이 공급되는 모든 PC와 노트북 제조사에 '인텔 인사이드'라는 로고를 붙여달라는 마케팅 캠페인을 진행함으로써, 소비자들에게 인텔이라는 이름을 알렸다. 인텔의 성공은 단순한 마케팅 전략에만 있지는 않을 것이다. 부품의 성능이 완제품을 좌우한다는 압도적 자신감이 없었다면 감히 시도하지 못했을 캠페인이다. 우리나라 소재부품 업체 중에도 이미 외국 바이어들이 직접 찾아오는 경쟁력 있는 곳들이 많다. 그런 기업들이 있기에 어려운 상황 속에서도 무역흑자 1,000억 불이라는 대기록을 달성할 수 있지 않았나 생각해 본다.

소재부품서 뒤지면 4차 산업혁명 주도 못한다

한국경제 2016년 11월 14일 월요일

생활 속 깊숙이 들어온 미래 제품들
기술 융합엔 소재부품 발전 필수적
패러다임 변화 따른 인력육성 절실

청소로봇, 전기자동차, 무빙워크, 소형TV, 화상전화기는 우리 주변에서 흔히 볼 수 있는 기술로 이는 1965년 만화가 이정문 화백이 '서기 2000년 생활의 이모저모'라는 제목의 그림에 등장한다. 또 벽걸이TV, 스마트워치, 스마트폰 등은 30년 전 영화 속에서나 상상했던 기술이지만 이제는 우리 주변에서 널리 사용하고 있는 제품이다. 최근 SF영화에 나오는 첨단 기술로 제작된 초경량 방탄 슈트, 지능형 자동차 등의 기술도 기업, 대학, 연구소 등에서 개발하고 있으며 누구나 쉽게 이용할 날이 머지않은 것 같다.

최근 세계에선 자율주행차 개발 경쟁이 한창이다. 2016 국제가전박람회(CES)에서 B사는 스마트워치의 동작을 인식한 뒤에 차량이 주차공간을 탐색하고 자율주차하는 모습을 시연하기도 했다. 이런 자율주행차 개발에 필요한 것은 주변 사물을 인식할 수 있도록 돕는 첨단 센서와 그래픽처리장치(GPU), 카메라, 라이더 등의 첨단융합 소재부품이다. 동력의 근원이 배터리로 바뀌는 등 자동차용 소재부품도 큰 변화를 예고하고 있다.

경량, 고강도 기능성 소재도 현실에 존재한다. 1.6mm 굵기의 실 한 가닥으로 350kg의 무게를 들어 올리는 아라미드 섬유는 초내열성과 난연성이 우수한 메타아라미드, 강철보다 강도가 다섯 배 높은 파라아라미드 등 용도에 따라 개발돼 방탄복은 물론 소방복 소재로도 활용되고 있다. 현재는 국내 자력 생산단계이며 고부가 섬유 개발 시장에서 경쟁력을 갖추기 위해 지속적인 연구개발에 힘쓰고 있다. 이처럼 소재부품 기술은 도로 위에서, 구름 위에서 그리고 우리의 생활 곳곳에서 더 많은 변화를 불러올 것으로 예상된다.

지난 1월 세계경제포럼에서 클라우스 슈바프 세계경제포럼 회장이 언급한 4차 산업혁명은 전 세계 산업계에 가장 중요한 논제로 떠올랐다. 4차 산업혁명은 정보통신 기반의 제3차 산업혁명의 토대 위에 사물인터넷(IoT) 기술을 활용한 산업 간 융합의 시대를 예고하고 있다. 이런 미래 신산업의 출발점은 산업의 근간이 되는 소재부품이다. 최근 일본 소프트뱅크가 IoT 분야 투자를 위해 모바일 반도체 1위 회사인 영국 ARM을 35조원에 인수했듯 글로벌 기업들은 미래 신산업 선점을 위해 소재부품 분야에 통 큰 투자를 하는 등 각축전을 벌이고 있다.

한국도 소재부품산업의 중요성을 인지하고 2001년 소재부품특별법을 제정, 소재부품기본계획 미래비전2020 등 정부 정책을 통해 소재부품산업을 육성해왔다. 그 결과 2001년 이후 15년간 무역수지가 39배 증가해 최근 2년 연속 무역흑자 1000억달러를 달성하는 등 글로벌 소재부품 5대 강국으로 도약했다. 올해도 3분기 '소재부품 교역 동향'에 따르면 소재부품 수출액은 1857억달러로, 국내 전체 수출액인 3632억달러의 51.1%를 차지한 사상 최고 비중의 수치를 기록했다.

앞으로 펼쳐질 4차 산업혁명 시대에는 기술의 융합이 더욱 가속화될 것이다. 우리 경제의 토대가 되고 있는 소재부품산업 역시 융합 신산업 시대에 발맞춘 연구개발, 패러다임 변화에 부응한 전문인력 양성 및 소재부품기업의 해외 진출 지원 등의 노력을 배가해 4차 산업혁명이 몰고 올 미래 산업 변화를 주도하는 혁신의 주역으로 거듭나길 기대해 본다.

Comment

최근 일본 소프트뱅크가 IoT 분야 투자를 위해 모바일 반도체 1위 회사인 영국 ARM을 35조원에 인수한 것을 보면 알 수 있듯이 이런 미래 신산업의 출발점은 우리나라 산업의 근간이 되는 소재부품임을 강조하기 위해 쓴 글이다. 글로벌 기업들이 미래 신산업 선점을 위해 소재부품 분야에 통 큰 투자를 하는 등 각축전을 벌이고 있는 것처럼 우리나라도 이러한 패러다임 변화에 부응하기 위한 노력을 배가시켜야 할 것이다. 핵심 소재 부품 분야에 대한 중장기적 투자 확대, 끈질긴 연구개발이 결국 미래신산업 선점의 왕도이지 다른 지름길은 없다.

환경규제와 기업 R&D

서울경제 2013년 11월 21일 목요일

2013년은 기업들에 생존경쟁의 시한이 통보된 한 해였을 것이다. 화학물질 등록 및 평가에 관한 법률(화평법)이 제정되고 화학물질관리법(화관법)이 개정돼 2015년 시행을 앞두고 있기 때문이다.

화학물질관리를 선진화하고 화학 사고를 미연에 방지해 국민의 건강과 환경을 보호하겠다는 취지의 두 법안이 막상 현실에 대입되니 산업계의 반발이 거세다. 과도한 등록절차와 비용으로 인해 기업의 생산성이 저하되고 신물질 및 신제품 연구개발이 지연돼 결국 기업 생존을 위협하고 경제 전반에 악영향을 끼칠 것이라는 얘기다. 신화학물질관리규정(REACH)이라는 비슷한 환경규제를 시행 중인 유럽연합(EU)의 경우도 사정은 비슷해 보인다. 지난해 6월 영국의 전문 컨설팅 기관 CSES가 내놓은 보고서를 보면 리치 규제로 인해 기업경영 위험이 증가했으며 특히 규제 준수에 드는 비용 부담 때문에 신물질 개발을 중단하는 등 부작용이 발생했다. 또 응답 기업의 40%는 리치 규제 시행으로 기업 혁신이 오히려 악화됐다고 답했다.

유럽의 사례는 우리 산업계에 시사하는 바가 크다. 우리나라도 최근 화평법·화관법 외에 재생자원 사용 의무화(자원순환사회전환촉진법), 오염피해에 대한 배상책임 부과(환경오염피해구제법) 등 새로운 환경규제 도입이 가시화되는 상황이기 때문이다. 우선 세계경제 성장이 둔화되는 상황에서 대외 의존도가 높은 우리 경제에 잦은 환경규제가 시행될 경우 기업의 연구개발(R&D) 투자 위축이 우려된다. 환경규제 준수 여건이 성숙하지 않은 상황에서 무리하게 규제가 시행되면 기업의 기술개발 욕구와 사업화 의지가 위축될 것이다. 유럽에서도 리치 시행에 따른 중소기업의 부담을 줄여주기 위한 행정·비용 지원 문제가 여전히 뜨거운 감자다. 또 산업계와 충분한 교감을 할 시간이 부족하다. 현재 관계부처가 모여 '화평법 하위법령 협의체'를 구성·운영 중이라고는 하지만, 우리는 이제 1년여밖에 남지 않았다. 6년에 걸쳐 의견을 수렴한 EU도 아직 보완할 부분이 많다고 한다.

마이클 포터 미국 하버드대 교수는 '적절하게 설계된 환경규제는 기업의 생산성을 향상시키고 혁신을 달성하며 환경보전에도 기여할 수 있다'는 포터 가설을 주장한 바 있다. 물론 환경규제가 일정 부분 기업의 기술개발 욕구를 자극해 새로운 사업화를 견인하는 긍정적 측면도 존재하지만 이는 어디까지나 규제에 대한 수용능력이 있어야 가능한 이야기다. 경제가 어렵고 산업여건이 미성숙한 상황에서 현재와 같은 동시 다발적인 새로운 환경규제가 진행되거나 외국에 비해 과도한 규제가 도입된다면 기업은 규제대응 비용조달 때문에 R&D 등 혁신을 위한 투자를 미룰 수밖에 없고 결국 혁신의지를 가진 기업들의 산업경쟁력 하락으로 이어질 수 있다.

부디 2015년 동시다발적으로 시행될 환경규제가 기업의 R&D, 중소기업 혁신을 가로막지 않도록 해 우리 정부와 산업계가 포터 가설을 증명해주기를 간절히 바란다.

Comment

규제는 필요하지만 많은 기업들이 현실성 떨어지는 과도한 규제로 부담을 호소하는 것도 사실이다. 당시 화평법 제정 및 화관법 개정에 따른 시행시기가 코앞에 닥친 상황에서 기업의 현실과 사정을 반영한 제도 운영이 필요함을 강조하고 싶었다.

보이지 않지만 소중한 R&D

이투데이 2014년 8월 26일 화요일

자동차 관리용품 전문업체인 불스원은 1990년대 말 연료첨가제 제품을 시장에 내놓았다. 앞으로 세계적으로 탄소 저감기술이 주목을 받고 환경 관련 규제가 강화될 것이라는 판단을 한 것이다. 하지만, 연료첨가제가 처음 시장에 나왔을 때의 반응은 그리 좋지 않았다. 소비자들이 연료첨가제의 기능과 효과를 공감하지 못했기 때문이다. 연료첨가제는 자동차 엔진 안에 있는 불완전 연소 물질을 제거해서 출력과 연비를 향상시켜주는 제품인데, 성능을 눈으로 확인하기 어렵다보니 구매를 꺼릴 수밖에 없었다.

까다로운 소비자들의 입맛을 만족시켜주기 위해 회사가 선택한 방법은 제품의 기술력을 공인받는 것이었다. 한국 자동차부품연구원과 미국 인증기관 인터텍, 독일 인증기관 TUV, 그리고 중국 환경과학조사연구원(CARES)에 이르기까지 다양한 국내외 공인시험기관에서 100회 이상 공식 성능 테스트를 실시했다. 다수의 실험 결과들은 제품의 우수한 탄소 저감 기술을 보여주는 것이었고, 불스원은 이를 바탕으로 지난 2011년 11월에 자동차 연료첨가제 업계 최초로 정부의 녹색기술 인증을 획득하는 데 성공했다.

불스원은 녹색기술 인증을 받은 것을 계기로 이 사실을 제품 홍보에 적극적으로 활용하기 시작했다. 그 결과 인증을 취득한 다음해인 2012년에는 매출이 전년 대비 30% 늘어났으며, 이듬해인 2013년에는 1050억원의 매출을 기록하기도 했다. 특히 녹색기술을 활용한 제품의 매출이 전체 기업 매출의 25%를 넘어서면서 2012년에는 녹색전문기업 확인까지 업계 최초로 취득했다. 뿐만 아니다. 녹색인증을 받은 기업에 제공하는 병역특례지원 혜택을 활용하여 연구개발(R&D)에 필요한 전문 연구원도 편하게 충원할 수 있었다. 현재는 먹어도 무방한 에탄올을 활용해 만든 친환경 워셔액 개발을 추진하여 올해 말 추가로 녹색인증을 준비하고 있다.

불스원은 녹색인증 제도를 십분 활용해 성공을 거둔 대표적인 사례다. 친환경적인 이미지를 제고하여 기업이 더욱 성장할 수 있었기 때문이다. 이는 지속가능한 발전을 위한 친환경 기술개발을 '비용'으로만 인식하지 않고 기업 가치를 더하는 '투자'로 인식했기에 가능한 일이다.

특히 자동차 관리용품 및 연료첨가제 시장은 해외에 비해 국내에서는 비교적 저평가돼 왔는데, 이 분야에 대한 소비자의 관심을 제고시킨 점은 눈여겨봐야 할 부분이다. 중소·중견기업이 녹색 기술의 필요성을 인식하고 꾸준히 연구개발에 매진한다면 새로운 시장을 창출하고 나아가 시장의 파이를 늘려갈 수도 있다는 가능성을 제시하고 있는 셈이다.

녹색인증제도는 산업의 녹색화와 신성장 산업 육성을 위해 정부가 만든 제도다. 산업부와 환경부, 농림부, 국토부 등 8개 부처는 2010년 4월 신재생에너지, 탄소 저감, 첨단 수자원, 그린 IT, 그린차량–선박, 첨단 그린 주택–도시, 신소재, 청정 생산, 친환경농식품, 환경보호 및 보전 등 총 10대 분야를 녹색기술 분야로 지정하여 녹색인증제도를 시행하기 시작했다.

올해로 어느덧 시행 5년째를 맞은 녹색인증제도는 녹색 기술에 대한 기업의 관심도를 제고하고, 산업구조가 친환경·고효율 중심으로 전환될 수 있도록 유도하고 있다. 녹색인증제 실무 업무를 담당하고 있는 한국산업기술진흥원(KIAT)은 2014년 7월 말 현재까지 총 2207건의 녹색인증을 발급했다. 인증의 종류는 기술인증,

제품인증, 사업인증, 기업인증 등 총 4가지 분야로 나뉘는데, 이 중 녹색제품인증의 경우 다른 인증에 비해 제일 나중에 생겼지만 제품의 판로 확대에 직접적인 도움이 되고 있어서 기업들의 호응이 큰 편이다.

녹색기술은 겉으로는 잘 드러나지 않는다. 하지만 녹색인증을 통해 기업 브랜드 가치를 상승시킨 불스원 사례에서 볼 수 있듯이, 녹색 R&D는 제품의 디테일을 완성시키는 마지막 한 조각 퍼즐이 될 수도 있다. 녹색 R&D가 가져올 소중한 가치에 대해 관심을 갖고, 녹색기술 개발에 매진할 기업들이 앞으로 더욱 많아지길 기대해 본다.

Comment

녹색인증은 기업들에는 기술력을 보증하는 상징이 되고 소비자에게도 제품 선택의 기준 중 하나가 되고 있다. 미래 차세대 먹거리 산업분야 중 하나가 신재생에너지, 에너지절감형 기술이라는 점에서 녹색인증 확보를 위한 노력은 또다른 부가가치로 이어질 수도 있다. 녹색인증에 관심을 기울이는 기업들이 많아졌으면 좋겠다.

녹색인증 5년 도약의 계기로

이데일리 2015년 6월 24일 수요일

8개 정부 부처가 2010년부터 함께 실시하고 있는 녹색인증 제도는 온실가스와 환경오염을 줄이고 지속가능한 성장을 실천하기 위해 마련했다. 녹색기술, 청정 에너지를 바탕으로 신성장동력과 새로운 일자리를 창출하자는 패러다임이기도 하다. 녹색인증 제도는 단순히 친환경 기술의 우수성을 인정하는 것에 머무르지 않고 기업이 새로운 먹거리를 창출할 수 있도록 자금을 지원하고 공공구매 우대 혜택을 제공하며 판로·마케팅 및 사업화를 돕는다.

녹색인증 제도는 크게 4가지로 나눈다. 에너지와 자원을 절약하고 효율적으로 사용해 온실가스와 오염물질 배출을 최소화하는 기술을 개발했을 때 이를 인증하는 '녹색기술 인증'이 있다. 또 인증받은 녹색기술을 완제품에 적용했음을 알려주는 '녹색기술제품 확인'이 있다. 이와 함께 총 매출액의 20% 이상을 녹색기술 기반으로 일궈낸 기업에 '녹색전문기업 확인'을 실시한다. 네번째, 녹색산업 관련 설비 및 기반시설을 설치하거나 녹색기술·산업을 보급·확산하는 데 기여한 사업을 인증하는 '녹색사업 인증'이 있다.

녹색인증 제도를 실시한 지 만 5년째로 접어들면서 기업들이 실제 느끼는 혜택도 늘어나고 있는 추세다. 한국산업기술진흥원(KIAT)이 최근 녹색인증 기업 870개사와 인증을 얻지 못한 미인증 기업 531개사를 대상으로 조사한 결과 녹색인증을 받은 기업은 매출액이 인증 직후 2년간 평균 19.3% 성장했지만 미인증 기업은 같은 기간 동안 매출이 −1.55% 감소하는 등 뒷걸음질 친 것으로 나타났다. 예를 들어 A업체는 국내 산업용 보일러의 60% 이상을 차지하는 노통 연관식 보일러 분야에서 이산화탄소 발생을 줄이고 열손실을 방지하는 기술로 2013년 5월 녹색기술 인증을 받았다. 그 결과 2013년에 27억원이던 매출이 지난해 115억원으로 1년 만에 4배 늘어나는 성과를 거뒀다.

2010년 시작한 녹색인증제도 환경보호 · 고용창출 이중효과
녹색기술 中企 성장 뒷받침

중소기업 B사는 국내 기술을 이용해 고체산화물연료전지(SOFC)를 개발하고 녹색인증 획득에 성공했다. 이에 따라 B사는 앞으로 급성장이 예상되는 고부가가치 에너지 신산업 시장에서 도약할 수 있는 기반을 갖췄다. 오는 26일에는 녹색인증을 시행해 온 지난 5년간의 득과 실을 면밀히 따져보는 성과보고회가 열린다. 그 동안의 추진 경과와 성과를 점검하고 우수기술로 괄목할 만한 성과를 거둔 녹색인증기업들을 선정하고 포상할 예정이다. 또한 향후 녹색인증제도를 보다 기업 친화적으로 개선하는 방안도 논의한다. 성과보고회 행사는 상을 받는 기업인뿐만 아니라 저탄소 친환경 녹색기술로 성장의 날개를 달려는 중소 · 중견기업인에게도 유익한 시간이 될 것이다. 이번 행사를 통해 기업들이 지속가능한 성장을 할 수 있는 계기가 되길 바란다.

Comment

어느덧 5년을 넘긴 녹색인증제도의 성과를 정리해 봤다. 실제 기업 대상 설문에서 긍정적인 변화를 확인하고 나니 뿌듯했다. 앞으로도 기업에 더 많은 혜택이 돌아갈 수 있도록 제도를 손보는 것도 잊지 말아야겠다.

다시 꿈꾸는 제조업 르네상스

서울신문 2015년 5월 1일 금요일

고전 삼국지에는 '목우유마'(木牛流馬)에 얽힌 고사가 나온다. 위나라와 전투를 치르던 촉나라의 제갈량이 전쟁에 필요한 군량미를 손쉽게 나를 수 있도록 목우(木牛)와 유마(流馬)라는 수레 형태의 기계를 만들었다는 이야기다. 촉나라는 비록 위나라나 오나라에 비해 군사 규모는 적었지만 이 같은 한계를 보완할 만한 기계와 도구를 만들어 생활과 산업을 업그레이드하는 데 성공했던 것이다.

기계, 혹은 제조업 하면 사실 우리나라도 옛 촉나라 못지않은 지혜를 발휘했다고 자평할 수 있다. 우리나라도 천연자원이나 인구, 국토 면적 등 객관적 조건은 다른 나라에 비해 분명히 열세지만, 뛰어난 인재들이 1970~80년대 제조업 혁신에 열심히 매달린 덕분에 경제 강국의 반열에 올라선 것이기 때문이다. 한국은행에 따르면 우리나라 경제에서 제조업이 차지하는 비중은 2010년 기준 50.2%로 절반을 차지한다. 국내 전체 부가가치 중 제조업이 차지하는 비중도 30.6% 수준으로 높다. 이처럼 제조업은 우리 경제 성장의 중추적 역할을 해 왔으며, 일자리 창출의 원천이다.

그러나 한국 경제를 이끌어 온 제조업에도 최근에는 위기설이 대두된다. 대내적으로는 경제 저성장 기조가 장기화되고 있고, 고령화로 인한 생산가능 인구가 감소세에 있으며, 대외적으로는 엔저에 힘입은 일본 기업의 가격경쟁력 회복과 중국 기업의 기술경쟁력 상승이 악재로 떠올랐기 때문이다. 미국 경쟁력위원회가 발표하는 제조업 경쟁력 순위에서 한국은 2010년 3위에서 2013년 5위로 내려앉았다. 게다가 기술 융복합화와 신제품 사용 주기 단축, 소비자 욕구 다양화 등의 추세가 진행됨에 따라 더이상 대량생산 및 가격경쟁만으로는 시장의 우위를 지킬 수 없게 됐다. 18세기 산업에 혁명적인 변화를 몰고 왔던 제조업은 이제 패러다임 전환 시기에 직면해 있는 것이다.

이런 문제는 비단 우리만의 고민이 아니다. 독일·미국 등 전통적 제조업 강국들은 산업혁명 시기의 제조업 부흥을 재현하기 위해 국가 차원의 전략을 수립해 움직이고 있다. 독일의 '인더스트리 4.0', 미국의 '메이킹 인 아메리카', 중국의 '제조 강국 2025', 일본의 '산업재흥플랜' 등이 그것이다. 우리나라도 산업혁명과 정보화 혁명을 지나 스마트 혁명으로 가자는 이른바 '제조업 혁신 3.0' 전략을 지난해 발표하는 등 적극적으로 나서고 있다.

제조업 혁신 3.0 전략의 핵심은 기본적으로 '제조업에 창조경제를 구현해 산업 생태계를 근본적으로 뒤바꾸는' 것이다. 즉 제조업과 정보통신기술(ICT)을 결합해 생산 현장의 생산성과 제품 경쟁력을 높이고, 창의적인 융합형 신제품을 조기에 사업화해 신산업 창출을 앞당기는 것이라고 할 수 있다. 공장 내 제조 설비에 센서를 부착해 스스로 제어하게 하는 자동화 시스템을 도입하고, 이를 통해 불량률을 대폭 낮추는 '스마트 팩토리'가 대표적인 사례다.

지난달 말에는 산업통상자원부와 미래창조과학부가 부처 공동으로 '스마트 제조 연구개발(R&D) 중장기 로드맵'을 수립하기로 했다. 스마트 팩토리 구축 및 융합 신제품 개발에 필요한 핵심 기술로 스마트 센서, 사물인터넷(IoT), 빅데이터 등 8가지 분야를 선정하고, 이 기술을 활용한 제품과 비즈니스 발굴에 머리를 맞대기로 한 것이다. 사업화 성과를 조기에 창출하기 위해 2017년까지 8대 핵심 기술 개발에만 민관 공동으로 1조원이 집중 투자되며, 로드맵 실무 작업을 진행할 추진위원회에는 산·학·연 전문가 70여명이 대거 참여한다.

과거 위나라와 오나라 사이에서 촉나라가 그러했듯 기술 선진국과 신흥국 사이에 끼인 '넛크래커'가 된 지금 한국의 제조업은 새로운 성장을 위한 모멘텀이 절실하게 필요하다. 신시장 선점을 위해 다시 한번 '제조업 르네상스'를 외칠 때다. 무엇보다 우리나라는 제조업 강국이면서 ICT 인프라가 잘 구축돼 있는 만큼 제조업 혁신을 추진하기에 좋은 환경에 놓여 있다. 우리의 강점을 잘 활용하고, 산·학·연이 중지를 모아 열정을 재점화한다면 스마트 산업혁명의 선두 그룹에서 당당하게 다른 선진국들과 어깨를 견줄 수 있을 것으로 믿어 의심치 않는다.

Comment

기업과 대학, 연구소 관계자들이 한데 머리를 모아 완성한 스마트제조혁신 R&D 중장기 로드맵이 공개됐다. 로드맵은 식어가는 우리 제조업의 성장엔진을 다시 뛰게 하는 윤활유 역할이자 위기를 기회로 바꿔주는 지도 역할을 할 것이다. 곧 젊은이들의 일자리 창출로 연결될 수 있기를 기대한다.

스마트 제조업서 길 찾자

머니투데이 2015년 6월 24일 수요일

52.8과 2345만 그리고 0.1%. 이 세가지 수치가 의미하는 바는 무엇일까. 이 숫자들은 한 마디로 현재 우리나라 제조업이 처한 상황을 대변하는 데이터들이다.

첫 번째 숫자 52.8은 미국 공급관리자협회(ISM)가 매월 발표하는 제조업구매관리자지수(PMI)의 지난 5월 수치다. 기준점인 50 아래에 있으면 경기위축을, 50을 상회하면 경기확대를 의미하는데 다소 등락은 있지만 30개월 연속 50 이상을 유지하는 중이다. 세계적 저성장 기조에도 불구하고 미국의 제조업이 활기를 잃지 않았다는 의미이기도 하다.

두 번째 숫자 2345만은 지난해 중국에서 팔린 자동차 대수다. 내수시장이 150만 대 안팎에 불과한 우리나라는 상상조차 힘든 규모다. 강력한 내수를 바탕으로 경쟁력을 쌓은 중국산 자동차들은 이미 미국 시장에 진출해 국내 자동차업체들을 위협한다.

세 번째는 대한상공회의소가 최근 조사해 발표한 지난해 중소제조업 생산증가율이다. 최근 3년간 중소제조업 생산증가율은 2012년 0.3%, 2013년 1.5%, 2014년 0.1%로 사실상 제자리걸음을 한다. 미국은 달아나고 중국은 쫓아오는 사면초가의 상황. 이것이 우리 제조업이 맞닥뜨린 위기의 실체다.

미국은 어떻게 제조업 살리기에 성공할 수 있었을까. 미국도 한때는 대다수 기업이 싼 임금을 찾아 남미나 동남아로 생산라인을 이전하면서 '제조업 공동화'가 심각했다. 그렇지만 글로벌 금융위기 이후 경제성장동력으로서 제조업의 역할이 부각되기 시작했다. 이에 오바마정부는 인공지능, 로봇 등 첨단산업에 투자하는 한편 본토로 생산라인을 되가져오는 리쇼어링(reshoring) 기업에 세금을 감면해주는 등 제조업 부활에 시동을 걸었다. 그 결과 미국은 제조업 체질개선에 성공했다는 평가를 받는다. 제너럴일레트릭(GE), 포드를 포함한 리쇼어링 기업이 늘면서 2010년 이후에만 64만 명의 신규고용이 창출됐다고 한다. 공장의 생산 효율성이 높아진 것을 물론이다. 항공기 제조업체 보잉은 컴퓨터 시뮬레이션 프로그램과 3D프린터로 부품을 제작함으로써 설계기간은 최대 60%, 설계비용은 최대 45%나 절감하는 효과를 거뒀다.

제조업 육성으로 경제를 일으켜 세운 우리나라도 스마트 제조업의 중요성을 인식하고 지난해 '제조업 혁신 3.0' 구상을 내놓은 데 이어 올 3월 시행대책도 발표했다. 일단 기업들의 반응은 나쁘지 않다. 지난해 중소기업 100여곳을 대상으로 스마트공장 시범사업을 추진했는데 불량률이 32.9% 낮아지고 매출액은 16.8%증가했다는 설문결과가 나왔다.

이러한 가운데 지난 15일 미국 워싱턴에서 처음으로 열린 '한·미 제조업 혁신 포럼'은 한·미 양국 관계자가 제조업 경쟁력 업그레이드에 대한 구체적인 사례를 공유하고 교류하는 장이 되었다. 특히 참석한 기업 관계자들은 상대국 기업과의 기술협력을 통해 개방형 혁신을 모색하는 기회를 얻을 수 있었다.

제조업은 기술발전을 바탕으로 여타 산업의 경쟁력까지 높여주는 역할을 한다. 또한 양질의 일자리를 창출하는 기반이 되기도 한다. 무엇보다 수출주도형 산업구조를 지닌 우리나라의 경우 수출 증가의 원동력이 되는 제조업에 우리 경제의 미래가 있다고 해도 과언이 아니다.

미국 사례에서 볼 수 있듯 제조업 경쟁력 살리기에 정부와 민간이 힘을 합친다면 창조경제 완성이라는 목표도 가까운 미래에 실현될 것으로 본다. 사실 우리는 이미 열쇠를 쥐고 있다. 그 열쇠로 창조경제라는 상자를 열 것인지 말 것인지는 앞으로 우리의 몫이다.

Comment

우리 경제성장의 동력이 되어주던 제조업이 정체기를 맞은 것은 심각한 위기 상황이다. 정부가 각종 대책과 지원책을 내놓으며 제조업의 체질 개선에 적극적으로 나선 것도 이 때문이다. 이런 가운데 스마트 제조업으로 제조업 부활에 나선 미국에서 한미제조혁신포럼을 개최한 것은 매우 뜻깊은 경험이었다. 생산성 증가에 도움을 주는 스마트 제조업의 개념이 보다 많이 전파됐으면 좋겠다.

글로벌 기술규제, 또 다른 먹거리다

이투데이 2014년 12월 9일 화요일

'한비자'(韓非子) 난일(難一)편에 '戰陳之間, 不厭詐僞'(전진지한, 불염사위 : 전쟁 중에는 속임수를 꺼리지 않는다)라는 말이 있다. 국제사회는 지금 피 말리는 경제 전쟁 중이다. 특히 글로벌 경제위기 이후 경제전쟁은 보이지 않는 트릭과 전략이 무성한 그야말로 춘추전국시대다.

지난달 우리나라는 중국과의 자유무역협정(FTA) 타결로 우리의 경제영토(세계 GDP 중 상대 교역국의 GDP 총합이 차지하는 비율)는 세계 세 번째다. 많은 노력의 산물이다. 하지만 그렇다고 해서 해외 시장이 바로 우리 안방이 되는 것은 아니다. 무역자유화, 세계화 추세로 상품에 대한 관세, 수입수량제한 등과 같은 전통적인 무역장벽은 감소하고 있다. 반면 표준, 기술규정, 인증 등과 같은 기술규제가 자국의 산업과 시장을 보호하기 위한 비관세장벽으로 자국의 문턱을 높이고 있기 때문이다.

불과 작년의 일이다. 중남미의 한 나라에서 무역수지 적자를 해소하고 수입대체 산업을 육성하기 위하여 수입제품의 에너지효율 측정 표기를 의무화했다. 문제는 에너지효율 시험 및 인증서를 자국의 인증기관에서만 발급이 가능하도록 했다.

이러한 기술규제의 명분은 에너지 효율이라는 데 방점을 두고 있지만 실제로는 외국제품 수입을 통제하고 인증비용 취득이라는 부가적 경제 이익까지 얻고자 한 것이다. 우리기업의 입장에서는 인증비용의 추가 지출은 물론이고 자칫하면 제품의 세부 기술유출까지도 우려되는 상황이었다. 이에 우리 정부가 해당 정부에 강력히 요청한 끝에 한국에서 발급한 시험성적서도 인정해 주기로 합의하면서 제품 수출은 무사히 성사되었다. 하지만 6개월이란 시간을 낭비했다.

최근 세계무역기구(WTO)로 전달된 기술무역장벽(Technical Barriers to Trade·TBT) 통보문의 수는 13년 기준 1626건으로 최고치를 기록하는 등 글로벌 기술규제 관련 이슈는 갈수록 증가하는 추세다. 이러한 기술규제는 생산 원재료뿐만 아니라, 생산제품의 공정 관련 규제까지 담고 있다. 또한 글로벌 규제는 생산활동에 직간접적 영향력을 행사하고 비가입국에 대해서는 무역규제까지 수반하는 등 강력한 제재의 성격을 가지기 때문에 수출로 먹고 사는 우리에게는 상당한 부담으로 작용할 수 있다.

경제영토 확보의 실효성을 높이기 위해 아주 작은 틈새시장(니치마켓)도 소홀히 해서는 안 되는 현재의 글로벌 경쟁 상황에서 기술규제에 대한 적절한 대응이 없다면 기존 시장까지 놓칠 수 있다. 그러나 기술규제를 잘 이용하면 오히려 시장 우위를 선점하고 우리의 경제영토를 확대할 수 있는 효자가 되기도 한다.

선박 평형수 설비시장을 하나의 예로 들어 볼 수 있다. 배의 균형과 추진력을 위해 평형수가 필요하지만, 화물 선적 이후 버려지는 평형수는 외래 해양생물체가 다른 나라로 유입되면서 생태계 교란이 일어나거나 신종 변종 미생물이 발생할 수 있다. 국제해사기구가 이 문제를 거론하기 시작하면서 우리의 몇몇 기업은 선제적으로 기술개발에 투자했다. 그 결과 평형수 정화처리설비 의무장착이라는 글로벌 규제가 시행되기 전에 관련 기술의 선점은 물론 새로운 시장 확보가 가능했다.

기업이 공공편익에 기반하여 장기적 수익을 가져오는 환경문제 등에 대해 적절히 대응하기란 쉽지 않다. 정부의 적극적이고 선제적인 글로벌 기술규제 대응이 불가피한 부분이다. 이에 한국산업기술진흥원은 올해 7월부터 200여명의 전문가를 동원해 자동차, 조선, 디스플레이 등 18개 산업을 대상으로 우리기업 제품이 해외 진출에 애로를 느끼는 글로벌 기술규제를 조사했다. 그리고 글로벌 애로규제를 극복하면서 글로벌 시장에 진출할 수 있는 연구개발 아이템을 도출하였다. 내년부터는 국가기술표준원을 통해 기술개발 지원사업이 시범 시행될 예정이다.

기술을 개발하는 것만큼이나 개발된 기술이 적용된 우리 제품이 글로벌 시장에서 빛을 보는 것이 중요하다. 아무리 제품이 우수하다고 해도 현지 규제환경에 적절하게 대응하지 못하면 시장은 우리의 것이 될 수 없다. 목마르기 전에 우물을 파는 지혜로 글로벌 규제에 선제적으로 대응하여 세계 최고의 기술강국과 무역 2조 달러시대가 조기에 실현되기를 기대한다.

Comment

글로벌 기술규제는 수출 기업에 있어 보호무역 장벽의 역할을 한다는 점에서 적극적인 대응이 필요한 분야다. 규제를 새로운 먹거리 확보의 기회로 인식하고 슬기롭게 활용하려는 기업들이 늘어나기를 기대해 본다.

다시 무역 1조 달러를 꿈꾸며

이투데이 | 2016년 1월 7일 목요일

2011년 이후 4년 연속 이어 오던 '연간 무역 1조 달러 돌파'의 기록이 아쉽게도 지난해 깨졌다. 2015년 우리나라 수출은 2014년보다 7.9% 줄어든 5272억 달러로, 전체 무역 규모는 16.9% 감소한 9640억 달러에 그쳤다. 이 같은 수출 감소 현상의 일차적 원인은 세계 경제가 2008년 금융 위기 이후 뉴노멀(New Normal)이라는 이름의 저성장 기조로 접어든 데 있을 것이다.

특히 우리 수출의 4분의 1 이상을 차지하는 중국의 경제 성장세가 다소 주춤해 큰 타격을 받았다. 여기에 저유가, 미국의 금리 인상 및 일본 엔저 약세 지속 등 통제하기 어려운 외부 무역 환경 변화가 겹쳐지면서 올해 역시 수출 경기가 밝지만은 않다.

그렇다고 우리처럼 수출 주도형 경제구조를 가진 나라가 무작정 외부의 악조건들이 해결되기만을 기다릴 수는 없다. 무역 1조 달러를 회복하고 2조 달러 시대로 나아가기 위한 비책이 필요하다. 중장기적 측면에서는 수출 대상국을 다변화하는 한편, 중간재 대신 고부가가치 소비재 중심의 수출로 무역구조를 바꿔 가야 한다고 본다. 하지만, 이는 단기간 내에 해결하기 힘든 과제다. 대신 중소 · 중견기업들의 수출 경쟁력을 좌우하는 다양한 결정인자 중에서 우리 스스로 통제 가능한, 선제적으로 대응 가능한 방법을 찾는 것이 필요하다.

중소 · 중견기업들이 수출에 필요한 기초체력을 키워서, 가장 빠르고 효과적으로 판매 실적을 올리는 현실적인 방안은 바로 수출하려는 나라의 현지 상황을 충분히 고려한 '현지형 제품 연구 · 개발(R&D)'이다. 나라별로 시장 상황은 물론 규제 수준이나 그 내용이 다르다 보니, 여기에 맞춰서 재빨리 제품 사양을 변형하거나 업그레이드해 시장에 내놓는 것이 중요해졌기 때문이다.

실제로 수출기업들이 애로 사항으로 꼽는 대표적 요소 중 하나가 무역기술장벽 (TBT, Technical Barriers to Trade, 무역 당사국 간 기술표준이나 규제 수준이 다른 것 때문에 자유로운 교역을 방해받는 것)에 대응하는 것이다. 현재 각 나라에서는 자국의 환경 보호 및 안전 강화 등을 명목으로 각종 인증과 기술 규제를 만들어 이를 철저히 준수하도록 요구하는 추세다.

자유무역협정(FTA) 내 원산지 규정을 최대한 활용하는 것도 좋다. 국내 중소기업 제품이 FTA 원산지 규정에 부합하면 관세 인하 혜택을 받을 수 있는데도, 인건비 상승 여파로 국내 제조생산 기반이 해외로 빠져나가는 탓에 종종 원산지 규정을 충족하지 못하는 경우가 발생하곤 한다. 국내에서 발생하는 부가가치가 높아질 수 있도록 핵심 소재 · 부품의 국내 생산 비중을 높여 나간다면 FTA를 활용한 가격 경쟁력은 더 높아질 것이다.

물론 단일 중소 · 중견기업의 역량만으로는 시시각각 변하는 국가별 시장 상황을 파악해 체계적 R&D 전략을 세우는 데 한계가 있다. 그래서 필자가 몸담고 있는 한국산업기술진흥원(KIAT)은 지난해부터 무역 환경 변화에 능동적으로 대응하려는 국내 중소 · 중견기업을 위해 '문제 해결형' R&D를 지원하는 중이다. 기존 제품의 사양을 국제 기술표준이나 현지 환경규제 내용에 맞게 다시 개발하거나, FTA 원산지 규정에 부합하도록 제품을 추가 개발하려는 기업이 혜택을 받았다. 수출 잠재력이 큰 월드클래스300 기업이나 글로벌 강소기업 등이 지원받는다면 비교적 단기간 내 수출 규모를 늘리는 데 큰 도움이 될 것이다.

수출은 우리 경제에 온기를 돌게 하는 혈액이자, 활력을 선사하는 엔도르핀이다. 그만큼 올해는 '무역 1조 달러 회복'을 지상 과제로 삼고 수출 경쟁력 강화에 역량을 집중하는 정부의 각오도 남다를 전망이다. 우리 중소·중견기업들도 여기에 부응하여 보다 선제적이고 능동적인 자세로 해외 진출 및 수출 확대에 나선다면, 지금은 다소 엉켜 있는 듯한 수출의 실타래도 조만간 자연스럽게 풀릴 것이라 기대해 본다.

Comment

2015년부터 악화된 수출 실적이 새해에 접어들어서도 좋아질 기미를 보이지 않던 시기였다. 수출로 경제 규모를 키워 온 우리나라에 글로벌 경기침체만큼 악조건도 없을 것이다. 통제 가능한 변수가 아니기에 대처하기도 어렵다. KIAT 지원들이 무역규모 1조 달러를 회복하는 데 일조했으면 하는 마음으로 기업들이 글로벌 무역환경 변화에 대응할 수 있게 도와주는 사업 내용을 소개해 봤다.

에필로그

처음 공직에 발을 딛었던 1983년부터 2013년까지의 30년, 그리고 2013년 9월 3일부터 한국산업기술진흥원장으로 취임한 뒤 3년이 다시 흘렀다.

산업정책 전반을 다루던 공직생활부터 산업기술 정책지원과 기술사업화를 비롯한 현장에서의 사업관리와 실행에 노력을 기울이면서 항상 생각했던 것은 실제정책의 효과가 당초 기획의도대로 나타나고 있는가였다.

사무관 시절부터 깔끔한 보고서와 윗사람의 성향 맞추기, 소위 정무적 감각이라는 허상에 매달리던 일부 공직자들을 보아 왔기 때문에 정책은 성과로 말해야 한다는 나름의 철학이 몸과 마음속에 자리 잡고 있었다. 정책성과에 관심이 없기로는 일부 정치권도 마찬가지였고 모든 일에 발목을 잡으며 투쟁 일변도인 일부 시민단체에 대해서도 참하고 싶은 말이 많았다.

이 모든 것을 헤쳐 나가기 위해서 정책기획 시에는 많은 전문가들의 의견을 듣되 드래프트가 나오면 반드시 믿을 만하고 경쟁력 있는 중소·중견기업인들에게 핵심사항에 대한 의견을 묻고 간단하게나마 시뮬레이션 과정을 거치려고 최선의 노력을 기울였다.

다음으로 정책 추진과정에서 수많은 이해관계인들을 어떻게 설득할 것인가의 문제였다. 핵심그룹을 몇 가지 유형으로 구분한 뒤 타겟 그룹별로 대안을 가지고 만나서 마음을 터놓고 설득에 설득을 거듭했다. 이때 제일 중요한 것이 진정성이고 상대방의 마음을 사려는 자세, 즉 배려라고 본다.

마지막으로 정책이나 프로그램의 집행경로를 뜯어보고 추적 관리함으로써 정책성과의 유효성을 따져보는 일이다. 수많은 정책이 발표되지만 제대로 시행도 되기 전에 사장되는 경우도 많고 시행이 되더라도 지자체나 시민단체, 주민 반발에 막혀 당초 목적을 달성하지 못하는 경우가 수두룩 하다.

따라서 항상 단계별 프로세스, 필요서류나 위임·위탁 규정, 심지어 서식까지도 신경을 써야 해당 정책은 물론이고 다음 정책을 제대로 기획할 수 있게 되는 것이다.

정책 이야기를 이렇게 늘어놓는 이유는 한국산업기술진흥원에 원장으로 부임해서 보니 산업부에서 논하던 정책 아이디어의 현실적 한계를 절감하였고, 한국산업기술진흥원의 직원들조차 최종성과보다는 사업의 중간관리에만 몰두하는 것을 목격했기 때문이다.

나는 두 가지 방향에서 정책과 프로그램의 효과성 제고를 위해 발로 뛰고 상대를 설득하려고 혼신의 힘을 기울었다. 바로 '소통 · 협업'과 '현장'이다.

현대사회는 이미 복잡해질대로 복잡해져서 특정부처 · 특정기관이 혼자 해결할 수 있는 현안사항은 정말 많지 않다. 따라 기술사업화 사업의 경우에 9개 부처의 16개 산하기관을 설득해서 범부처 기술사업화협의체를 만들어 공통사업을 추진함으로써 사업의 성과를 높이고 예산도 절감할 수 있는 길을 열었다. 부처간 칸막이가 여전한 상황이라 추진이 쉽지 않았지만 정부3.0의 분위기 확산도 큰 도움이 되었고 실무를 맡고 있는 직원들은 물론 각 기관의 CEO분들이 협조해 주셔서 협업의 첫 발을 뗄 수 있었고 지금도 행진을 계속하고 있다.

두 번째 화두는 '현장'이다. 필자는 과장 시절부터 시간을 내어 현장방문을 많이 해왔고 현장에서 듣고 확인한 많은 이야기와 아이디어는 정책 구상, 심의, 기획의 성과를 높이고 실제 정책 추진시 협조와 지지를 이끌어 낼 수 있는 자양분이 된다. 그리고 역시 정책의 고객인 중소 · 중견기업인들과 직접 소통함으로써 피드백을 원활히 하고 고객만족을 넘어 고객감동도 만들어낼 수 있었다.

그 과정에서 기업인들의 수많은 고민과 좌절, 아픔과 재도전 그리고 도약의 스토리를 들으면서 공직자로서 더 잘해야겠다는 다짐도 하게 되었다.

한국산업기술진흥원장 임기 3년을 조금 지난 시점에서 1년 연임이라는 통보를 받았다. 불확실성이 퍼질대로 퍼진 국내 정치 상황과 대외 경제 여건 속에서 우리가 겪고 있는 경제적 어려움과 리스크를 극복하기 위해서는 다시 기업가 정신으로 무장하고 혁신에 매진하는 길 외에 편법은 없다고 생각한다. 그것도 아주 스마트하게 혁신하고 소비자의 마음을 사면서 공동체 전체의 이익을 같이 고민해야 한다.
여기서 공직, 공공기관의 임직원은 기술혁신의 주체들인 연구원, 교수, 기업인들이 최선의 성과를 낼 수 있도록 역지사지의 심정으로 환경을 조성하고 개별기업의 노력을 뒷받침해 나가야 한다. 원칙과 신뢰만 있으면 감사 걱정이나 주위의 눈치를 보는게 아니라 우리가 지향하는 일, 꿈, 사랑을 향해 나아갈 수 있다고 본다.

우리들의 작은 마음과 노력 하나하나가 모여서 미동이 되고 미동은 진동으로, 진동은 파동을 거쳐 메아리가 되면서 우리 사회가 더 건강하고 따뜻한 공동체로 거듭날 수 있을 것으로 확신한다.

KOREA 必 HARMONY
정재훈 원장의 현장소통 1000일 리포트

1판 3쇄 인쇄 2017년 5월 2일
1판 3쇄 발행 2017년 5월 8일

지 은 이 정재훈
편 집 인 최현문
발 행 인 이연희
발 행 처 황금사자
출판신고 2008년 10월 8일 제300-2008-98호
주   소 서울시 종로구 백석동길 276(302호, 부암동)
문의전화 070-7530-8222
팩   스 02-391-8221

한국어판 출판권 ⓒ 황금사자 2017
ISBN 978-89-97287-10-9 03320
값 15,000원